盛世企业家管理思想库
SS Think Tank Of The Outstanding Entrepreneurs

连锁经营企业
人力资源管控

李善奎◎著

连锁经营企业，经营的其实是人！

连锁经营企业人力资源管控的整体优势，决定着连锁经营企业的经营成败！

中国财富出版社

图书在版编目（CIP）数据

连锁经营企业人力资源管控／李善奎著．—北京：中国财富出版社，2016.1

（盛世企业家管理思想库）

ISBN 978－7－5047－5927－6

Ⅰ.①连…　Ⅱ.①李…　Ⅲ.①连锁企业—企业管理—人力资源管理　Ⅳ.①F717.6

中国版本图书馆 CIP 数据核字（2015）第 257099 号

策划编辑	单元花	责任编辑	邢有涛　单元花		
责任印制	方朋远	责任校对	梁　凡	责任发行	邢有涛

出版发行	中国财富出版社			
社　　址	北京市丰台区南四环西路 188 号 5 区 20 楼		邮政编码	100070
电　　话	010－52227568（发行部）		010－52227588 转 307（总编室）	
	010－68589540（读者服务部）		010－52227588 转 305（质检部）	
网　　址	http：//www.cfpress.com.cn			
经　　销	新华书店			
印　　刷	北京京都六环印刷厂			
书　　号	ISBN 978－7－5047－5927－6/F·2497			
开　　本	710mm×1000mm　1/16		版　次	2016 年 1 月第 1 版
印　　张	14		印　次	2016 年 1 月第 1 次印刷
字　　数	237 千字		定　价	38.00 元

版权所有·侵权必究·印装差错·负责调换

推荐序一

非常高兴看到李善奎先生撰写的《连锁经营企业人力资源管控》一书即将出版，也非常有幸先睹为快！

偶然机会与善奎相识，最喜欢听他滔滔不绝地讲述在企业中进行的人力资源实践，那一刻我觉得其他很多理论都显得苍白无力，而善奎带领他的团队所做的连锁企业人力资源管理创新实践是那样的灵动而富有吸引力。

善奎曾在安徽最大的烘焙连锁企业任总经理助理，管理该企业的人力资源部。在任期间使该人力资源部从只有他一个人，发展到40多人。善奎是一位充满激情的人力资源管理者，他能够坚持两年在每个工作日的中午都带领团队成员一起学习人力资源管理，把很多刚刚毕业的大学生培养成能够独当一面的主管，以至于他的人力资源团队成为很多竞争对手挖人的对象。善奎说他最有成就感的是看到他培养的团队成员在人力资源管理中做出超越他想象力的创新。

我每次走入他的团队，看到他们不断拓展的招聘渠道和让人耳目一新的招聘手段；看到一摞摞自主开发的教材和激情四射的培训课堂；看到他们亲自进行市场调研并用第一手数据创新设计的调薪机制；看到他们一次次地尝试和完善如何将门店绩效管理纳入信息化系统……每一次我都有种莫名的感动，因为他们走在人力资源管理实践的最前端，他们在做着人力资源管理最接地气的实践。

哪怕只有两个月不见，善奎和他的团队总是有让我目不暇接的创新成果。他们从最开始的员工入职、离职信息化，到考勤信息化，到员工职位晋升信息化，再到绩效管理和薪酬的信息化，从点到面逐步探索出了基于信息化的连锁经营企业人力资源管控模式，其实这个管控模式已经远远超出了人力资源管理的范畴，渗透到企业运营的方方面面。善奎所在的烘焙企业也在这个管控模式下取得了突飞猛进的发展。

人往往成为连锁企业快速发展的桎梏，但本书提出的基于信息化的连锁企业人力资源管控模式，将连锁企业人力资源管理的人力资源规划、岗位分析、招聘、培训、晋升、绩效、薪酬、员工保留等模块有机地整合在一起，而且能够与连锁企业的经营业务无缝对接，使人从企业发展的瓶颈转换为企业发展的动力源，对提升连锁企业运营绩效起到了很好地促进作用。

我曾经鼓励善奎将他所做的人力资源管理创新实践写成书分享给更多的人，但是当他将成稿放在我的面前的时候还是令我非常惊讶，因为他平时工作非常忙碌，还能静下心来写作，而且非常高效率地完成了。但，想一想，也应该在意料之中，因为书中所有的一切他都熟稔于心。

本书系统介绍了基于信息化的连锁经营企业人力资源管控模式，都是善奎在企业管理实践中逐渐摸索出来的，书中的很多案例虽然隐去人名，但是都是他在实际工作中的亲身经历。更为宝贵的是，这个模式在实践中得以实施并已经得到了绩效提升的验证。

连锁企业已经成为中国服务业的主流发展模式，希望本书的出版能够让更多的连锁企业通过构建基于信息化的人力资源管控模式不断提升自己的竞争力，也希望中国涌现出越来越多的像善奎一样充满激情与创新的人力资源管理从业者！

朱宁博士
中国科学技术大学 MBA 中心副主任
2015 年 11 月 18 日于科大花园

推荐序二

连锁经营模式作为商业模式的一种，有其经营分散、分权集权、中央管控、异地管理的特点。随着商业环境的变迁，连锁经营模式也出现了多种变异，但核心的经营特点没有根本改变。连锁经营企业如何保障集团的协同效应？如何实现各经营单元与总部平台间的无缝对接？如何既发挥总部"头脑"与管控作用，又不失分散地经营各单元？这些问题一直困扰着企业界的朋友们。虽有各种图书阐述连锁经营企业的经营管理模式，但针对连锁经营企业的人力资源管理的书还不是很多，特别是在"新常态"的社会大背景下，各家企业经营状况都或多或少地受到经济低迷的影响，本身业绩下行压力就很大，连锁经营单元又过于分散，企业一个管控环节没有得到有效控制，就有可能导致企业亏损甚至倒闭，更需要这类书，而《连锁经营企业人力资源管控》正是这类书。

大数据技术与宏观经营环境的变化给企业管理带来很大挑战，人力资源部门作为企业的先锋部队，在管理中必须率先思变，不再是传统的人力资源六大模块的更新那么简单了。人力资源部门应承担起更多的经营职能，应与企业其他组织机构无缝结合与共进，更应结合经济发展新环境开辟行业管理新途径。

本书是善奎用了三年的时间，在连锁经营行业带领团队工作、思考、摸索、创新、实践的结晶。本书对人力资源各模块的系统化管理，人力资源部门与企业其他组织机构的无缝对接、系统构造与连接，人力资源在整个新经济形式下的思维转变与突破进行了详细地梳理与阐述。

本书能够成功编写有赖于一群对人力资源摸索、专研、创新极富热情的年轻人：李善奎、李杨均、杜艳琼、邵丹丹、庞峰、殷欣、房芳、盛金萍、卓海英、牛永梅、丁春晖、顾泓……本书能帮助读者更便捷地了解连锁经营管理企业的新型管理模式，能在连锁经营企业实现大数据管理中尽绵薄之力。

虽然作者非专业作家，书中不免有不足和疏漏之处，但也不失为连锁经营企业一本好参考书。

师傅：朱学令

2015年11月于南京

推荐序三

我作为一个行业里的服务人员,毕竟不是行业里的专家,从业时间也才10多年,难免对行业认识不够深刻,然而被邀为本书作序,盛情难却,我只好接受。

本书通篇以如何进行连锁经营企业人力资源管控为主,那我就以我稍微熟悉的连锁饼店行业为切入点,故作姿态,谈点心得体会。

从业以来有幸一直为连锁烘焙行业服务,又有幸赶上烘焙行业发展最快的10年,更有幸并承蒙不弃向行业的各位专家前辈学习。纵观饼店行业这10多年的高速发展,取得了惊人的成绩,据协会统计,目前全国门店数量10万家以上,从业人员超过120万人,年销售额近2000亿元的饼店,已经是全国食品工业的重要组成部分。但是,目前行业产品同质化严重、企业定位模糊、无序竞争等问题日益突出,归根到底都是人的问题。人力资源的短缺,尤其是高素质、高技能人力资源的缺乏已经阻碍了行业的快速发展。如何解决好人的问题,是企业乃至整个行业可持续发展的关键问题。李善奎先生的《连锁经营企业人力资源管控》一书应运而生,肯定能给行业内一些企业的人力资源带来系统的思考。当然仅凭一本书就想解决整个行业的人力资源问题也不大现实,希望李善奎先生继续深入地探索研究连锁经营企业的"人的问题",并以此推动或带动一批甚至一大批有志之士共同研究和探讨。

谨以此文,不值为序。

全国饼店委员会 缪祝群
2015年11月

前　　言

一些传统的经济业态，因不能适应经济的发展规律，正逐个寿终正寝，而同样是传统行业之一的连锁经营业，因其行业特征及优势却在蓬勃发展。不管是全球的连锁经营企业，如肯德基、麦当劳、7-11等，还是国内的连锁企业，在规模效应、品牌效应等的综合作用下，虽不断受到竞争加剧、新型业态（电子商务）等的冲击，但在整个国民经济中的比重仍呈现不断上升的趋势。

不得不正视的状况是，虽行业在发展，但也有不少连锁经营企业不尽如人意。之所以会这样，除了一些客观因素外，企业的内部管理存在诸多问题，特别是作为连锁经营企业灵魂性的服务标准化，可谓做得一塌糊涂。作为服务的主体——"人"的标准化对于连锁经营企业的成败起着举足轻重的作用。企业如何就此问题来进行有效管控呢？

在解决这一问题之前我们先分析一下连锁经营企业的特征。

一个企业以同样的方式、同样的价格在多处名称相同的店铺里出售某一种（类、品牌）商品或提供某种服务的经营模式即为连锁经营。连锁经营以连锁店作为其存在的载体，其特征如下：

（1）统一的企业形象。如统一的 Logo（标志）、统一的店堂装修风格、统一的装饰、统一的商品系列等凡属于顾客能够看到的地方都是统一的，这有利于强化品牌形象，提升品牌影响力。

（2）统一的管理。企业管理的目的是实现企业目标，而企业目标的实现又依赖于企业管理。统一管理是连锁企业最基本的特征，因为只有通过各分店联合运作，才能形成集团的竞争优势，才能充分发挥连锁品牌效应。为此，连锁分店必须接受总部的统一管理，实施统一的营销战略和策略。

（3）统一的服务。一般的连锁企业在前两个方面都是可以做到的，但统一的服务除了外在表现形式方面（如麦当劳规定：男员工必须把头发剪得像军人一样短，皮鞋要擦得油光锃亮；女员工必须穿平跟鞋，戴发网；所有员工必须保持指甲干净，并统一穿制服）之外，其他的方面都处于不可控状态。

为了有效实现连锁经营的集群效应，真正"连而能锁、连而真锁"，企业必须满足以上连锁经营业态的特征要求，特别是最难以实现的统一服务，就此难题解决之道，"人"是重中之重！

在越来越窘迫的用工环境下，如何保证连锁企业能招聘到想要的人才？在远程管控的情况下，如何实现岗位编制的有效管理？如何既保证企业员工的薪资市场竞争力，还能有效管控人工成本？如何最大限度地激发员工的工作积极性？如何既满足企业经营管理需要又能够最大限度地控制用工风险？

这一系列问题的答案即是本书论述的主题——连锁经营企业人力资源管控。

李善奎

2015 年 7 月

目　录

第一章　连锁经营企业岗位编制管控 …………………………………… 1

　　门店面分类 …………………………………………………………… 3

　　编制设定 ……………………………………………………………… 4

　　编制管控 ……………………………………………………………… 5

　　岗位确定 ……………………………………………………………… 7

第二章　连锁经营企业新入职员工素质管控 ………………………………… 9

　　招聘模式 ……………………………………………………………… 11

　　企业雇主形象塑造 …………………………………………………… 12

　　人力资源部公共关系营销 …………………………………………… 14

　　人才引进渠道的梳理与开发 ………………………………………… 35

　　岗位用人标准的设置 ………………………………………………… 41

　　人才引进素质管控 …………………………………………………… 44

第三章　连锁经营企业在职员工素质提升管控 ……………………………… 51

　　岗位发展规划 ………………………………………………………… 53

　　培训队伍的建设 ……………………………………………………… 57

　　课题规划 ……………………………………………………………… 58

　　师资队伍的建设 ……………………………………………………… 64

　　教材编制 ……………………………………………………………… 68

　　行政管理 ……………………………………………………………… 70

　　培训班管理 …………………………………………………………… 73

　　员工素质提升管控信息系统开发 …………………………………… 74

第四章　连锁经营企业在职员工绩效评定管控 …………… 79

绩效与绩效管理的内涵 …………………………………… 81
绩效管理开展时的障碍 …………………………………… 83
绩效管理推行原则 ………………………………………… 84
考核指标体系的建设 ……………………………………… 86
数据采集方式及软件系统的建设 ………………………… 99
高科技手段的数据反馈方式 ……………………………… 106
绩效标准值的确定 ………………………………………… 108
企业在职员工绩效考评管控 ……………………………… 120

第五章　连锁经营企业人才接替管控 ……………………… 123

员工岗位晋升管控 ………………………………………… 125
技术员工晋级管控 ………………………………………… 126
企业人才接替管控 ………………………………………… 129

第六章　连锁经营企业人工成本管控 ……………………… 133

连锁门店编制内员工出勤工时管控 ……………………… 135
连锁门店其他用工形式的使用 …………………………… 136
期间人工成本管控 ………………………………………… 137
薪资体系的确定 …………………………………………… 138
薪资系统的设计 …………………………………………… 140
薪资系统的开发与设计 …………………………………… 160
薪资核算系统的建设 ……………………………………… 163
人工成本个体平衡管控 …………………………………… 166
人工成本综合管控 ………………………………………… 167

第七章　连锁经营企业员工流失率管控 …………………… 169

企业雇主品牌形象建设 …………………………………… 171
门店管理人员流失率考核 ………………………………… 173
组织活动如何降低流失率 ………………………………… 178

职业规划与岗位管理 …………………………………………… 181
　　老员工规划与管控 ……………………………………………… 185

第八章　连锁经营企业用工风险管控 ………………………… 191
　　新入职员工管控 ………………………………………………… 193
　　员工劳动合同的管理 …………………………………………… 193
　　后勤管控 ………………………………………………………… 202

附：员工宿舍入住协议书 ………………………………………… 206

第一章

连锁经营企业岗位编制管控

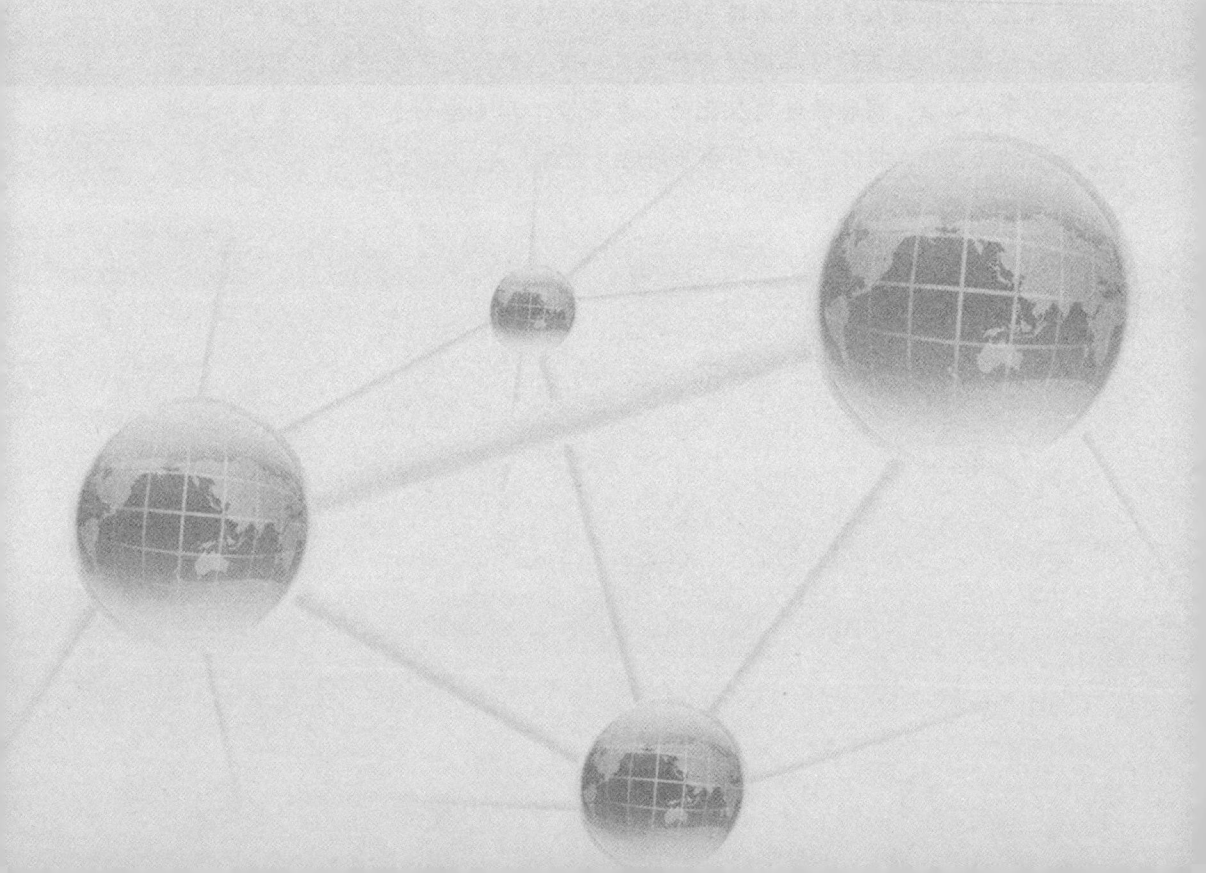

连锁经营企业运作系统是一个非常严谨的系统，虽大部分消费者只看到为其提供服务的门店，实际上如果没有很多支持部门的鼎力配合，诸如物流配送部、人力资源管理部、企划宣传部等，门店经营可能就会出现货品不足、人员不匹配等严重的经营性问题。

连锁经营企业的连锁门店分散，各门店的经营环境各异，如何在保证各连锁门店正常经营的前提下实现人员数量的控制，是很多连锁经营企业管理者最为困惑的问题之一。如果连锁经营企业总部完全控制人员数量，很有可能会出现与各门店实际情况出入较大导致门店经营受损的问题；如果将人员数量的控制权下放到各门店，又很有可能造成各门店在人员数量上分配不均或人工成本与销售规模不成配比的局面。

连锁经营企业总部如何进行门店的编制管控呢？需要熟悉连锁经营管理的人力资源专业人员与连锁经营运营管理的专家对各门店编制设定规则进行充分讨论，并在实际门店调研分析的基础上，制订出连锁经营企业各门店的编制管控标准，同时通过现代化的信息管理工具实施动态管控，方可发挥编制管控的效能，提升连锁经营企业的运营效益。

门店面分类

连锁店面处于不同的区域、不同的业绩范围、不同的市场、不同的竞争环境、不同的战略位置，如果统一按照一个标准对连锁经营门店进行管理，必然造成顾此失彼，导致各门店怨声载道，最终损害顾客利益及企业效益。只有按照一定规则对所有店面根据不同的情况进行分类，并按照类别标准进行管理，才能既满足连锁经营企业的共性特征，又适实满足店面的个性需求，最终达到对连锁经营企业的有效管控。

连锁经营企业一般先将不同店面按照店面常规经营业绩水平进行分级，如一级店、二级店、三级店等，然后再结合其他特殊情况将不同等级的店面进行矩阵细分店面形态。如刚进入新市场的连锁店面，一般将其店面形态定义为战略店；处于与本连锁经营企业店面一定距离范围内（不同性质连锁店面，其具体的设定距离会有所区别）形成强竞争态势（如家乐福与沃尔玛）的其他连锁店面，一般将其定义为竞争店；有些店面因具备其他店面不具备的特殊职能（如一般店面不具备配送职能、特定店面具备此职能者），一般将其店面形态定义为职能店；还有在本连锁体系中面积超级大或小的店面，一般将其店面形态定义为旗舰店或小微店。连锁店面形态分类见下表。

连锁店面形态分类表

战略	竞争	职能	旗舰	小微
一级战略店	一级竞争店	一级职能店	一级旗舰店	一级小微店
二级战略店	二级竞争店	二级职能店	二级旗舰店	二级小微店
三级战略店	三级竞争店	三级职能店	三级旗舰店	三级小微店
四级战略店	四级竞争店	四级职能店	四级旗舰店	四级小微店

编制设定

连锁店面编制一般是按照销售额除以人均销售定额的标准进行设定，同时考虑店面形态的差异对店面编制数进行弹性调整。

1. 设定人均销售定额

一般每个连锁业态人均销售额都会有个数据区间，如烘焙业人均销售额在 600~1200 元。企业设定人均销售定额的时候首先应以行业数据作为重要参考，即具体的人均销售定额应处于行业数据区间，这样的设置一般比较符合实际需要。

①对不同等级常规连锁店面的人均销售额进行统计。

②测算不同等级常规连锁店面的实际人均销售额。

③取测算数据与行业数据进行比对，确定人均销售定额。

如果测算的数据低于行业最低值，企业一般取行业最低值作为人均销售定额的基础值；如果测算的数据高于行业最高值，一般按照测算数据作为该企业的人均销售定额值。一般测算的数据处于行业数据区间的居多，如笔者曾经服务的一家企业测算的人均销售定额是 1000 元，就处于行业数据区间（600~1200 元）。

有人会问是不是在行业数据区间的测算值就是人均销售额的设定值呢，当然不是。企业一般可按照平均值（剔除价格指数的影响）根据实际情况逐月递增一定的比例，直至递增至 20% 来确定人均销售定额。同样，低于行业数据的企业，按照行业数据的最低值逐月递增；高于行业数据者，按照行业数据最高值作为销售定额的标准值即可。

2. 各形态店面定编标准

战略店、竞争店在连锁经营企业中除了起到贡献销售额的作用外，同时还有开启新市场、打击竞争对手的战略职能，对于这两种形态店面编制的确定不能简单地按照门店实际销售额除以人均销售定额的标准确定编制，而应在测算编制的基础上上浮一定比例（10% 以内）以支持开拓市场、打击竞争对手的工作。其具体增加岗位数由连锁经营企业人力资源部门专业人员和负责店面现场管理的管理人员（一般为店长）磋商、确定。

总之，职能店的编制数一般是按照店面实际销售额除以销售定额测算编制数与根据具体职能需要增加相应编制数之和的方法来确定的，其公式为：

店面人员编制数＝店面实际销售额÷人均销售定额＋职能岗位编制数

如肯德基中的宅急送岗位，有此职能的肯德基店面根据配送量确定增加宅急送的岗位数，最终店面编制数就是根据销售额核算编制数与职能增加编制数之和。

旗舰店的编制确定一般在人员销售定额测算编制的基础上根据店面的具体面积、店面防盗设施配置状况等由人力资源部和负责店面的管理人员磋商、确定。

小微店确定店面编制同样也是按照店面实际销售额与门店人均销售定额确定的，但有可能会出现测算编制数过小的状况，如核算编制数为1个编制，一旦出现此问题，一般按照连锁门店正常运营的最小岗位配置店面编制数量，如来伊份等休闲食品专卖店，因门店采取两班倒的作息时间制，同时还要有专人负责店面收款工作，在考虑店面员工每周至少要休息1天，每家店面最少要有4人才能运营，即使通过测算编制数少于4人，对于此店面编制也应以4人为标准。

店面编制的确定一般按照一店一编的原则进行。

编制管控

连锁经营企业因经营单位过于分散，最大的挑战就是如何对其进行有效的实时管控。如果过于分权可能造成经营单元自由权过大而导致失控，而过于集权也可能造成经营单位自由度过小而消极怠工的局面。如何协调并发挥分权、集权的优势呢？人力资源信息管理系统可以解决此问题，但人力资源信息管理系统最好根据企业情况定制开发。

连锁经营企业面临的市场环境瞬息万变，员工群体相对于房产、金融等行业的薪资福利又很难具备竞争力，而相对于工业企业等又过于开放，员工稳定性一般较差，如何做才能够既兼顾门店销售数据采集实现连锁门店编制管理，又实时地对门店员工的异动信息进行动态管理？

员工在线信息管理系统是连接连锁门店销售与人力资源管理的信息管理系统，传统的销售管理系统与人力资源管理系统是两个泾渭分明的管理系统，一般会出现销售部门与人力资源部门因信息沟通不畅而导致互相指责的状况。通过员工在线信息管理系统，人力资源部门就能很直观地了解到门店的动态编制数量需求，监控因人员辞职、升迁、调店、开除、自动离职等造成的缺岗数量等，以便及时开展人员缺岗补充工作，提升人力资源部门对连锁门店人员补充上的效能水平。人力资源部门也可以根据此系统信息及时地开展离职员工的公司物品清退、考勤统计、薪资核算等职能工作，大大提升人力资源部门的服务效率水平。

员工在线信息管理系统开发步骤如下：

①确定连锁经营各门店的店面分类。

②确定连锁门店的人均销售定额及定编标准（详见各形态店面定编标准）。

③连锁门店日销售系统与门店人均销售定额及定编标准数据对接，动态核算门店日定员数。

④旺季动态统计门店日应定编数，并以月为单位核算日均编制数作为次月门店动态定编基数。

⑤员工在线信息管理系统根据门店实际销售与定编标准核算日均应需编制数，如小于上月定编基数，且本月中累计日应定编人员数超出上月定编基数的销售天数小于10天者，本月日均应定编数作为次月门店动态定编基数。

⑥通过系统自动统计出现当月连续1周或累计15日连锁门店日应定编数超出系统设定编制基数者，员工在线管理系统预警功能会通过门店名称颜色的变化实现及时预警。人力资源部门专业人员应及时同连锁经营门店管理人员（一般为店长）共同协商、沟通门店是否需增加编制（连锁经营企业因不同门店的客单价不同，销售额增加不一定导致客单数的上涨），需要增加者，人力资源部门通过员工在线管理系统后台直接修订编制数；不需增加者，人力资源专业人员通过此系统后台直接解除系统预警。

⑦员工在线信息管理系统与员工档案管理系统互相关联，员工在线管理系统核定的当月编制数决定了指定店面员工考勤号码数（或员工号），即如某

一连锁门店员工在线管理系统设置的编制数为 10 个,那么此门店中正常出勤的员工考勤号码数也应为 10 个,因员工在线管理系统与员工档案管理系统数据是互相可搜索到的,连锁经营门店办理新员工入职手续时只能在 10 个人以内办理。超编制办理员工入职作业,信息系统不予支持。

连锁门店为了保障新入职人员能够及时办理入职程序,必须及时通过员工在线管理系统将离职员工信息上传,不然即使某门店编制数量为 10 个,已经有 2 个员工辞职并离岗,因没有办理离职交接手续,门店又没有在员工在线管理系统上上报辞职信息,那么信息系统仍然不支持新员工入职手续的办理。如果通过员工在线信息管理系统上报员工离职信息,门店就可以直接办理 2 名新员工入职程序,人力资源部门也可以通过此信息系统通知离职者及时到指定部门办理离职交接手续,并结算离职工资。

为了保障店面正常运营,一般不是在员工已离岗才进行新员工招聘工作,而是门店通过员工在线管理系统上报员工辞职信息后,人力资源部门即着手安排新员工至店实习,不然有可能会出现新员工交接不清、不能胜任、业务不熟练等情况延误门店运营的状况,为此一般档案系统中的每个店面除了通过员工在线管理系统搜索门店编制外,额外给予一定数量的实习期考勤号码数。连锁经营企业仅招聘基层员工(详见连锁经营企业新入职员工素质管控与在职员工素质提升管控),设置新员工考勤号码有效使用期天数,如果设置天数的次日实习期员工没有转成正式员工,此实习期考勤编码将不再具备考勤功能。

指定门店存在实习期员工阶段考勤号码数 = 月度编制基数 + 实习期考勤号码数

实习期考勤号码自指定天数的次日起即转为正式考勤号码,如果门店总考勤号码数超出该店编制定编数,门店管理人员将在人工成本控制项目上被考核(详见连锁经营企业在职员工绩效评定管控)。

岗位确定

连锁经营门店根据编制数、门店经营特点确定各门店具体岗位、职能门店增加特有岗位名称并在员工在线信息系统内进行选择。

招聘需求确定。

图1-1为某连锁店定编人员报表,图1-2为该店在编人员报表,图1-3为该店缺编人员报表。

图1-1 定编人员报表

招聘需求=岗位编制数-岗位在编人员数-提出辞职申请人员数

图1-2 在编人员报表

图1-3 缺编人员报表

第二章

连锁经营企业新入职员工素质管控

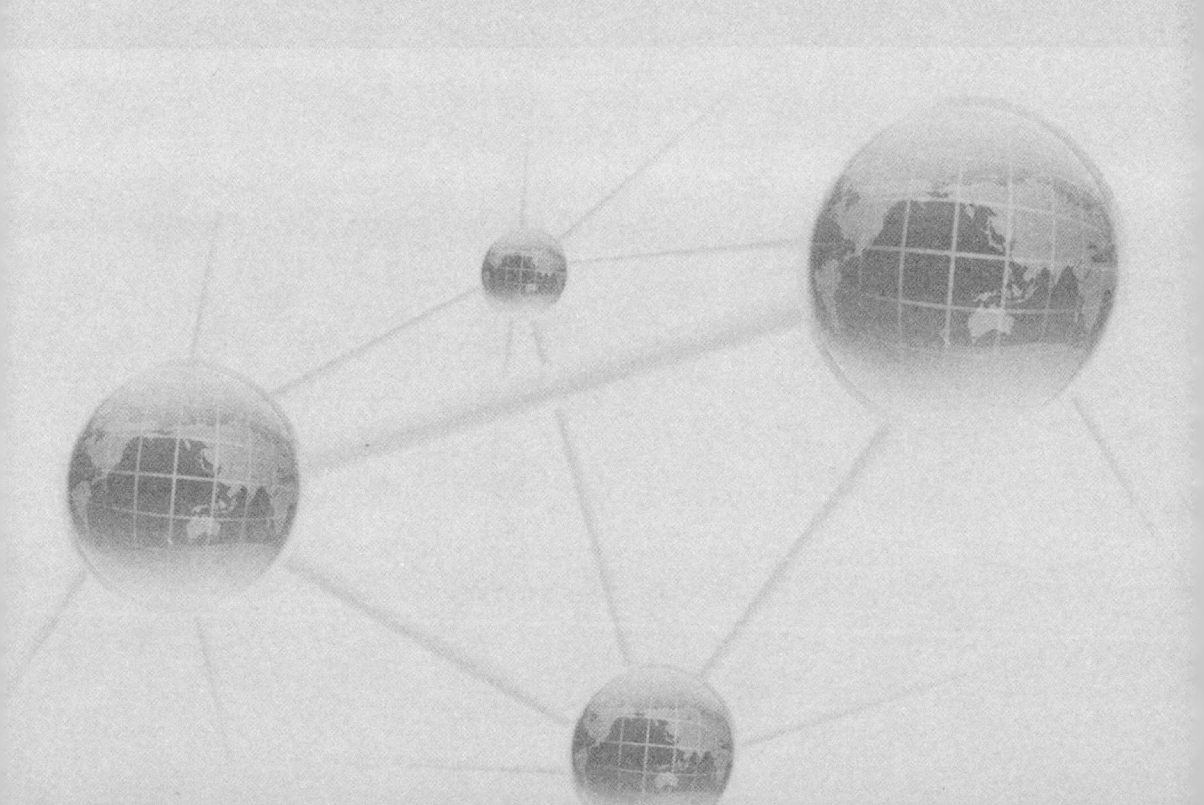

部分连锁经营门店（有自主招聘权的）为了解决短期的人员缺岗问题经常不顾企业品牌形象要求，根本不考虑企业用人标准，甚至到了"只要是人就用"的地步。这样操作连员工性别、年龄层次、体形、外貌特征等基本用人标准都不能得以保证，何谈素质标准。如果企业不能正视此严重问题，最终可能会给企业的品牌美誉度、企业经营状况等造成严重影响。

招聘模式

对于连锁经营企业的员工招聘工作，不同的组织可能会设置不同的招聘模式，但总的来说无非就是总部集中招聘、连锁经营门店自主招聘、总部集中招聘和连锁经营门店自主招聘相结合等模式。

总部集中招聘模式一般比较适合规模不是很大的小微连锁经营企业或单体连锁店面较小、不具备连锁门店招聘职能（如7-11）的连锁经营性企业。由于招聘职能集中于总部，只要解决了门店编制与门店需求计划的实时管控，明确连锁门店需求岗位具备素质要求，招聘无非就是总部人力资源部门严格按照岗位要求进行人才筛选的过程。但是由于连锁门店分散经营的性质，总部集中招聘有利于对新入职员工素质的管控，但经常会因信息不对称导致人力资源管理工作与门店运营工作间出现矛盾，特别是在单体店面较大的连锁经营企业（如家乐福）中，类似的矛盾更加尖锐与突出。

连锁经营门店自主招聘模式就是连锁门店所有待招聘岗位全部由门店自主进行的一种人才引进模式。对于此模式固然高度契合门店实际，但由于不同的连锁门店在相同岗位的认知、素质要求等问题把握口径不尽相同，造成不同连锁门店人才引进素质差距较大，导致不同的连锁门店有不同的管理风格局面，最终丧失连锁经营企业的集群优势，而沦落到"各自为政"的局面。单个连锁门店资源毕竟是有限的，对于门店中比较难以通过市场供给解决的岗位，往往单靠门店自己的力量是很难满足门店人才需求的，同时各连锁门店在招聘工作上自成体系，非常不利于人力资源战略规划的实施及企业人工成本管控等相关人力资源管理工作的开展。

总部集中招聘和连锁经营门店自主招聘相结合的模式是当前连锁经营企业比较实用的一种招聘模式（详见图2-1），此模式既发挥了门店自主招聘与总部集中招聘的优势，又适度地规避了以上两种招聘模式的相应弊端。此种模式中总部人力资源部门与连锁门店人力资源部门或具备人力资源管理职能的相应部门或岗位之间不是行政隶属关系，而是一种技术指导与被指导并互相配合的关系。

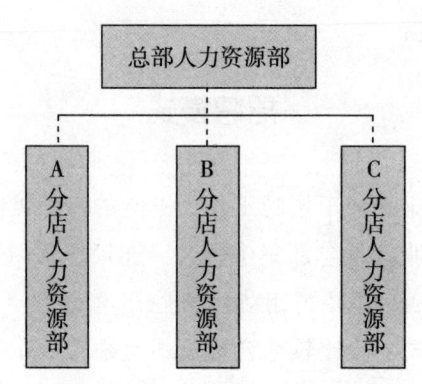

```
                总部人力资源部
         ┌──────────┼──────────┐
      A分店       B分店       C分店
      人力       人力       人力
      资源       资源       资源
       部         部         部
```

图2-1 总部集中招聘和连锁门店自主招聘相结合模式

总部人力资源部主要承担连锁经营企业各连锁门店岗位编制管控、企业雇主品牌形象建设、公共关系营销、人才引进渠道的梳理与开发、企业岗位用人标准的设置及连锁门店人员引进素质管控工具开发以及连锁门店人才引进督察等管控职能。

门店按照总部人力资源部设定的岗位标准依据权限分工组织人才的面试、引进以及人才推荐工作。

连锁经营企业为了保障连锁经营体系的延续性与稳定性，一般中层以下（含中层）的管理干部以企业自我培养为主。

总部集中招聘和连锁门店自主招聘相结合的模式一般主要体现在招聘权限的分配方面，即连锁经营门店基层员工由门店自主招聘，连锁经营企业中高层管理人员和核心技术人员（含市场策划人才）由总部人力资源部门集中招聘，但门店可进行候选人才的推荐。

企业雇主形象塑造

当今企业的竞争就是人才的竞争，人才结构的合理性、人才链条的有效性决定了企业的最终竞争力。作为连锁经营企业，随着中国加入WTO（世界贸易组织）及世界经济一体化的形成，人才竞争也变得越来越白热化，特别是跨国性企业的进入，使人才竞争更加激烈，企业如何在人才的争夺中拥有一席之地？

"得人才者得天下"，从古至今，无数经典案例演绎着这个思想，国度的新衰、历史的更迭，无不闪烁着人才的身影。今天的企业难道不是一样吗？你的企业有吸引人才、保留人才、维护人才价值的环境、平台与机制吗？你的企业有尊重人才、爱惜人才、成就人才的胸怀与格局吗？

在《战国策·燕策·燕昭王求士》一文中，有个用五百金买千里马骨头的故事。

> 古代有位君王，想用千金重价购求千里马。但多年没有得到。他的亲近小臣主动要求为国君购求，国君就派他去了。那个小臣好几个月才寻找到一匹千里马，但千里马已经死了，他就以五百金的高价买了马的尸骨，回来后向国君交差。国君非常愤怒，说："我要的是活千里马，干吗弄匹死马来？并且损失了五百金巨款！"小臣回答说："死千里马还得花五百金去买，何况活的呢？天下人一定认为您能出高价来买千里马，千里马很快就得到了！"因此，没过一年，国君便买到了三匹千里马。

从此故事中可以看出，雇主形象的塑造在人才争夺中的意义，在当前白热化的人才战争中，有哪位人才愿意到一家没有前景、得不到尊重、没有未来的企业中发展呢？连锁经营企业如何做好雇主品牌建设、打赢人才争夺这场战争呢？

企业经营状况、企业品牌建设、企业固定资产投资等企业硬实力本身就对人才的引进具有一定的积极作用，但这部分内容一般不属于人力资源管理部门管辖的范围，本书不再予以论述。

雇主形象塑造对于人才的影响是显著的，为了打造好雇主形象，企业必须内外兼修才能有所作为。内修员工职业规划、人才梯队建设、工作环境营造、员工晋升与晋级系统打造、企业薪资福利体系完善、人力资源管理信息系统建设、人事政策制度建设、企业老员工规划、企业离职员工开发等以提升在职与离职员工的满意度，外修公共关系营销工作。

人力资源部公共关系营销

任何工作的开展都需要内外协作、内部配合。人力资源管理工作的有效开展，如果没有兄弟部门及企业上下的鼎力支持，全都是"镜中人、水中花"，难逃"一场空"的局面。一旦人力资源部门被别的部门孤立，就不可能有任何作为。企业人力资源部门如何有效整合企业内外部资源为己所用，决定着人力资源部门的得失、成败，这一点在招聘工作上表现得更加明显！

1. 企业内部公共关系营销

（1）部门文化建设

所谓"修身、齐家、治国、平天下"，任何事物的变化都是从自身蜕变开始的，人力资源部门必须强化自身修为的提升，准确定位部门在企业的角色，不断通过自己的身体力行影响、改造周围环境，不断提升部门业绩水平。

思想决定行为，企业的人力资源管理部门也是一样，部门的价值定位决定其行为的外在表现。行为表现得越恰当，周围环境就会越积极和融洽；行为表现得越合理，周围环境就会越包容与支持。通过部门思想、行为的改造与变化，最终实现与兄弟部门间的无障碍交流与沟通，以发挥人力资源部门存在的价值。

图2-2是某烘焙企业人力资源管理中心的文化栏，它不是虚假口号，而是整个中心人员秉承的原则与方向。没有信仰的国家和民族是可怕的，没有思想和方向的组织也是很难长久的。此企业不只是要求中心员工深入理解它，更要严格按照中心文化要求自己的言行举止、行为规范。比如见到兄弟部门的主管一定要有礼貌，要尊称领导；企业任何部门及人员提出工作要求及协助要求时，部门人员都要第一时间汇报工作进度并积极、热情地对待困难和难题；工作稍有空闲，人力资源部门员工就要主动走进服务部门，并与兄弟部门员工一块参与生产与经营工作；但凡企业内部任何部门与人员向人力资源部门提出咨询与服务要求都"落地有声"、有始有终；不断地督促本中心员工积极学习专业知识与业务技能，改进自己的工作效果与效率。长此以往，部门文化内化为部门内所有成员的行为习惯，自然而然地拉近了人力资源部门和其他部门之间的距离，提升了人力资源部门的公共形象。

第二章 连锁经营企业新入职员工素质管控

> **人力资源中心文化栏**
> 沟通方式：谦虚、谦卑、谦逊、低调、主动
> 行为方式：杜绝抱怨，全面渗透
> 工作方式：服务对象是我们部门唯一领导
> 成长方式：自我提升永远是我们不变的主题

图 2-2　人力资源中心文化栏

任何企业的人力资源部门都应首先设定好自己部门的角色与定位，要不断调整与改进自己的工作行为与方式，不断通过自己内在的变化赢得与服务部门之间互相支持与联动的机会，孜孜不倦、精益求精、关注细节，突破部门之间的沟通障碍，赢得企业上下的一致支持。

（2）标准服务作业

招聘作业——招聘人员统一着装、统一形象、统一话术。

员工面试作业——面试流程简单、高效，面试预约话术标准、语言礼貌。

员工入职手续办理作业——办理入职程序以职务对等服务为原则，即普通员工入职由人力资源部门的一般专员为其办理入职服务；主管级员工入职由人力资源部门主管为其办理入职服务，以此类推。

员工培训作业——课题培训课件应本着"取之服务部门、用之服务部门"的开发原则进行课件开发。

培训师形象标准，提前 15 分钟进培训教室进行培训前准备，培训中培训人员不做与培训无关的事情，培训期间培训人员熟练解答受训对象的疑难问题，培训后培训人员妥善整理培训器械、器材，清洁卫生，物资归位，锁好门窗。

员工报到作业——新员工所需要的办公用品人力资源部门按照级别标准一次性打包发放，办公设备按照级别标准提前配置到位。比如某企业主管级别办公用品标准为联通华为智能手机 P7 一部、联想笔记本电脑 B490A-ITH 一台、主管办公座椅一套、主管级得力办公用品一副（圆珠笔 1 支、黑色水笔 1 支、铅笔 1 支、橡皮 1 块、墨水 1 瓶、胶水 1 管、回形针 1 盒、大头针 1 盒、装订针 1 盒、稿纸 1 本、订书机 1 个、笔记本 1 本、固体胶 1 支、胶带 1 卷）。

员工部门报到介绍作业——人力资源部门提前将新员工信息告知报到部门负责人员，并与负责人提前沟通新员工报到介绍中的注意环节，待新员工

报到时，由人力资源部门专人陪同新员工至报到部门并协助部门负责人介绍新岗位工作内容、部门其他工作岗位员工工作内容、部门同事、工作中应注意的关键环节。部门负责人带领全体部门员工对新员工的加入表示欢迎。

员工入职跟进作业——新员工办理入职后至转正前，按照跟进频率递减原则（一般第一周不少于4次、第二周不少于3次、第三周不少于2次、第四周不少于1次），职位对等地进行跟进与关系维护，直至新员工转正为止。

员工服务作业——快速、高效、精准、主动上门服务。

员工工作接待作业——热情、周到、不推卸责任，即使不是自己的本职工作也应耐心接待并妥善安排。

员工疑义解答作业——热情、耐心，疑义解答按照解答人终身负责制进行，直至达到异议人满意为止。如员工对薪资结算有疑义，为其核算薪资的工作人员有义务接待并为其解答疑义，对薪资组成中非薪资核算人员提供的数据（如非人力资源部门按照企业管理制度对其进行的罚金）也应该解答到位，而不是将异议人推到数据提供方那里，以避免疑义解答问题互相推诿、互相扯皮、互推皮球。

员工离职办理作业——能让其一次办理完，绝不让员工多跑一次。

以上标准作业不仅是连锁经营企业总部人力资源部门工作人员应严格遵守并需接受检查与考核的，各连锁经营门店也应遵守此标准进行作业。

人力资源部门中不管是部门负责人，还是部门职员，其工作表现不仅代表自己的工作态度与风格，更是人力资源管理工作的缩影，唯有不断摸索、改进人力资源管理工作的服务标准，不断提升部门员工遵守与执行作业标准的技能与要求，企业的各部门对人力资源部门的服务满意度才会慢慢提升，才会提升人力资源部门在企业中的部门形象。

（3）业务技能提升

企业中任何部门或员工能自立于企业，是因为部门或员工还有存在于企业的价值，即能够解决方方面面的问题，为企业创造效益。自古以来，价值创造决定话语权，即使人力资源部门在标准化作业、服务上已做到无懈可击，如果不能实际解决企业或部门遇到的问题，不能为兄弟部门提供业绩创造的支持与帮助，那么人力资源部门公共关系形象最多是"此部门的人还可以，但解决问题方面的能力有待提升"。

解决问题是要有条件的,如何提升自我、如何强大自身、如何争取资源、如何赢得别人支持等,都限制着整个部门在企业中解决问题的发挥水平。能力的提升不只是部门或个人的选择问题,还是打开工作局面的一种有效方式。作为总部人力资源部门,有义务、有责任不断提升部门及连锁经营门店中人力资源部门员工的从业素质及技能水平,以通过不断地解决问题提升部门在企业中的影响力,虽然不同的企业、部门及负责人员能力提升的具体方式与方法可能不尽相同,但能够达到目的即是部门所需要的。

　　某烘焙企业人力资源部在工作日内每日中午组织培训 1 小时,其主要培训内容为人力资源管理的各专业模块的专业知识、专业技能以及工作中可能遇到问题的最佳处理方法。他们不仅定期组织部门员工与本地区优秀企业的人力资源部门之间进行沟通与交流,拓宽本企业人力资源部门工作人员的工作思路,延展视野,而且定期组织人力资源部内部专题的研讨活动,由每个人力资源工作人员就同一个专业的议题进行研究、讨论并将讨论结果付诸实施。此外还鼓励人力资源人员进行优秀企业经典案例研究并将研究结果进行共享,如研究全国连锁经营企业哪些企业哪些职能做得较好,7-11 的物流配送系统有哪些值得学习的地方,本企业的物流配送的职能和 7-11 有哪些异同,本企业应该在哪些方面进行改进,需要新增哪些岗位,关键岗位应该具备什么样的能力结构和技能水平。

(4) 服务流程梳理

业务流程决定运作效率及管控效能,不合理的操作流程不仅会延误工作效率,还有可能造成管理真空的局面,如一家公司的财务报销流程(见图 2-3)。

图 2-3 中的流程看似非常严谨,可恰恰此"严谨"的流程却导致一起意想不到的惨痛案例发生。

　　企划部门一位员工通过同笔业务两次报销的手段以徇私舞弊,公司总经理非常气愤,罪责之下该企业人力资源负责人询问了相关人员,结果让人啼笑皆非。

① 与企划经理沟通。

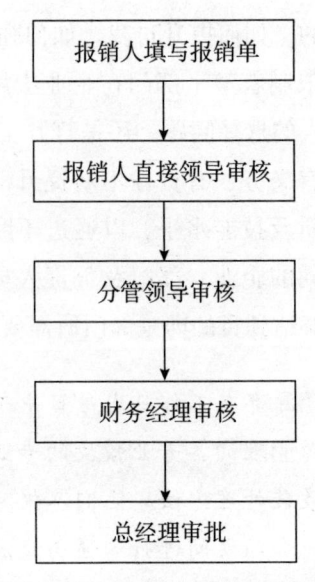

```
报销人填写报销单
      ↓
报销人直接领导审核
      ↓
  分管领导审核
      ↓
  财务经理审核
      ↓
   总经理审批
```

图2-3 一家公司的财务报销流程

人力资源负责人:"刘经理您好,我能不能了解一下就此案例你当时怎么没有发现呢?"

刘经理:"反正我签字审核都是形式,所以当时就没有太在意!"

该人力资源负责人当时想:不是吧,原来自己不是最终责任人,当然也就不负责任了!

②与财务总监沟通。

人力资源负责人:"您好,总监,就前几天企划部门出现的两次报销的事情,我们能不能聊聊呀?"

总监:"可以呀,不过感觉挺亏的,莫名其妙地被老总骂了一顿。"

人力资源负责人:"出现这个事情,老总肯定不高兴,你也别想那么多。"

总监:"那又能怎样呢?骂也被骂了,哎!"

人力资源负责人:"对了,总监,你作为财务负责人员,一个员工一次费用两次报销您当时怎么没有查出来呀?"

总监:"我一天要审核那么多单据,当时哪里在意呢,何况我们一般审核财务报销凭证是否符合财务规范,两次报销,单据都有,他们经理都没有发现,我能有什么办法?"

人力资源负责人想：啊！财务老总并没有意识到这是他的应该审核的业务范围。

③与总经理沟通。

人力资源负责人："前几天就企划部门出现的一笔业务报销两次的事情，我对此案例挺感兴趣的。"

总经理："提起来就生气，我授权给他们经理、总监审核，结果没有一个负责的。"

人力资源负责人："总经理，我不完全同意你的说法。"

总经理："你为什么这么说，难道我说得不对吗？"

人力资源负责人："总经理你说的我赞成一半，我找刘经理、总监沟通过。"

总经理："他们怎么说？"

人力资源负责人："刘经理感觉自己审核只是形式，而总监认为财务主要应该审核财务凭证的合规性，具体业务不属于其审核范围。总经理我能不能请问您一个问题？"

总经理："请说？"

人力资源负责人："您当时审批的时候，您是怎么想的呢？"

总经理："我当时看了，大家都签字了，认为应该不会有什么问题，所以就签字了。"

这看是一个微不足道的小案例，却揭示管理上一个很大的问题，流程是规范，但流程节点上的人并没有因流程失误而明确应该承担的责任，所以好像大家都负责任，实际上都不负责。还有整个流程线比较长，万一哪一位领导不在家或出差，此事就有可能因为人的问题而造成工作延误，那么为什么企业还这样做呢？为什么不能想一个既能解决效率问题，又能提升效果的更好的程序呢？

人力资源部门也有很多内部工作流程，既有部门内部的，也有和其他部门交叉的，错综复杂、千丝万缕，虽大部分是合理的，但也不乏很多流于形式的程序存在，人力资源部门有义务、有责任不断修订自己的操作流程，秉承简单、规范、高效的原则，能系统化的尽量系统化，不能系统化的想方设法使其系统化，再借助现代科技的技术手段不断地提升运转效率，提高服务价值及服务质量。比如，调整前连锁门店员工办理离职程序如下（见图2-4）。

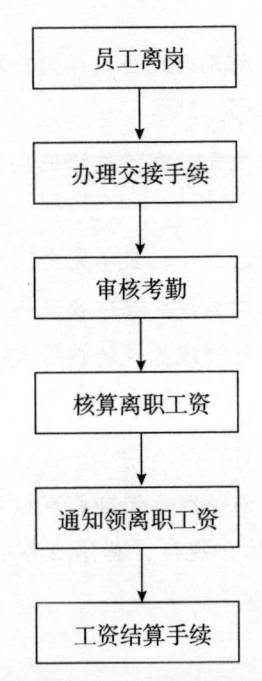

```
员工离岗
   ↓
办理交接手续
   ↓
审核考勤
   ↓
核算离职工资
   ↓
通知领离职工资
   ↓
工资结算手续
```

图2-4　调整前连锁门店员工办理离职程序

按照图2-4的流程员工要往返公司至少两次，无形中增加了员工时间成本、交通成本的损失，而借助连锁经营企业人力资源员工在线信息管理系统，企业流程调整如下（见图2-5）。

连锁经营门店可以通过前面介绍的员工在线信息管理系统，通过门店信息管理平台上报突然消失、辞职离岗、开除等员工异动信息，人力资源部门通过员工在线信息管理系统随时了解具体的员工异动状况，并根据其他人力资源管理系统如考勤系统、绩效管理系统中具体人员的数据核算员工离职工资，电话通知员工到指定的店面或部门履行离职交接工作，交接结束领取实发工资。通过此流程，员工只需要往返公司一次便可以办理员工离职手续，大大提升了员工离职交接工作的工作效率，同时也间接为员工创造了价值。

人力资源部门作为企业中的关键部门之一，为了有效开展人力资源管理工作，会与其他部门之间涉及错综复杂的业务流程问题，同样，为了保障人

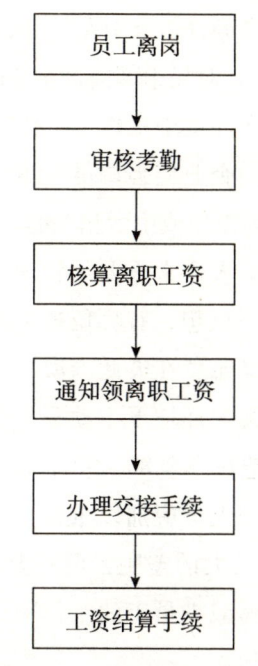

```
    员工离岗
      ↓
    审核考勤
      ↓
   核算离职工资
      ↓
  通知领离职工资
      ↓
   办理交接手续
      ↓
   工资结算手续
```

图 2-5 企业调整后的流程

力资源管理工作的运转效率，也会涉及部门内部各个模块、岗位之间工作横向交错的业务流程问题。如何简化程序，如何提升效率，如何提升管控效果，是人力资源部门不断研究、不断提升的业务模块。

流程规划本着简单、高效、创新，兼顾管控效率与效果的原则进行，具体的流程涉及人力资源各职能工作的方方面面，后面章节中会对相应业务流程进行解读，为了保障流程的持续性，企业应通过人力资源管理软件进行流程固化，实现管控计划。

(5) 部门氛围营造

团队的氛围对团队战斗力的提升是不言而喻的。兵不在多，在于精，团队不在于大，在于氛围。如何激发团队成员的工作积极性，如何提升团队的效能，是每个管理人员都应该首先考虑的问题。特别是作为人力资源部门的管理人员，如果自己部门的士气都不能得到提升，自己的部门管理得一塌糊涂，那么企业领导、兄弟部门怎么会有信心接受人力资源部门的建议并按照建议有计划地进行调整呢？

部门氛围营造也不是愿不愿意的事情，而是必须要进行并且是要做到位的关键环节，所谓"兵者取之势，勿求于人"！人力资源部门工作氛围的营造能否在企业中建立"正能量"，对兄弟部门及企业的影响最为关键。

　　员工在宽松、愉悦的工作环境中工作，工作产出一般会比较高，同时员工也不会感觉到工作的压抑。企业应强调员工本色释放，如上班时间可以互相开开玩笑，可以互相交流与工作或生活相关的话题。

　　部门氛围营造是部门负责人非常重要的管理工作之一，同时也是反映管理人员管理水平的重要环节。试想，有哪位员工愿意在一个只有指责、没有鼓励的工作环境中工作？谁又愿意在彼此冷漠，只有互相倾轧的工作环境中生存？谁又能在总被领导漠视的环境下主动开发自己的工作潜能，提升自己及部门工作绩效呢？氛围营造在当今80、90后员工逐步成为工作主体的职场中影响性越来越大，作为管理人员应加以重视。虽个人因工作习惯的差异会就工作氛围营造的方法上有较大的差距，但只要能够提升员工工作积极性，能够激发员工工作热情，能够减少员工的工作顾虑，能够创造和谐的工作关系即可。

　　某企业人力资源领导习惯于每天晚上睡觉前回忆每一位直接下属一天的工作表现及员工的面部表情，如果下属面部表情与往常一致，该员工不需要非常关注；如果不一致，不管是喜悦还是惆怅，无非就是由工作或生活两个方面的问题造成的。如果员工面部表情明显地比往常喜悦，该领导就会有意识地寻找他高兴的原因。如果是来自工作，该领导一般会立即给其发送一个温馨的信息，如"小刘，今天效绩会议你组织得非常棒，非常感谢你"，以表示祝福与感谢；如果不是来自工作，那一般就是来自生活，同样该领导也会用一些祝福语言，如"小陈，最近有什么喜事，说出来大家一块热闹热闹"，与其分享喜悦。有喜就会有忧，当员工面部表情出现忧郁之色的时候，该领导是非常关注的。如果是工作上的失误，员工做错本来就有自责心理，该领导一般不主张对出错的员工立即给予批评、教育，而往往更加温暖的语言予以安慰，如"小刘，今天这个错误也不能完全怪你，主要还是我在安排工作的时候有些失误，还希望你能够原谅，下一次我们共同努力，争取此类错误不再发生"。员工听到领导或看到领导类似的语言或留言一般都会主动地找准时机和该领导就失误问题进行沟通与道歉，该领导一般会与其剖析利害得失、总结经验教训，这样员工不但会更加尽心地工作，同时还会对领导报以感激之情。如果员工的忧郁不是来自工作，那一般就来自生活，该领导采取深入了解情况并及时伸出援助之手的方式予以援助。例如其部门有一位年轻女员工因爱人的外遇闹离婚，当时该领导就安排人力资源部门一位女经理下班后一直陪着她、开导她直至其走出阴影。这样无私的关心与关怀使整个部门人情氛围非常浓厚，同样该领导要求下一级的管理人员也按照此种工作方式推进人文理念，所以整个人力资源系统从上到下充满着对组织的热爱、对同事的关心之情。

该领导一直教育本部门的所有管理人员要鼓励员工积极地探索，其部门有这样一个传统，各级管理人员的口头禅是"你们只管去做，做错了算我的"。通过这种干部表率、以身作则的言传身教，整个部门员工工作很少有顾虑，每个人的工作激情基本被激发出来。

该领导还一直给下属灌输不要对别人的工作在背地里评头论足的理念，有困难一起上，有问题一块来。同事之间只有感激，没有指责。大家是一同作战的伙伴，而不是彼此对抗的敌人。同时还灌输一个理念——不要计较一城一池的得失，心无旁骛、孜孜不倦地研究和琢磨自己负责领域的工作和项目。

通过一系列类似的灌输及宣导，该企业人力资源部门员工关系极为融洽，团队成员之间向心力、凝聚力大大增强。

(6) 激发业绩提升

企业逐利的目的之一是要实现其生存，这就不得不要求其组成部门无不崇尚业绩导向，当然人力资源部门也不例外。如何兼顾内部氛围和谐，激发员工的业绩意识并最终实现部门的业绩提升，这是人力资源部门负责人员应时刻考虑的问题。

某人力资源部门负责人在部门办公室里悬挂了一张未来版的部门组织架构图，告诉所有员工，组织架构图上的所有主管、经理等管理岗位全部由部门员工内部培养产生，人人有机会、人人有可能。该负责人还制定了配合内部晋升的激励举措——根据不同员工的特点为其布置不同难度的小项目让其演练、操盘。项目负责人员可以根据自己项目的进度支配内部资源或协调外部资源，项目参与人须予以支持，因可能会出现某位员工既是甲项目的参与人，同时又是乙项目的项目负责人的现象，如果其作为项目参与人时不配合别人的工作，那么自己作为项目负责人时，别人也会以其人之道还治其人之身。通过此类活动该负责人不但发现了部门内部各成员之间是如何安排工作进度、如何争取资源、如何得到别人支持的能力，而且也对团队成员合作能力进行了有效的评估与管理，大大地提升了人才管理的效果与目的，并为内部人才的科学甄选奠定了坚实的基础。

凡是被选择为主管或经理的后备人选，该负责人一般先让其承担主管或经理的职能，在工作中继续观察、继续磨炼同时给予辅导直至其成为合格的管理人员。对于不适合做管理的内部员工该负责人一般会引导其向专业角度发展。如某职员在招聘方面非常有心得，特别擅长利用MSN、QQ、微博、微信、人人网等通信工具与人才交流与联系，同时对缺编岗位解读较深，敏感性强，就引导其向猎头方向发展并经常给其机会跟猎头行业专业人才学习与交流。通过此类方式培养了一批优秀的猎手，不但解决了企业高端人才的引进问题，也大大提升了个人专业及收益。

毕竟人力资源部门管理职位总是有限，对于一些本身很优秀又不愿意在专业技术方面发展但提升受限的成员，该负责人会寻找合适机会为其在企业内部进行分流与提升，比如让他们到其他部门做经理或主管助理。他们在做助理期间既学习其他业务模块的专业知识与技能，又具备人力资源资源管理方面的实际操作经验，很快地成为了企业中层管理人员的后备人选。

职员工资的提升也与业绩挂钩，没有业绩绝不提薪。该负责人在自己分管的人力资源部门设置"潜规则"，薪资核算人员薪资调整就由月度被核算薪资人员数量、核算准确率、被投诉次数等业绩数据决定；主管分为1~3级，由内部提升到主管的员工可以申请本部门主管轮岗，凡在新主管岗位上工作业绩高于原主管业绩水平者即可以晋级上一级主管，在3个主管岗位上工作并业绩表现优异者即成为储备经理人选，同时伴随主管级别的提升，薪资自然上涨。

该主管通过上面的方式一方面解决了员工的"出口"问题，另一方面又兼顾了其个人收益提升。

利用案例中该主管的做法，结合前面介绍的部门文化建设、标准服务作业、业务技能提升、服务流程梳理、部门氛围营造组合操作，人力资源部门在企业内部公共关系中的工作就会进行得很顺利。

每个企业的环境不同，决定了人力资源部门关系营销的操作方式不一，如果你和你的部门还没有意识到内部公共关系营销的重要性，那么想在人力资源管理工作上有很大突破是很难的。因为人力资源管理的很多工作都是通过领导或兄弟部门同事支持并贯彻实施的，不能有效赢得领导或兄弟部门的信任，最终将丧失有效开展工作的机会。

检验人力资源部门是否做到企业内部的公共关系营销的标准之一是，别的部门员工在选择调岗的时候，人力资源部门是否是首选，如果是，恭喜，你的关系营销已经做到位；如果不是，那你们部门还要继续努力。

2. 企业外部公共关系营销

企业稳健发展、品牌影响力逐步提升、企业产品结构不断优化等，这些顾客能感受到的企业变化本身对于连锁经营企业的外部公共关系就具有较大的影响力，加之企业营销活动的助推，无形中进一步提升了企业的影响力。

求职者能否关注一个企业，其对企业的信心是一方面，对企业在用人政策、用人口碑、雇主形象等方面的了解又是一方面，所以作为总部人力资源部需要在企业影响力的基础上不断组织活动、设计并维护企业形象以及通过合理的渠道将其正能量不断地向社会传递，使其增强潜在员工与企业之间的情感交流，最终最大化地锁定企业未来人才。

对于企业用人政策、雇主品牌等内容将在后面详细阐述，本节主要介绍总部人力资源部门在用工形象维护、公共活动的组织、宣传渠道建设等方面的内容。

（1）用工形象维护

企业用工形象对企业外部公共关系的影响是不言而喻的，特别是在当今"不看广告，只看疗效"的时代，发自员工内心的口碑宣传不仅具有影响力，更具"杀伤力"。所谓"防人口胜防河川",如何改造员工对企业的认知,如何提升员工的口碑效应,这是各企业人力资源部门不可回避、也不能回避的尖锐性问题。

除了在后面将详述的雇主形象建设、人事政策的建设对用人口碑有严重影响外,以下细节方面对用工形象的影响也非常大。

①人文管理的导入。笔者调查发现连锁经营门店中导致员工流失的主要因素不是工资,也不是福利,而是连锁门店的直属领导。直属领导没有同情心、没有同理心,加之情绪化、管理能力弱等,才是造成员工流失率居高不下的核心原因。为什么传销组织在没有什么生活保障的情况下,传销组织成员还是那么的趋之若鹜呢?为什么宗教在对教徒没有任何金钱投入或投入很少的情况下,教徒还那么的忠诚膜拜呢?经过了解、研究得出一个结论,那就是这些组织非常在意对人的尊重,对人的尊严的维护,他们不是冷漠的群体,而是为若即若离的理想而虔行的伙伴。

某烘焙企业人力资源负责人的经历如下。

该负责人刚加入现在就职的企业的时候,当时连锁店面人员月流失率高达30%,基本上在该公司工作半年以上的员工都属于企业的老员工,连锁经营门店管理人员和人力资源部门互相指责的现象非常严重。连锁门店管理人员总是抱怨人力资源部门不给其招聘人员或不能满足门店经营的人才需要;人力资源部门抱怨为其招聘人员到岗就走,总是留不住。虽说该企业也出台过很多政策,如凡员工在一个合同期满并续签劳动合同者即可以一次性得到上千元的合同到期奖金,技术人员合同到期奖金额度更是可观,但效果很不明显。该负责人加入公司的那一刻,门店人员缺编高达300多人,很多店面除了店长等少量管理人员坚守岗位外,其他员工缺编严重。因流失率高,人员一直处于流动状态,所以公司一直还存在一个致命的问题——整个公司上自总经理下至人力资源部门员工没有一个人知道公司具体有多少人。整个人力资源管理工作可谓瘫痪,为此该负责人不得不亲自走访门店,与离职的员工进行沟通、交流,结果发现门店和离职员工一直多次提到一个词,那就是"业绩"。管理人员只看业绩忽视一切,新来员工业务不熟、没有业绩,不但没有得到管理人员的指导，反而是冷眼相待，整个门店氛围极为压抑，有的离职员工反映说："我都来好多天了，店长都不知道我的名字，动不动就骂，我又不是欠他的，我一刻都不想在店里待，多待一刻都让人窒息。"在此境遇下该负责人找到了分管连锁门店的韩经理。

人力资源负责人："韩经理，我到了很多店发现许多员工好像很有怨言啊。"

韩经理："那是肯定的，压力那么大，工资那么低，加上你们人力资源部门又不给我们补充人员，没有怨言才怪呢。"

人力资源负责人："韩经理首先我需要更正一下，某某店最近两周我们总共给其配置了11人，结果两周之内这个店却走了13个人，你说人力资源部门不给你们配置人员我不能苟同。"

韩经理："怎么可能！"

人力资源负责人："韩经理，请看一下最近两周这个店的入离职记录，还有我也确实到了这个店并与店长确认了这些数据。"

韩经理："好的。"

人力资源负责人："假如你是新员工，到一个新的组织，你希望别人怎么对待你啊？"

韩经理："至少不要对我冷漠、不理不睬，有老的员工带我熟悉熟悉环境，了解了解企业的情况，如果大家对我能够热情点就更好了，比如说中午吃饭的时候，有同事会告诉我哪家饭店饭菜可口，哪家实惠，能陪我去那就最好了。"

人力资源负责人："那我们的新员工呢？"

韩经理："哦，我懂了，马上就去做！"

就这样该企业从培养管理人员面带微笑开始，慢慢地企业又对门店管理人员导入了人文管理的理念和专业培训。同时收集在门店管理过程中出现的问题，人力资源部门和门店管理部门共同研究，比如对习惯性请假的员工，门店管理人员应该什么样的话术及方式处理；业绩不好时，管理人员在薪资发放后应该用什么样的话术、语气、肢体语言进行鼓励；员工遇到情感挫折问题，门店管理人员应该如何应对并调节员工情绪；遇到野蛮的顾客门店管理人员应该以什么样的姿态来维护自己的员工并不失礼节地从容应对。同时配合企业其他的相关政策、措施，门店氛围发生了根本性改变。门店员工再也感觉不到压抑了，每天上班都感觉很开心、很充实，同时业绩也有了很大的提升。

人们大都爱屋及乌，那么恨屋也及乌，如果员工感觉管理人员就像家人一样和自己一块工作和生活，无形中也增强了对企业的好感。

②价值教育的提升。现在的员工群体年龄越来越小，很多都是90后，又是独生子女，此部分群体年轻、有活力，但过于个性、不能担当、基本不知道如何与人相处，该企业要求负责培训的人员走进连锁店面进行调研、整理，提取造成员工之间不和谐的各种典型案例并开发出针对性解决方案作为店长基础技能培训课件予以"付能"转化，且通过店长的言传身教，大大减少了员工之间的摩擦。

某烘焙企业一直倡导对员工进行工作意义、敬业精神、责任意识、道德规范等理念的宣传与教育，并通过培训与会议的手段不断强化员工什么是对的、什么是错的，什么该干、什么不该干的价值观念，从而提升员工爱岗敬业、服从管理、有效执行的道德情操。

通过人文管理的导入、员工价值观念的灌输，增强了员工意识、提升了员工满意程度。

③管理细节的关注。都说员工是企业的第一个顾客，那企业如何服务好自己的员工，如何在细节和个性上突破，理应是企业和人力资源从业人员应当考虑的问题。

相当一部分连锁企业考虑为员工解决住宿问题，可很多企业在提供这项福利的时候不但没有提升员工的满意度，反而给员工造成很多不便。比如宿舍位置离有的门店很近，离有的门店却很远，这样势必导致顾此失彼。企业为什么在选择宿舍位置的时候没有考虑宿舍与店面之间的距离问题呢？另外企业为员工提供住宿本身就是为了解决生活问题的，可有的宿舍经常有外人出入，不仅影响生活，而且还有可能给员工造成安全隐患，那企业提供该项福利有什么意义呢？

现在的员工越来越知性，特别是女性，她们非常关注自己的家庭和孩子，试想如果一位女员工在她的小孩过生日的时候接到"小姐您好，非常感谢您一直以来对公司关心与奉献,在您家宝宝3周岁生日之际,特祝福生日快乐、万事如意"此类的祝福,她们是不是会感到由衷的幸福呢?那如果在结婚纪念日、员工父母生日、爱人生日都能接到诸如此类的祝福性语言,你认为你的员工又会作何感想呢?

都说"人走茶凉",特别是职场上经常演绎这样或那样不同版本的类似案例。企业有没有考虑定期给一定工龄或达到一定职位的离职员工发送祝福信息呢?有没有考虑过像对待在职员工一样在其生日、小孩生日、结婚纪念日等个人特别关注的日子给予祝福呢?通过情感交流,离职员工会感到原公司很温馨,好感由心而生,说不定很多离职人员返聘会成为企业一个很重要的员工引进渠道呢。

细节、个性的结合并有效地付出实施是企业与员工进行情感交流的不变原则与方向。

④创新系统的建设。运行高效的信息管理系统会简化很多中间环节,以往企业经常因为一些业务需要往返于连锁门店和公司总部之间,加之公司部分职能部门官僚意识浓厚,导致很多员工不快;员工大部分时间都浪费在路途中,门店的事情还要自己处理,给门店管理人员带来许多不便,有时甚至需要加班才能够解决。企业为什么不开发信息管理系统呢?与公司职能部门有工作交叉的事情通过信息管理系统来处理,这样不仅解决了工作中遇到的问题,而且还大大减少了相关人员的时间浪费。

信息管理系统不断升级、不断简化员工操作环节、不断设置信息系统排异功能以及提升员工操作效率及准确性,最理想的状态是员工想出错都不可能,这样就会大大减少员工上班期间的心理负担,提升员工工作满意度。

(2)公共活动的组织

公共活动组织是企业实力、企业内涵的展示,好的活动组织可以增加企业内部员工的成就感,同时对企业外部群体也具有很强的影响力。人力资源部门如果能够成功地、高频次地进行公共活动组织,这对潜在的求职者本身就具有很大的吸引作用。那么,人力资源部门一般应组织哪些公共活动更能够增强企业品牌形象呢?

①大型招聘会(含专场招聘会、校园招聘会)。大型招聘会本身就是企业实力的一种硬展示,但我们也见到过很多非常成功的企业在公共场合不但没

有显示出自己的优势，反而显得异常的猥琐，一点儿不能彰显自己的企业品牌形象。

对于人力资源部门组织的大型招聘活动，企业一定要持高端、大气、上档次的基本原则，采用精益求精的操作方式，甚至细到参加招聘活动工作人员的工作证件都要仔细考究。

人力资源部负责大型招聘会组织、展位的挑选、主办单位的联系、招聘宣传品内容的确定、面试官的挑选、面试官标准话术设计、模特的挑选、招聘会现场工作人员工作分工、仪态培训及定位。

工程部负责招聘会现场的奖牌展示台的制作、协助企划部布展。

行政部负责投影仪、音响、红色地毯、试吃产品准备、企业奖牌和主题色台布提供及工作人员后勤保障工作。

大型招聘会的具体流程：

1. 招聘会一周前确定招聘展位、招聘会效果图、招聘会宣传物内容（主题体现集团二次创业，望有识之士加盟，共举大业）。

2. 招聘会前三天所有工作人员全部定位并接受人力资源部组织的培训。

3. 招聘会前两天工作人员培训及突发事件应急处理演练。

4. 招聘会前一天所有招聘现场需要的物资、物料全部到位。

5. 招聘会前一天下班前招聘会现场布展结束，并用红色隔离栏将招聘会场隔离保护。

6. 招聘会开展前半个小时所有公司奖杯（牌）陈列到位。

7. 招聘会开场时所有模特定位。

8. 招聘会开始后半小时所有面试官整齐入场。

为了凸显招聘的吸引力，该企业又在招聘职位上做了点文章，虚拟了两个薪资极高的岗位——集团执行总裁和集团品牌运营发展中心总经理。品牌运营中心总经理的年薪高于80万元，很多电视台等媒体主动采访该企业。对于该地区来说集团品牌运营发展中心总经理年薪高于80万元了，他们一定对集团总裁岗位薪资充满好奇，为此该企业人力资源负责人专门提前准备了电视台等媒体采访的台词以备接受媒体采访，通过此方式不但达到了企业品牌宣传的目的，同时也免费地利用了公共媒体资源，提升了企业品牌形象。

为了配合大型招聘会的需要，该企业所有的招聘网站、招聘渠道上都配合虚设了招聘岗位，保障企业对外招聘信息的统一性。

大型招聘会、专场招聘会、校园招聘会操作基本一致，但一定要独特、个性、大气，它作为企业实力展示来说是一种非常直观、有效的方法。

②行业交流会（含高峰论坛会）。行业交流会和高峰论坛会是展示企业内涵的最佳机会之一，企业高层管理者应积极主动地参加类似的活动。一般此类活动的主办方会要求媒体或杂志进行跟踪报道，所以这是企业争取"出镜"的绝佳机会。但此类活动对参加活动的企业高管也是一种挑战，如果高管没有任何亮点最多就是在报道中出现参加本次活动的有××集团×总之类的字样，不具有任何宣传价值。所以参加此类活动的时候，最好和拟参加的高管探讨本次论坛的议题并提出一些全新的理念、操作方法或有争议的甚至挑战传统的观点，这样才会引起媒体的关注。

某企业人力资源高管参加一次关于绩效管理的高峰论坛，当时此高管提出了挑战传统的绩效操作误区——绩效指标必须设置权重、绩效指标值提前设定是绩效考评中的两大误区。当时参加此次高峰论坛的有企业界的朋友、著名高校的学者与教授，因此观点对传统绩效管理的认识算是颠覆性的挑战，所以引起了当场朋友们的激烈争论，甚至还有一位老教授臭骂该高管不懂绩效管理、不懂绩效考评。为此该高管不得不说明理由，对于第一个误区该高管的理由是连锁经营企业中连锁门店店长和管理7~8家门店的区域经理，因工作性质基本一致，只是管理的范围不同，参照的考核指标基本一致，但因店长和区域经理在管理重点上的差异，所以在考核指标权重的设置上就有很大的不同，但出现了理论上从来没有关注到的问题——几个店长按照考核指标考核都很好却出现了管理他们的区域经理考核结果很差的情况，经过研究发现原来是权重闹出来的问题。该高管说："要想真正反映该员工综合能力，本人不建议考核指标设置权重，这样更能够直观反映员工工作中的问题。"

对第二个误区高管的理由是，考核指标值提前设置根本不可能设置准确。设置考核指标值的原则就是不要太高，太高员工就失去了挑战的信心，也不能设置得太低，设置太低员工就没有了工作的激情与斗志。该高管当时在高峰论坛上提出一个全新的绩效指标设置观点，企业不提前设置指标值，可按照一个考核周期的期末数与期初数核算差额并按照差额数值排序，排序位置决定考核得分，这样不但解决了考核指标值设置不准的问题，同时又调动了基层管理人员调整工作行为的积极性，改善了工作绩效结果。

因该高管的观点不但挑战传统而且还行之有效，所以在论坛中引起了强烈的反响，媒体整篇转载了该高管在论坛上的论述，因该高管是代表××集团公司去的，无形给企业增加了影响力。

③MBA（工商管理硕士）学术交流会。各高校MBA、EMBA（高级管理人员工商管理硕士）班为了教学需要经常组织学员走进优秀企业观摩、调研，他们一般抱着问题到企业走访，有时将MBA、EMBA的移动课堂迁移到企业进行讲授，甚至会把企业中实际操作方式作为专门课题进行研究，就像黄铁鹰老师对海底捞的研究一样，他的一本《海底捞你学不会》不仅捧红了海底捞这家企业，也使他自己在企业管理界和学术界成为家喻户晓的名人。即使企业做不到海底捞那样的高度，但名校的MBA或EMBA走进企业的时候，学校一般会通过自己学校的专业期刊、学校官方论坛、官方微博、官方微信等自媒体进行宣传与报道，这对企业来说本身也不是坏事情，更何况参加的MBA或EMBA班的学生，有的是企业主，有的是企业的中高层管理人员，企业可以通过此种活动更多地接触优秀人才，口碑相传传播企业实力和内涵。

某烘焙企业就曾经组织了很多次类似活动，如中国科技大学MBA走进××集团、合肥工业大学MBA移动课堂走进××集团、安徽财经大学MBA走进××集团等活动，企业不但通过此类活动增加了学员对企业的了解，还将企业运作的经验和模式与MBA师生交流、分享、传播。

"金杯银杯不如老百姓的口碑"，但是口碑的传播人会决定此口碑的层面和说服力，就像明星效应一样，能够在名校MBA进行学习的学员，基本上都是社会精英或未来的社会精英，他们之间的口碑相传大大地提升了企业品牌知名度。如果你的企业中好的管理模式能够被选取为MBA课题研究的案例，能够被名校多次在教学中引用，不仅增加了企业的曝光度，也提升了企业品牌的美誉度。

④校企合作。因教育模式和社会需求之间的脱节，很多企业根本招不到符合岗位知识结构、技能结构的优秀毕业生，优秀企业在选择人才时选择前置管理的模式，即在学生刚踏入学校，企业就和学校合作进行人才订单培养，优秀的毕业生可以直接进入企业成为企业员工。开始只是部分企业与部分学校之间小范围合作，但随着国家深化教育体制改革，"校企合作"的模式在教育领域中越来越普遍，有的学校为了完成教育部门的考核要求，解决毕业生的就业问题，甚至主动找到企业要求与其进行合作。企业应规划好合作单位以及合作项目，同时可以通过新闻发布会的形式将其信息传播出去，无形中也是对企业形象的一种包装和宣传。

与高校的合作目的主要有两个：提升企业形象；解决岗位需求。对形象提升企业应主动开发"211""985"等院校资源，企业的核心目的可能不是满足岗位需求，但可以与其合作进行研究院或研发室的建设。在岗位实际需求方面，要做好学校考察、专业设置、校风校纪、用工企业对毕业生评价等综合评估后确定合作院校，并在订单培养模式、顶岗实习模式、见习模式、校企合作开发课程等合作模式中优选最适合的合作模式，最终满足企业岗位需求的目的。

在见证与学校合作仪式中，校方、教育主管部门一般也较为重视，有的学校会组织学生见证签字仪式，甚至在学校内或邀请媒体进行宣传。

企业在合作过程中一般会要求学校将合作企业介绍到招生简章中，无形中又提升了企业的社会认知度。

(3) 宣传渠道建设

"酒香不怕巷子深"，那是巷子还不够深，在这样一个信息爆炸的社会，良莠不齐的信息充斥着人们的工作、生活的方方面面，加之信息受众受专业限制的影响，很少具备对信息的识别能力，如果企业不做好宣传渠道的建设，不对企业信息进行有效管理，很有可能会出现"劣币驱逐良币"的局面。所以信息管理应被企业提升到决策层面进行系统性、战略性管理，同时还要有专门的运作团队运营企业官方信息。

人力资源相关信息作为企业信息管理中的重要组成部分，有它的特殊性，为了应对当前的信息战争，企业首先应解决好信息渠道的建设和维护问题。

信息渠道主要分为自媒体和传统媒体两个部分。随着时代的发展，越来越多的企业开始重视自媒体建设，如企业的官方微博、官方微信、企业官网、企业报刊、微吧、论坛、招聘网站等，以应对企业信息运营的需求。

> 某烘焙企业在人力资源部门专门设置一个信息管理岗位，该岗位人员的主要工作职责是负责人力资源中心的官方微博、微信等自媒体的建设和管理工作，收集企业正能量信息，通过图形及文字的形式不断传播，在自媒体上与员工、求职者、社会大众等互动并回答异议问题。同时保持与电视台、报纸、地方新闻性网站、论坛等的密切联系，其负责人力资源信息维护工作的员工通过删除或屏蔽企业负面信息，以维护企业用工形象。

企业应有专人对宣传渠道进行管理与维护，应不断地尝试使用最新潮的交流工具进行交流与传播，保持各媒体渠道信息的一致性、呼应性，通过官方渠道有计划地进行企业内部正面信息的传播，彰显企业的内涵与实力。

招聘网站一直是企业忽视的宣传媒体，一般的招聘网站都具有信息链接功能，企业可以将自己的官方微博、官方网站等与专业的招聘网站信息链接，凡是访问企业招聘窗口的人才都可以很容易地了解到企业的最新信息。

招聘网站的选择是非常关键的，一般浏览招聘网站的人员基本都有一定的求职意向，浏览人的水平及浏览频率会决定招聘网站的价值与效果。招聘网站作为一种比较特殊的信息渠道——链接企业其他信息渠道与潜在求职人员的桥梁，网站受众专业深度越强、视野越开阔价值越大。建议企业选择以北京、上海、深圳、广州等国内人才比较集中的一线城市中当地主流招聘网站为合作对象（如一提到北京招聘网站，大部分人第一时间会想到首都人才网），通过此类招聘平台，企业信息通过直接或链接的模式传播，同时也可赋予感染性的语言，如"××集团是北京出色的本土企业，××集团期待与您一起缔造属于北京的世界名牌"，以引起人才的共鸣，提升企业营销效果。

随着二维码技术的成熟及应用，很多传统信息传播渠道也承载着新渠道的建设功能，企业可以在宣传彩页上通过二维码的使用，使接触到彩页的人才链接企业人力资源官方网站、微博等了解企业最新信息，以增强企业的影响力。

人才引进渠道的梳理与开发

有效的招聘渠道是开展招聘工作的前提。现在很多公司招聘保安人员比较困难，其实是在招聘渠道的选择上出现了问题。为了确保企业招聘工作的及时性、有效性，企业应做好招聘渠道的梳理工作。但不管是什么渠道都有一个最为基本的开发原则——"接近所需人才的渠道是最有效的渠道"，此类渠道需要企业花精力开发、建设与维护。

招聘渠道分传统渠道、新型渠道、企业特有渠道三大类。传统渠道主要为大型招聘会、专场招聘会、校园招聘会、人才市场、报纸招聘、网络招聘等。由于求职者求职习惯的改变，传统渠道的招聘效果越来越差，有的渠道基本已经退出招聘的历史舞台，那企业是不是要全部舍弃传统的招聘渠道呢？不是。企业应对传统渠道进行"变异"，赋予它新的生命力，比如大型招聘会、专场招聘会、校园招聘会等，不再是实质性解决人才短缺的主要窗口，而应演变成展示企业实力的传播渠道。网络招聘是比较有效的招聘渠道之一，企业通过链接招聘网站，不但解决了人才招聘、后台搜索，同时还起到了宣传企业的功能。

新型渠道是各企业都应重视的一种招聘渠道，应该由专人建设与维护，虽然网络招聘渠道在当前还算是比较有效的招聘渠道，但此种渠道也有它的局限性，很多专业性人才基本上不在招聘网站上注册简历，因此，对于行业性较强的专业性人才的引进基本没有效果。要解决这问题，企业应建立自己的猎头队伍进行新型渠道探索并精耕细作，最好能够将其运作成企业的特有渠道。

1. 微博、微信渠道

微博、微信不仅是企业的宣传媒介，同样也是招聘工作中一种行之有效的渠道。企业内部的猎头队伍一般对行业基本情况非常熟悉，如连锁经营企业配送体系比较完善的有7-11、沃尔玛等。如果企业想挖取物流方面的专业人才，企业的猎头人才可以通过关注7-11或沃尔玛的官方微博、微信，在企业的粉丝中寻找待挖取对象并与之建立互粉关系，通过微博、微信平台或其他的信息交流工具保持着联系，不仅可以实现针对性挖取人才的目的，同时也为企业人才库的建设奠定了基础。

企业利用微博、微信可实现与关键人才的互动，并可锁定大量企业所在行业专业性的人才，企业微博与微信的"粉丝"又可以通过粉丝链接关注企业，企业微博与微信很有可能演变成为行业内人才信息交流的平台。企业的官方微博、微信就自然演变成为关键的战略性人才引进渠道，同时也是同行的其他企业无法直接复制的特有招聘渠道，此新渠道对企业未来人才遴选、人才储备、人才更替及人才结构调整等人才经营活动起到至关重要的作用，但需要企业专业人才的精心探索与维护，需要企业坚持不懈地投入才能最终发挥渠道价值。

2. 筹建猎头公司

现在员工之间竞争越来越大，非人力资源管理从业人才对人力资源市场状况知之甚少。在这样一个变幻莫测、充满竞争的工作环境中，职场人士对未来是有一定的忧患意识的，特别是在民营企业、股份制企业和外资企业中的员工，为了给自己留个"职业备胎"，他们很希望能够与从事猎头行业的人才接触。

一般来说，潜在求职者对猎头公司中的猎头人才有一定的信任度，企业为了人才引进需要，可自建猎头公司，企业中从事高端人才引进的从业人员一律隶属于此企业名下，但不对外运营，专门为自己的企业服务。猎头公司可以与国内专业猎头类网站（综合类招聘网站一般有人才推荐或猎头服务职能）进行合作以便资源交换。

猎聘网作为国内进行猎头服务的专业网站，企业可以以猎头公司的名义在猎聘网上注册，企业内部猎头便可以以专职猎头的名义与行业内的专业人才主动或被动地建立关系，达到定向挖角的目的。此网站还支持注册猎头之间资源交换功能，企业内部猎头可以与注册此网站的其他企业猎头进行人力资源的交换。同时此网站还具备人才推荐职能，企业内部猎头可以通过网站平台将自己企业不需要的人才资源推荐给猎头网换取积分，并通过积分赢取猎聘网人才推荐的更多人力资源，提升候选人才的可选度。

3. 专业论坛

专业论坛要求企业内部猎头人员有猎取人才所具备的专业知识。企业的内部猎头进入定向招聘岗位的专业论坛（微博、微信中锁定专业人才达到一定数量，其平台支持的微吧也具备此功能）并在论坛内发起某些专业课题的探讨，让专业人才在论坛内发帖、顶贴。猎头人员根据发帖人撰写的内容进行专业能力的识别与判断，同时锁定对象并与之建立长期联系，最终实现企业人才引进的目的。

4. 行业类网站

各个行业一般都有属于自己行业的专业网站，如零售业的零售人、烘焙业的快乐烘焙网等，其网站的主要效能是将行业内相关的信息在网页上公布，同时附带进行行业内的人才招聘。企业内部猎头可以每天定时进行行业内专业网站的浏览，关注行业动态及相关信息并针对性锁定某些企业及人才，通过专业网站交流平台与锁定对象之间进行交流和沟通，以实现专业人才引进的目的。

5. 行业协会

不同行业一般都会有规范本行业的行业协会组织，这些组织主要进行行业信息的整理、组织行业学习、进行行业内专业议题的讨论、组织行业内人才技能评定，代表行业与政府组织或其他社会组织进行联谊工作。行业学习、行业组织技能评定是企业接触专业人才的绝佳机会，企业内猎头可冒充行业内专业人员与相关人才进行交流并交换名片及联系方式（微博、微信、QQ还具备搜索周边人的功能，实现与人才建立联系），这样通过后期跟踪、跟进实现行业内人才的引进。

6. 专业学校

行业内专业学校也是引进行业专业人才的有效渠道之一。一般专业类学校会请行业内专业人才作为学校名誉教师或专家，其中不乏一部分从学校毕业的优秀学生，所以企业可以通过行业内的专业学校间接地与人才建立联系并通过持续的跟进实现人才引进的目的。

但是新的渠道都要求跟进的内部猎头人员要有行业内的专业知识，有志从事行业内部猎头工作并对现代沟通工具，如 QQ、MSN、微博、微信、微吧、论坛、人人网、朋友网等网络交流工具的功能有很深的研究并熟练应用的人，才方便和习惯与采用不同交流工具的人才进行交流和联系，最终在新渠道上有所收获。他们要热情、要细腻、要有不厌其烦与不怕拒绝的坚强意志和耐力，同时要不断学习与总结，这不是每个人都能够胜任的，所以内部猎头的人选决定此类渠道建设的成败，企业要选择成就欲极强并性格有所偏执的年轻人来做这方面的工作，同时还应强化此类人才拟聘岗位专业知识，提升专业人才寻觅与猎取能力。

7. 企业特有招聘渠道

如果企业能够将自己企业的渠道经营好，那传统渠道、新渠道都将会被其取代或仅作为其补充。

所谓企业特有招聘渠道即为企业独有的、别的企业很难模仿与复制、具有鲜明的企业特色的一种有效招聘渠道。此类渠道的最大特点不是以人力资源部门有形的招聘行为来决定招聘效果，而是靠企业内全体员工情感依托来提升企业招聘效能，更多属于精神层面的东西，所以很难操作，也很难实现，属于企业的战略性人才渠道一旦建成，企业将一劳永逸。

此类渠道主要有以下几种招聘方式：一是连锁经营企业特有的门店招聘模式；二是以离职员工作为招聘对象的招聘模式；三是以学生会成员作为招聘对象的招聘模式。

（1）连锁经营企业特有的门店招聘模式

连锁经营门店招聘模式是连锁经营企业基层员工引进最为有效的招聘模式之一。凡是连锁经营企业其门店数就不会只有一家，连锁门店数量越多，这种招聘模式就越有效。如某烘焙企业有200多家门店，也就意味着有了200多家招聘窗口。但此种招聘模式受连锁经营门店管理人员态度影响较大，比如有求职者看到门店张贴的招聘海报走进门店询问，门店人员的态度及言行会导致不同的结果，如果门店人员非常热情地接待并将拟面试岗位的正面信息介绍给求职者，那么求职者十有八九是会被其热情征服并最终走进这家企业的。如果门店管理人员表情冷漠、不理不睬，甚至明明招聘也情绪化地回答"门店不要人"，这样求职者就会被拒之门外。烘焙企业连锁门店招聘模式运用的是比较成功的，其新入职员工80%以上来自门店招聘，其招聘模式的环节及操作方法如下：

①公共关系营销工作。

②门店招聘海报制作。海报制作的质量对求职者的潜在影响力非常大，基本要求简明扼要、突出主题。如果是岗位需求性广告，企业应主要对拟招聘岗位的信息进行斟酌，对海报的风格、主题色调等根据实际需求进行针对

性调研并突出拟招聘岗位员工对职业的期待，以增强潜在求职者对企业的向往。

企业通过交错发布岗位需求性海报、情感诉求性海报，并在制作上力求创新，增强了潜在求职者对于企业的关注度，提升了对人才的吸引力。企业还可以在海报上应用二维码技术，通过此技术链接企业官方网站、官方微信等，扩大企业与潜在求职者信息交流与互动的效果。

③门店招聘热情的激发。连锁门店一般认为招聘工作是人力资源部门的工作。如果人力资源部门配置不到位，连锁门店管理人员就向上一级管理机构进行投诉，通过强制手段来给人力资源部门施加压力，以期实现连锁门店人才需求的目的，其结果不但没有很好地解决员工短缺的难题，反而导致人力资源部门与连锁门店之间互相指责、互相拆台。

员工是创造企业财富的根本，没有合格的员工、敬业的员工，企业效益提升只能是好听的口号，作为人力资源部门应通过自己的方法使门店意识到人才的重要性，激发连锁门店在人才引进方面的工作热情，实现人力资源部门与连锁门店之间的有效配合。

④人力资源部门积极走进门店。人力资源部门负责门店基层人才引进的员工，通过现代交流工具，如QQ群、微信等与服务门店的人员进行交流沟通，积极为其解决需协助的问题（含生活问题），并通过走访门店、门店员工培训、公共活动参与等方式与门店店长之间增加沟通频次，实现人力资源与门店之间无边界的合作。

⑤门店招聘标准作业。请连锁门店协助招聘并不是将招聘这项工作完全推给连锁门店，而是让其通过招聘活动更重视企业人才引进工作。

连锁门店招聘工作包括热情接待潜在求职者、展现企业员工精神面貌、协助潜在求职者与人力资源部门联系、将潜在求职者向人力资源部门报备等，通过提升潜在人才的面试频次，提高企业人才引进的可选度。

（2）以离职员工作为招聘对象的招聘模式

企业可以通过对档案系统的改造，将企业离职的员工分为被企业开除的员工、未尽到提前书面告知义务而突然离职员工、正常离职员工三类。企业将员工档案系统与企业短信平台结合，由短信平台定向向正常离职员工发送问候、祝福等信息，只要离职员工没有更新联系方式，就会收到企业定制的信息，为离职员工与企业保持情感的联系奠定基础。企业偶尔也可通过信息平台向其发送企业用工政策的改进、企业近况、企业对于老员工回岗政策。本来就有一部分老员工出于各种原因有回企业的想法，只是碍于情面以及没有合适的渠道，通过这种方式，老员工可以重新回到自己的工作岗位上。

老员工回岗，因其熟悉门店运营模式，减少了对其培训的时间。同时老员工回岗对在职员工的稳定有非常大的作用，在职员工会想"为什么这么多的老员工愿意回来，那无非就是外边的企业可能还不如现在的企业，我们还是别跳槽了，好好干吧"。

（3）以学生会成员作为对象的招聘模式

由于教育模式与社会需求的脱节，导致部分大学生毕业后不直接参加工作，重新踏入技术性学校学习。

企业人力资源部门作为企业人才配置的关键部门，对企业人才素质要求的把握要科学与精准，可以走进高校，通过企业用人理念灌输与人才引进相结合的模式，增强在校大学生对职场的了解并附带解决企业人才引进的难题。

某烘焙企业每年暑假、寒假都会接收大批在校大学生到企业实习，其中不乏高校学生会成员。企业会结合学生实习表现将优秀的实习生集中到一起，平时通过 QQ 交流群、人力资源官方微博、人力资源官方微信等进行交流，人力资源专人会在 QQ 群、微博、微信里定向发布职场资讯，解答学生的职场迷茫，定期组织学生会成员进行职前教育培训，如企业需要什么类型的人才、求职简历如何制作、企业招聘咨询等。企业还定期组织学生会成员参加企业实习，赞助学生会组织的学校活动（如学生会组织的校园卡拉 OK 比赛、篮球比赛）等。每个加入这个组织的成员都是企业人才引进的重要资源。很多企业对于学校资源的开发还处于起步阶段，总是认为人才的引进就应该通过人才市场、人才网站等来解决。

肯德基和麦当劳为什么经常开展适合孩子的娱乐活动，实际上他们是通过此类活动进行未来顾客培养，实现销售业绩的提升。那么企业为什么不考虑在学校进行未来人才的"培养"呢？只要对学校资源经营有效，一定会有部分毕业生优先考虑你的企业，也一定会口碑相传宣传你的企业。

岗位用人标准的设置

人才甄选在人才引进中的作用不容忽视，不是每个人才都符合企业指定岗位的要求，企业应认真对岗位进行研究，根据岗位需求有计划地对后备人才进行甄选，以保障企业人力资源的需求。

1. 要明确企业的用人理念

用人理念决定人才引进方向，很多企业管理岗位出现空缺不选择内部人才培养，而采取人才市场供应。对于刚成立或成立时间不是很长的企业，这种方法是比较有效的，但此用人理念有很大弊端，无形中压缩了企业内部员工的发展出路，对于企业内部人才的积极性打击很大。

管理人员从企业外部引进，非常不利于企业内部各部门之间的沟通与协作。特别是连锁经营企业崇尚标准化作业，如果企业痴迷于市场引进人才模式，随着企业的规模越来越大，对于企业的不利影响可谓后患无穷。这是不是建议连锁经营企业所有管理人员全部从内部培养呢？这样也太绝对了，如果所有管理人才都从内部产生会出现近亲"繁殖"的悲剧，导致企业创新精神不足，还有可能会出现渎职现象。那如何是好呢？建议采取企业内部人才培养与外部"猎脑"相结合的模式，根据岗位的不同采用差异的用人理念。对于企业中层或中层以下的管理人员以内部培养为主，以满足连锁经营企业营运统一、标准规范的需要；对于企业中高层管理人员和核心技术人员（含市场策划人才）企业以行业猎取为主，通过外部人才的引进不断激发企业内部团队的工作激情，使其在兼顾统一性的基础上不失开创新、创新性，最终实现企业稳健提升与健康发展。

2. 企业人才引进规划

企业应对企业人才引进工作做好翔实的规划，包括哪些岗位需要外部引进、哪些岗位需要内部培养、如何培养。此项工作开展管控的结果直接影响着企业的人才结构，最终影响着企业的发展。连锁经营门店为了保证服务的统一性，一般除了最低级别的营业人员及最高级别的营运总监从外部引进以外，其他人才均由内部培养。如果产品在门店现场加工，除了制作产品的最低工种（有的企业定岗为学徒）及产品研发总监从外部引进外，一般也建议从内部培养。

3. 进行企业岗位研究

企业岗位研究主要包括企业内部岗位分析和行业标志性企业岗位研究。岗位分析不似制作岗位说明书那么简单，本书主要解说的是人力资源管控，顾名思义是人力资源问题控制节点如何有效被管控的问题，应该着力解决岗位分析中的现实性难题，一是通过岗位分析还原岗位具体内容并制定说明书；二是岗位工作内容变更但岗位管理无法实时掌控。

岗位分析是有先后顺序的。

首先，明确岗位在企业组织体系中的位置以及主要职能。即使是同一岗位，在企业的不同发展阶段角色也会有很大的差异。如人力资源部门在一家刚开设的企业中，最多是一个行政服务的角色，随着企业规模的发展及组织体系的完善，就上升到企业管理部门的角色，参与企业经营生产的会议，了解经营管理细节，制作人力资源编制管控、人事政策、规范经营生产管理行为等标准，并通过人力资源信息系统监督执行。有的企业人力资源部门的职能更是上升到经营的层面，参与并主导企业人力资源战略、企业用人理念的梳理等。

其次，明确待研究岗位的具体工作内容。主要通过纵向的职能分工和横向的流程分析相结合的方式进行。本书在连锁经营企业在职员工素质提升一节中详细介绍了专职培训师的职能，此岗位员工在不授课时就要和培训对象一起上下班。比如收银员专职培训老师和收银员一起上班，培训老师参与收款作业中需要履行的工作职责就是收银员的工作职责，这对于人力资源部门科学了解企业员工工作内容具有极强的指导性。收银老师在与受训对象一起上班的时候也可以了解受训岗位的一系列工作流程以及在每个流程中应承担的角色。不管企业用何种方法，科学、客观、真实地反映岗位的工作内容是不变的原则。

工作内容明确是岗位研究的前提，岗位的每一项工作职责都需要员工具备相应素质才能履行，如收银员的收款作业职能，此岗位属于服务性岗位，员工首先需身体健康并具备吃苦耐劳的精神；正确的履行收银作业需此岗位员工熟练使用企业POS（销售点）收银系统并熟悉企业产品；因在工作过程中顾客会问一些与销售或产品相关的问题，此岗位员工还应掌握所问问题的相关知识并且具备相应的语言表达能力；在履行收银工作中可能会遇到骗子，收银人员还应该掌握一些防骗的技能；因服务性行业可能还会遭到一些顾客的白眼，此岗位上的员工应有服务意识和心理调节能力，性格不能太刚烈。通过对岗位每一项工作内容进行分析与解剖，人力资源部门才可以精准地做到对企业中每个岗位的有效管理。

如何实时管控岗位工作内容的变化呢？

按照公司岗位工作内容对变化概率进行分类，是不错的选择。在成熟的组织和部门中，岗位工作内容随意变化的可能性不大，对于连锁经营企业中的门店运营所涉及的相关岗位就属于此类。人力资源部门对于岗位内容变化不大的岗位，通过信息系统定期修订，以保障对岗位的有效管理。通过开发定制的人力资源信息管理系统，在系统中设置组织、岗位管理等专业模块，此模块在每个部门都设有操作窗口，人力资源部门负责公司一级架构的设置，各部门负责人可在部门窗口中就部门架构设置提报建议并按照模块版本对新设岗位的工作内容进行描述，人力资源信息系统设置岗位编码、修订岗位名称、岗位工作内容、任职资格等，涉及部门与人力资源部门确认无误后上传领导审批并结存。对于不经常变动的岗位，人力资源部门在系统中以月为单位设置岗位内容、任职资格变化提醒功能。没有内容变化直接在系统中选择岗位内容无变化，通过前面系统介绍的权限进行审批、结存。

对于新建设的部门、岗位以及办公区岗位，工作内容一般变化比较大，岗位工作内容变化、任职资格调整仍然在上面介绍的信息系统中进行，但如果一个月处理一次就有可能出现岗位管理的盲区，企业可在信息系统中将岗位变动模块与招聘模块数据进行关联，部门涉及岗位需求招聘时可以在自己部门的操作窗口中下招聘申请单，此单据就会通过信息系统任务分配职能直接传送相关招聘专员处，招聘专员通过招聘需求调研的方式提请部门进行岗位工作内容修订，并按照系统设置权限标准进行审批、结存。

为了提高工作效率，注意系统的权限设置，一般主管级以下的工作内容变更部门负责人有权限修改并结存；主管级的工作内容变更需与人力资源部门共同商榷变更。对二级架构的调整或新增岗位，部门有建议权，人力资源部门有审核权，上级管理机构有审批权。一级架构的调整或岗位的设置人力资源部门有建议权限，上级管理部门有审核权，经企业最高管理者最终审批生效。

通过以上信息系统的应用，人力资源部门就可以随时了解到整个企业的岗位工作内容及任职资格变动状况，实现对岗位的有效管理。

人才引进素质管控

初始员工的素质把控以及在职员工的素质提升是人力资源管理工作中的核心。连锁经营企业一般选择门店自主与总部人力资源部门集中招聘相结合的模式，即员工招聘面试在门店进行，中高层管理人员和核心技术人员（含市场策划人才）由门店推荐或总部人力资源部门自行猎取式的集中招聘。

对隶属于门店的招聘岗位，企业如何保证新招聘人员的员工素质呢？公司都有岗位任职要求，对任职要求的解读仁者见仁、智者见智，如何保障不同门店的识别能力是一样的呢？很多跨国性连锁门店有几百、几千家不等，如果每家门店有一套自己的识别标准，企业的人员素质就很难统一，连锁服务也会受到影响。门店分散各地，如果没有一套适合于连锁企业人才引进的远程管控系统，企业人才引进这个关键环节可能会出问题。

1. 面试管控程序的开发

隶属于门店招聘的岗位面试分为员工基本概况了解和电脑结构化面试两部分。员工一般是直接面对顾客服务的，所以外貌特征对顾客有很大的影响。员工的素质高低对顾客的影响也非常大。为了提升服务水平，提升企业在顾客心目中的价值，须做好员工外貌及素质管控以实现管控的效果与目的。

外貌特征的管控一般由总部人力资源部设置控制标准并由督察部门负责检查并考核门店招聘人员管控效果，门店招聘人员负责按照控制标准进行执行。一般对于面向顾客的连锁经营企业拟面试人员凡出现以下情况一律不予雇用：

①有口臭者。
②身体裸露处有烫伤，无须特别留意就可以直接观察到者。
③残疾者。
④两种以上夸张发色者（如绿色、红色、白色等）。
⑤男同志戴耳钉、耳环者。
⑥男同志修眉者。
⑦肥胖者。

⑧智障者。

⑨相貌不端庄者。

⑩男同志女性化者。

⑪身高低于企业最低要求者（女员工不低于155cm、男员工不低于160cm）。

⑫纹身刺青者。

⑬牙形怪异并不可矫正者。

⑭牙齿黑黄、无须特别留意就可以直接观察到者。

⑮面部斑点面积较大，看上去让人感觉不舒服者。

对于员工素质的管控，连锁经营企业应开发行之有效的管控程序（见图2-6）进行管制，最好应用高科技技术手段实现远程控制的目的。

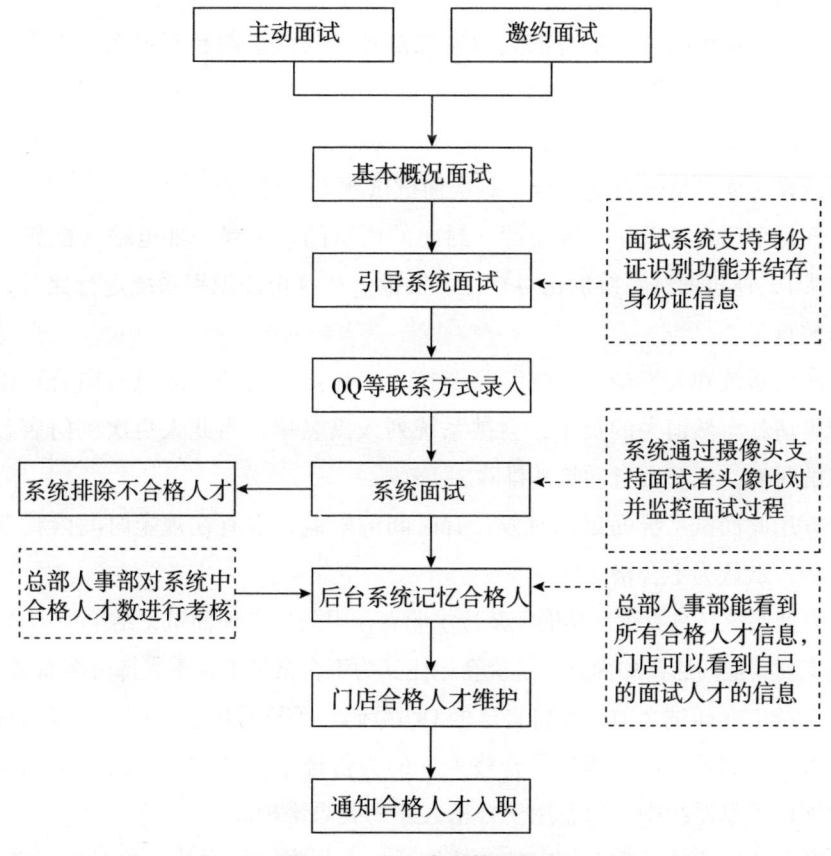

图2-6 员工素质管控程序

图 2-6 的操作程序是一套素质甄别系统，此程序对于新进人才素质的远程管控起到了非常关键的作用，它同时还有一个非常重要的功能——人才储备。门店通过不断地邀约求职者通过此系统的面试，把合格的后备人才信息结存到人才库信息系统中，当需要人才的时候就由门店招聘人员在人才库内通知其报到，这样就大大减轻了连锁经营企业可能出现人员不正常离职而造成的人才短缺问题的负担。可能有的读者会有疑义，人才不可能一直在家等着你的企业通知？是的，但基层员工本身就有一定的流失率，即使求职者已经在别的单位上班，只要门店人力资源人员选择合适的交流工具（比如 QQ 群、微信等）保持与其联系，当人才缺乏时就把招聘信息发布出去，在其他单位上班的人也可能跳槽过来。

为了避免门店招聘人员在素质面试中作弊行为，此系统中有几个非常关键的控制节点。

①面试系统的试题由总部人力资源部开发，以定期和不定期的方式在后台进行更新。

②面试试题有 8~10 个版本，求职者在电脑前面试时，首先进行面试版本的选择，面试试题自动组合，每次面试试题不一样。

③每个门店设置一个独立的、封闭的面试间，配置一部电脑（配置一个摄像头），通过面试系统的比对软件、摄像头和身份证识别系统进行比对，杜绝作弊行为。

④此系统和人事档案系统互相链接，凡是被公司开除或没有向公司提交离职申请就突然消失的员工，会被系统列入黑名单，当此人再次到门店参加面试的时候，系统会自动将其排除。

⑤用此面试系统面试的时候，有时间的限制，没有在规定时间内将题目做完的，默认为不合格。

⑥此系统还具有记忆功能，某位求职者在甲门店参加面试，结果为不合格，该员工到其他门店参加面试，系统会记住其为不合格员工，不支持再次面试。

⑦员工在面试之前，须将自己的 QQ 号码、手机号码、微信号码录入面试系统方可正式进入面试程序，合格人才的身份证信息和联系方式会被结存在人才库的信息系统中，以备用于合格人才的关系维护。

⑧此招聘模式还配套相应的考核体系，由督察部门对执行情况进行考核，

由总部人力资源部门对每个门店人才库总人才数量进行考核，以提升招聘效果。

对于中高层管理人员和核心技术人员（含市场策划人才）的招聘，连锁经营企业一般选择的招聘模式是连锁门店推荐、总部人力资源部集中招聘（包括内部猎头）的方式，这样解决了中高层管理人员门店不具备识别功能的弊端，弥补了总部人力资源部在人才引进方面力量薄弱的弊病，最大限度地体现了招聘工作中集团作战的效能。其具体程序如下（见图2-7）。

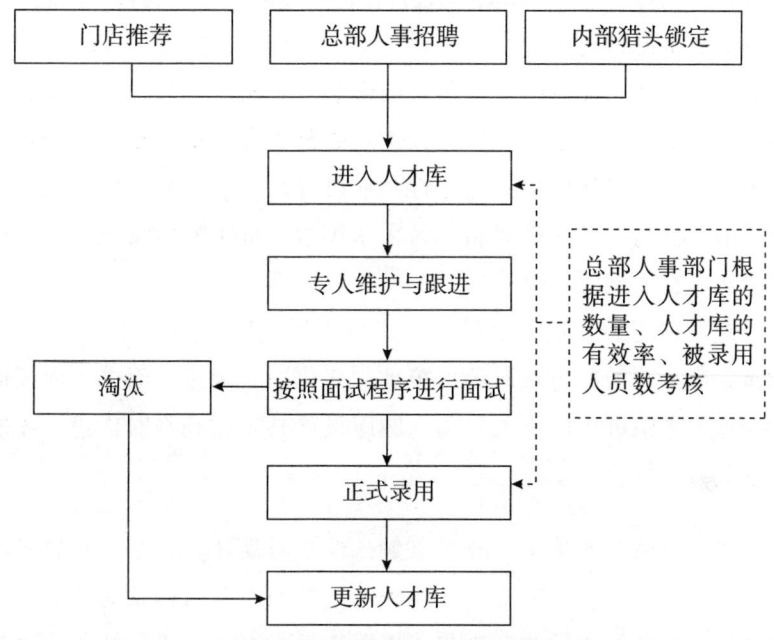

图2-7 中高层管理人员和核心技术人员的招聘方式

为提升面试工作集团作战的效果，总部人力资源部门可开发链接所有门店与招聘人员的人才库系统，记忆每个门店招聘人员及总部招聘人员上传的人才信息，并通过人才库系统与入职档案系统链接，实现对推荐人才数量及人才有效率的考核。人才库中的人才，人力资源总部通过交流工具与其保持健康的联系，通过企业信息平台在人才比较关注的特殊日子（如生日、结婚纪念日）定向地通过求职者联系工具发送祝福，实现人才有效锁定并跟进的目的。

2. 面试试题的设计与更新

①要对计划招聘岗位以及在岗人群进行研究与分析，找到涉及招聘岗位面试测试题目的素质维度及个人情况维度指标。

②围绕着维度进行面试问题的开发。

③对开发问题的测试。被测员工的选择对结果的影响较大，一般选择比较出色的拟招聘岗位人员和已经晋升到上一级岗位现有优秀员工进行测试，并对测试人员进行测试培训。

④收集测试样卷并对测试结果进行分析，对面试题目进行改进。

⑤确定面试试题题库。

面试群体特征同样对面试有很大的影响，比如说吃苦耐劳精神和家庭环境的关系，一般情况下家庭环境比较优越的孩子吃苦精神相对弱一点。企业在招聘人才的时候又比较关注稳定性，在设置面试题库的时候，还应该考虑稳定员工的共性特征，企业可将岗位需求因数、员工群体特征、员工稳定性影响因素体现在面试题库中。

面试题库确定后，题库上线并正式启用后根据实际不断进行题库更新。如果面试题库不能做到与求职者思想理念变化同步跟进，面试题库反而可能会成为企业人才引进中的一大障碍。题库设计必须做到与时俱进，才能保障其针对性和有效性。

以某烘焙营业员岗位为例来解说维度的设计。此企业招聘团队通过岗位研究、领导和优秀员工访谈等确定营业人员的面试为吃苦耐劳、抗压能力、执行能力、关注细节、应变能力、沟通能力、服务意识7个关键面试维度指标。

根据面试维度指标开发面试题目，如应变能力设置的一个题目为："你的领导的领导和你领导说，连锁门店中某产品摆放的位置应该调到收银区域去，如果正好你在旁边听到了，你将如何做？"对于此问题答案有：①听到了认为自己领导没有安排，所以没有进行调整；②听到后不管自己的领导是否安排了马上进行调整。如果求职的员工选择②，该员工的灵活性比较强。

面试题目开发后，进行测试并检验题库设置的有效性。通过不断的测试、修改、再测试，最终开发出适合自己企业某岗位的面试题库。为了规避门店招聘作弊及适应求职者心理的变化，面试试题开发人员应定期或不定期对面试题库进行更新，保障此面试题库的"信度"与"效度"。

除此之外，还包括两个重要环节：一是门店招聘人员面试技巧及面试系统的操作培训，门店招聘人员须深入理解此招聘系统的精髓，并熟练掌握面试系统的操作方法，保障面试系统时刻处于可使用状态；二是面试合格的求职者的入职程序，人才库系统与档案系统数据连接，员工在办理入职程序的时候通过身份证识别系统将身份证信息收集到员工档案信息系统中，人才库中通过隐藏技术将已经办理入职的员工信息进行隐藏，这样既保证了人才库中永远只有企业需要的待维护的人才信息，同时也提高了新员工的入职效率。

第三章

连锁经营企业在职员工素质提升管控

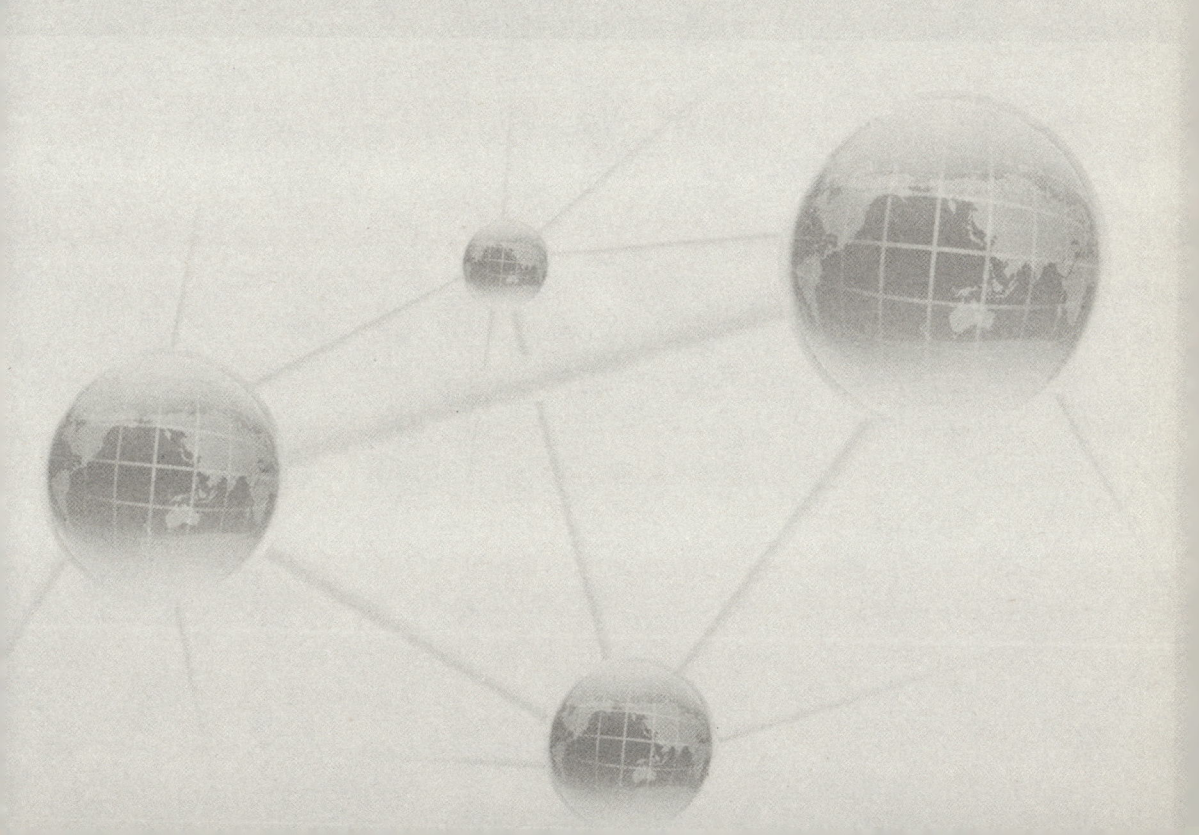

为了保障各连锁门店管理风格的一致性，连锁经营企业需要做好在职员工素质提升的管控。如果一个企业没有很好的人才素质提升机制，再美好的愿望也只能是"镜中花、水中月"，最终影响企业的品牌形象及美誉度。连锁经营企业应通过搭建企业的人才素质提升体系来实现企业人才的发展与提升，企业中层、中层以下管理人员和技术人员最好由内部晋升，以保障连锁经营企业管理与服务的统一。

第三章 连锁经营企业在职员工素质提升管控

岗位发展规划

企业的人才素质提升应该有一个清晰可见的发展路径，这样人才素质的提升才会快捷、高效。为了做好连锁经营企业岗位的发展规划，总部人力资源部应与连锁经营企业领导共同研究连锁企业岗位之间的联系，特别是岗位之间知识、技能的连贯性，并在深入调研和研讨的基础上进行岗位路径规划。

1. 对企业岗位进行科学的分类

在制作企业岗位发展规划之前，首先要进行企业岗位的分类，企业岗位主要分为管理类、技术类、行政事务类、经营类、专业类等几种通用的类别，不同的连锁经营企业因经营类别、门店规模、管理模式不同，涉及的岗位类别也有所不同。确定本连锁经营企业涉及的岗位类别是制定本规划的前提。

烘焙企业一般单店面积不是很大，仅承担产品的售卖和部分产品制作职能，仅涉及经营类、管理类、技术类三个岗位类别。本书主要阐述连锁经营企业人力资源管控中属于门店管控的部分，不涉及为门店服务的相关岗位。

岗位分类没有固定的模式，企业可以根据管理需要选择适合自己的岗位分类。不过，由于不同岗位的要求可能相似，企业有可能会将本属于两个类别的岗位划到一个类别中。如烘焙企业因连锁门店面积较小、职能单一，营业人员专业技能要求不是很高，如果将门店营业人员在专业类别中分为多个级别，反而不利于人力资源管理工作的开展。由于烘焙企业门店管理岗位的主要工作还是围绕运营开展，管理的职能作用发挥非常有限，所以可以将门店运营岗位与管理岗位归到企业经营大类中。

岗位分类清晰之后，企业可中从岗位晋升、专业技能提升两个方向进行规划，也可以将二者合在一起规划。比如说企业管理岗位可以按照主管助理、副主管、主管、经理助理、副经理、经理、总经理助理、副总经理、总经理这种管理等级进行规划，也可以按照技工、助理工程师、工程师、高级工程师、专家这种专业技能提升方式进行规划，还可以将管理晋升与技术等级提升结合在一起进行规划，如主管助理通过技能提升分为主管助理一级、主管助理二级、主管助理三级，主管分为主管、高级主管、资深主管三级。

例如某烘焙企业门店运营类岗位规划为营业员（A、B）级、收银员（A、B、C）级、领班（A、B、C）级、店长（A、B、C）级、督导（A、B、C）级、经理（A、B、C）级。技术类岗位规划为学徒、助理技师（1~4级）、技师（1~4级）、高级技师（1~4级）、培训师（1~4级）。

确定岗位晋升规划后，企业应当进一步确定岗位晋升和技术晋级的具体标准，不同企业在岗位晋升与技术晋级上具体的规范标准会有差异，基本点是员工的个人利益和管理、技能水平挂钩。岗位晋升和技术晋级标准不是一蹴而就的，需要人力资源专业人员与提升部门的负责人员共同制定，由低岗位和低技术等级开始一级一级地设置，这是企业进行人才生产的核心。企业员工不仅要有专业性，还要有很强的毅力与耐力，这个机制一旦建立起来，企业就可以通过此系统改造企业的人才基因。

2. 运营类岗位晋升规则

某烘焙企业新入职的营业员定位为营业员A级，入职1个月以上的营业员可以申请或由门店安排参加为期四天的收银员POS机上岗证脱产培训，理论考试和POS机器操作同时合格者即晋级为营业员B级。人力资源部门将为合格员工核发证件，并在内部人才库信息系统中记录。在没有正式成为收银员之前，营业员享受B级待遇，一旦出现新岗位或岗位空缺，可以迅速通过内部人才库筛选并安排到新岗位。

职员从营业员B级晋升到收银员岗位即为收银员A级，在收银员岗位上工作3个月以上，由员工申请或门店安排可参加收银员B级的技能提升培训，培训期为40个小时，培训内容为员工在门店走访时处理问题的相关技能。比如，通过收银人员离职调查发现有部分员工离职是因为不知道怎么回答顾客在消费中的问题有心理负担，为此培训人员就在所有门店中收集顾客问到收银人员的问题以及和门店管理人员共同合作设计最佳答案，同时把它列入了收银员B级晋升的培训内容，要求参加晋升培训的员工必须掌握这方面的专业知识。这种做法规范了所有门店就收银问答的统一话术，为连锁经营企业标准化、规范化、统一性建设做出了一定的贡献，同时这样做可以有效减轻收银人员回答顾客问题时的担忧。收银人员参加 B 级晋升培训同样需要参加理论和实际操作考核，通过两项考核的员工人力资源部门将为其核发证件，并在内部人才库信息系统中记录，同时享受收银员 B 级工资待遇。

取得收银员 B 级资格的员工在店面工作 6 个月以上、表现良好且通过店面领班面试信息系统者必须参加连锁门店储备领班的储备培训，培训课时固定，但不是集中脱产培训而是分期进行。培训结束参加储备领班的培训考核合格者，人力资源部门为其核发证件，并存入企业人才库，享受收银员 C 级工资待遇。注意此企业店面领班必须参加领班面试信息系统的面试，领班是管理岗位，有的员工专业素质过硬，但缺乏管理的思维，也不能硬性提拔。

晋升到领班的员工即是领班 A 级，将在门店店长的领导下带领一个班的员工开展工作，担任领班 1 个月以上必须和收银员 B 级一样参加领班业务提升培训，培训课程也相同。领班晋升培训的课程不固定，课时也不固定，发现新的问题就会有新的操作方法的研发与培训，每次参加培训都要接受考核。领班级别晋升半年进行一次，参加晋升的领班必须取得所有领班晋升的合格证书才有资格参加。取得晋升资格、半年度业绩考核在平均水平以上者即为领班 B 级，人力资源部门将为其核发证件，并在内部人才库信息系统中记录，享受领班 B 级工资待遇。

取得领班 B 级资格的人必须参加储备店长的培训，培训课程课时固定，分期进行。凡培训合格、考核在一定标准以上者，人力资源部门将为其核发领班 C 级证书并纳入店长的后备人选，享受领班 C 级的待遇。

店长晋升到店长 B 级、店长 C 级，督导 A 级晋升到督导 B 级、督导 C 级，经理 A 级晋升到经理 B 级、经理 C 级的操作方式参照领班 A 级晋升到领班 B 级、领班 C 级的基础上结合对培训员工的其他考核进行。

3. 技术类晋级规则

某世界 500 强制造类企业，有很多大型国产或进口制造设备，为保障设备的正常运转，必须对设备进行维保，高额的维保费用是该企业不得不应对的问题。为了减少维护费，该企业打造了自己的维保团队。该企业就如何提升维保队伍的技能，如何增强维保队伍的稳定性等方面，开始了自己的建设过程。

①收集企业设备可能产生的故障点。通过维保单位提供维修记录、维保人员访谈、兄弟单位维保记录、使用同一型号设备的其他企业的维修记录等收集整理出了公司设备共有274个维修故障点。

②对设备故障点进行分等。分等，按照设备维修的难易程度、技术复杂程度等由设备管理的总工程师、设备维修专家以及设备维保单位的相关专业人员一起进行，将所有维修故障点分为小故障、一般故障、较大故障、大故障、疑难故障5个等级。其具体的分等方式先由总工程师制作一个分等等级标准，再由分等参与人将所有故障点以不记名投票的方式细分到相应故障等级中，最后统计每一个故障点处于不同等级的票数，在哪个故障等级中票数多就被分到相应的故障等级中。

③在故障中进一步分级。按照难易程度等将故障分成了5个大等，但是在一个大的等级中，诸多设备故障在维修的时候还是存在难易差异以及耗时差异，按照以上分等的方式将每一等中的故障点再进一步细分，就可以将所有的维修故障点细分到相应的更低一级的级别中了。

④设置每个维修等级的培训计划。不同的设备故障需要具有相应的知识结构、技能结构的专业人员才能维修，为了保障维修工作的有效开展，必须对每个故障等级中的故障点进行分析并制定出需要的知识结构、技能结构，然后结合相关领导、优秀员工、被服务对象的反馈等制作每个维修等级的培训计划。

⑤安排自学与培训。包括既有理论的培训和相应故障点维修技能的培训，还有维修达到相应工时的培训。要根据不同的培训内容制定培训的考核内容，只有考核合格者才有资格独立参与受训维修点的维修工作。

⑥技能评定。通过培训的人员在独立进行故障点维修的时候，人力资源部门一般会记录维修人维修某一故障点的时间以及维修好以后再一次维修的间隔时间，唯有这两个时间达到了企业维修人员平均水平以上者，方认定为具备了维修特定故障点的资格。

⑦核算技能工资。人力资源部按照维修人员维修故障点的等级以及维修故障点的点数核算技能工资，按照每个月的实际维修等级和数量结算绩效工资，这样无形中促进了员工提升维修技能的积极性。

该公司通过此种技术晋级方式，大幅度地提升了员工提升技能的积极性，维修队伍的技能结构也有了很大的改进，最主要的是随着维修人员的维修水平的提升，员工都将精力转移到自我提升上面来，员工队伍慢慢就稳定了。

培训队伍的建设

企业岗位晋升、技能晋级规划，要想达到理想的效果，有一个非常关键的环节——培训。不同岗位的培训要求是不一样的，如果培训没有针对性、导向性、前瞻性等，不仅浪费了资源，更是对企业人才战略的一种亵渎。培训是岗位科学规划的重要战略引擎，如何提升企业人才素质并实现与企业发展战略协同呢？首先就要进行培训队伍的建设。

培训队伍主要涉及培训课题规划人员、实施者、行政人员几个群体。培训课程规划人员最好来自受训对象的上一级别管理岗位或技术岗位，他们熟悉受训对象，非常容易与受训对象形成共鸣，对培训工作的开展会起到非常关键的作用。

某烘焙企业培训课程规划人员，清一色来自受训对象上一级岗位或技术岗位，主要涉及门店运营类岗位营业员、收银员、领班、店长、督导、经理；产品制作类规划岗位有面包制作（饮料制作、蛋糕制作）学徒、助理技师（1~4级）、技师（1~4级）、高级技师（1~4级）、培训师（1~4级）。负责课程规划的人员有营业员老师、收银员老师、领班老师、店长老师、督导老师、面包培训老师、饮料培训老师、蛋糕培训老师8位专业老师。另外，办公区还有文员等相关岗位作为辅助。因为产品制作虽有级别之分，但实际上就是一个个不同的岗位，所以每个产品设置一位专业老师。

队伍建设还应该注重接收受过高等教育、语言表达能力强、善于学习与总结、热衷于培训事业、熟练应用办公自动化软件，尤其是那些学人力资源管理专业及接受过系统人力资源管理培训的人才。培训人才的发现本身不是一件容易的事情，完全符合以上条件的更是难上加难，唯有按照自下向上的人才培养体系建设自己的人才队伍才是有效解决之道。

培训实施者主要涉及的是培训师资体系的建设。培训行政人员主要涉及设置设备、场地管理、信息维护、培训职能与其他职能模块行政事务的处理等。为了实现课程规划的针对性，培训老师要保持与受训对象长时间的共同劳动与良性沟通。

此烘焙企业的培训老师要求凡是在公司没有课程或其他行政事务的，一律到门店和自己的受训对象一起工作。在工作过程中培训老师会体会到受训对象的感受，会碰到受训对象遇到的问题。每个培训老师还要建立相应岗位的交流QQ群、微信群，保持与自己的受训对象之间的沟通和交流。通过与受训对象的交流收集他们在工作岗位上遇到的困惑及难题，并与受训对象的上级、优秀的员工、门店管理人员以及其他企业相关人员一起，设计出最佳的培训方式，并反映在培训课程中。

队伍建设是工作开展的前提，队伍的结构会影响工作的效果。将培训工作定位为企业发展的战略引擎，是为了突出培训队伍建设的重要性。培训人员应该对行业非常熟悉、对企业非常了解，最好来自企业或行业的资深人士。

课题规划

培训课题规划人员一般都来自对受训对象非常了解的岗位。培训工作除了要满足培训的针对性，还要满足培训的导向性和前瞻性。为了实现培训的要求，课程规划人员首先应具备相关课程规划的专业技能。课题规划主要分为以下3个步骤。

1. 任务分析课程规划

通过任务分析可以明确岗位工作内容，岗位需要具备的专业知识与技能结构。哪些内容需要通过培训解决？哪些通过招聘解决？哪些需要系统解决？凡是需要通过培训解决的部分就是课程培训规划的主体部分。表3-1是一份某烘焙店店长岗位的职责说明书，从日常卫生到工作管理，从门店销售到服务管理，从一天工作内容到一周工作内容，都制订了非常详细的计划，这些内容严格来说都在任务分析课程规划之列。

表3-1　　　　　　　　　店长岗位说明书

职位名称	营运店长	隶属部门	营运中心	职位编制数（人）	—
直接上级	营运督导	直属下级	领班	任职人员	—
职责概述	负责门店日常运营及人员管理					

职责描述	权限
职责一：门店日常卫生及工作安排管理	—
工作任务 1. 每日开店前检查员工（前厅服务人员、现调人员、后堂现烤现裱人员）仪容仪表及员工定岗定位的安排，对于没有按要求执行门店妆容的员工现场予以指导 2. 每周进行大扫除（周清），每日进行店外、店内、裱花间、仓库及休闲区卫生的检查。门店早班卫生（面包柜、蛋糕柜、冰粥柜、地面等）清洁的参与以及店内"四害"措施的检查 3. 购物托盘、饮吧机器设备、现烤现裱设备卫生以及工模器具消毒的检查，确保各用具按照清洁流程进行清洗	
职责二：门店日常销售及服务管理	—
工作任务 1. 开、闭店流程的操作，POS机信息的及时查看、传达（新品信息、新的活动信息、其他重要信息） 2. 熟知门店A、B、C套餐并执行，新活动内容的熟知、分配、执行、追踪、总结以及主题促销的执行 3. 参与点货、上货并检查货品以及企划物资（橱窗海报、店内企划物品）的陈列，针对不规范的货品陈列及时予以指导 4. 负责门店进货、货品的入库以及多货少货的上报及周转 5. 裱花间货品（冷冻胚、蛋糕胚）及当日裱花蛋糕的定制量的检查，小产品的数量查看及及时上柜。制作完成的蛋糕的冷藏及晚间剩货的保存 6. 现烤间原辅料（原料是否过期）及半成品货量的检查（原辅料断货时及时上报），现烤人员出货的流程及现烤产品品质、外观的检查 7. 饮品原辅料质量、数量的检查（原料是否过期、原料数量是否充足），断货时及时上报 8. 前厅营业员服务的跟踪检查（服务用语的使用、是否微笑服务），微笑服务示范，重点服务特殊人群示范（老人、小孩、孕妇等）	

续表

职 责 描 述	权 限
9. 收银员收银服务的跟踪（是否唱票、是否微笑服务、是否进行新品推荐或活动推荐等）以及收银账目的管理	
10. 每周二参加店长例会，传达并执行公司最新政策（新品信息、新的活动信息、即将新开门店信息等）	
11. 每日召开店内员工会议，传达销售最新信息，针对员工工作中存在的问题予以指导并进行相应的技能培训	
职责三：门店日常人员管理及其他事务管理	—
1. 员工请假、调休、节假日的工作安排（员工请假及时上报区域督导处）以及月底人员排班的安排	
2. 新员工工作、生活情况的及时关注（新进员工、新晋升员工工作了解），定期与员工沟通，及时解决员工工作、生活中存在的问题，不能解决的问题则及时上报区域督导处	
3. 招聘信息的及时更新（最新招聘海报的更换），缺编人员的及时上报，门店现场招聘面试的开展	
4. 裱花、现烤、现调人员日常工作规范的管理（是否按照操作流程操作、穿着是否规范等）	
5. 负责前厅、后堂人员工作的协调管理以及直接下属的培养和自我提升	
6. 每日上交裱花师工作记录表、蛋糕单称重单至裱花文员处。每周将 VIP 卡汇总单及周检查表上交、及时要货（巧克力饰件、周杂等）。每月将相关数据、表单上交（胶箱盘存数据、系统月结、店面考勤、月底大盘存、固定资产周转单等）	
7. 及时了解竞争对手动态并反馈	
8. 下班时员工随身物品的检查	
9. 领导临时交办的其他任务	

2. 访谈受训对象直属领导

通过和受训对象直属领导沟通，可以了解到受训对象不满意的地方。受训对象的领导对受训对象的期望会随着工作开展而提高，比如一位朋友刚加入企业的时候，企业员工缺编现象非常严重，所以当时对招聘的期望就是不管用什么方式将缺编人员数量补充到位。随着企业人员短缺不再是很突出的问题，企业对招聘人员的希望就转到了在保证招聘的数量的基础上注意人才素质的管控。现在该企业已经进入到精细化管理阶段，每个门店只给予能够保证门店正常运转的最少编制以减少人工成本支出，为此对于招聘的期望就转变到保证人才素质的基础上，随时补充需要的人才。

随着被访谈者对受训对象的要求的提升，培训对象应具备更高层面的能力结构。企业对招聘人员的第一个层面要求仅需要招聘人员有激情、不怕吃苦、不怕被拒绝，能发挥主动性、积极性，熟悉招聘渠道、善于把握机会、勇于尝试就可以了，基本不涉及专业性方面的要求。到第二个层面的时候，企业希望招聘人员具备在微博、微信、企业官网、专业论坛等方面的营销理念、营销技巧，熟悉企业业务流程、面试技巧，对岗位具体工作内容熟悉、对相关专业知识的了解的专业要求。到第三个层面的时候，企业希望招聘人员具备经营性思维、人才测评技术、结构化面试题库开发能力、面试信息系统开发与应用技术、与人才库人才关系维护技巧、员工心理学、组织行为学等相关专业知识与技能。

通过和受训对象直属领导的交流和沟通，不但能够解决培训中的针对性问题，更增强了培训的导向性和前瞻性。在培训课题规划的时候，受训对象直属领导访谈是一个非常关键的环节。为了更好地将领导访谈所总结出来的培训规划内容实施，应把领导访谈涉及的当前期望列入岗位培训内容中，把未来期望涉及的培训内容列入岗位晋升或晋级培训中。

3. 受训对象业绩数据分析

受训对象业绩数据分析一般应用到受训对象晋升培训中，比如前面涉及的某烘焙企业关注到门店收银人员辞职率增加问题。通过对受训对象业绩数据分析设定培训课题，不仅解决了受训对象的素质提升问题，而且可以间接提升了受训对象的工作绩效，这一开发方式是非常值得推崇的。管控的目的是什么，不就是通过管控实现业绩的提升吗？

（1）培训课题的梳理

通过任务分析、领导访谈明确了受训对象岗位培训内容，通过受训对象业绩数据分析确定了岗位技能提升的培训内容之后，还需要通过一个培训规划梳理工具进一步进行梳理，才能使受训对象培训内容不至于出现遗漏。

员工完成岗位要求，必须知识结构全面、技能结构完善，才能发挥岗位价值，实现企业效益的提升。知识结构可以细分为公司类知识、专业类知识、行业类知识，将确定的培训内容细分到相应的知识类别中，按照不同的知识类别进行相应的补充。

不是所有岗位都具备这三种知识类别，比如文员，他们的工作复杂度不是很高、区分度不是很强，这个岗位就不具备行业知识的要求或要求不是很高。通过任务分析知道某家企业的文员主要负责各部门文件资料的处理，比如文件的打印与复印、资料的整理、档案的管理、公文的处理等，为了较好地完成工作，文员必须熟悉公司有哪些部门、每个部门负责人的姓名与联系方式和其发生工作联系的上下流程段的工作人员的工作内容及其姓名与联系方式，明确自己的工作内容，了解公司的历史与对外宣传资料等。为了快速处理文件的打印、复印、传真等事务，文员必须熟悉公司的打印机、复印机、传真机的使用，了解以上机器中任何一个指示灯代表什么意思以及如何处理，明确文员这个岗位的知识要求。

文员要处理好文件，必须具备计算机操作知识、Office软件（一种办公软件）的使用知识、图形图表处理知识；对档案进行有效的管理，文员应具备档案管理的相关知识。公文处理文员还必须精通各种公文文本格式的相关知识，通过这样的分析，文员的知识结构也就明确了。

技能是知识运用的熟练程度，主要分为操作性技能、创新性技能、交际性技能。这三类技能也不是所有岗位都同时具备的，这仅是进行培训内容梳理的一个模型。对于文员来说，操作技能中有文字处理速度、Excel（一种办公软件）函数、熟练操作哪些Office软件、熟练处理哪几种图形图标、多长时间内找到任何一份完好无损的档案资料等操作技能。文员也涉及和多部门人员进行交流和沟通工作，必须具备与人交际和沟通技能。不过，文员一般是领导安排什么事情就处理什么事情，不涉及创新技能的开发，也不需要对岗位进行太多创新性举措。通过此种梳理工具的使用，文员所涉及的知识结构与技能就全部梳理到位了。

通过培训内容的规划和培训内容梳理工具的使用，将全部培训内容全部梳理到位，做到不遗漏、不重叠。

（2）培训课程计划的制订

培训课题规划结果不具备直接执行的条件，因为培训组织人和培训参与人根本不知道什么时候组织什么培训，哪些人参加，具体谁负责实施等，这些问题还需要明确才具有实施的价值。为此培训实施者必须将各岗位规划好的内容制作出培训计划一览表（见表3-2），这样培训参与人员才会知道如何去执行。

表3-2　　　　　　　　储备店长课程规划（授课）表

受训对象	类型	序号	课程名称		讲师	辅助讲师	授课时间	培训地点	课时	备注
领班	知识	1	企业文化	在岗	胥海波		4月12日	1002	1H	
	知识	2	营运实务（公司各部门及相关办事流程）	在岗	人力资源部		4月12日	1002	3H	
	知识	3	工作流程	在岗	徐甜		4月15日	1002	2H	
	知识	4	各项工作的合格标准	在岗	杜梅		4月15日	1002	2H	
	技能	5	人文关怀	在岗	杜艳琼		4月19日	1002	2H	
	技能	6	有效会议	在岗	胥海波		4月19日	1002	2H	
	知识	7	分解对手	在岗	张垫		4月22日	1002	2H	
	技能	8	投诉处理技巧	在岗	徐甜		4月22日	1002	2H	
	技能	9	沟通技巧	在岗	胥海波		4月26日	1002	2H	
	技能	10	门店成本控制	在岗	张海燕		4月26日	1002	2H	
	技能	11	销售技巧	在岗	高红霞		4月27日	1002	2H	
	技能	12	食品安全法	在岗	法务		4月27日	1002	2H	
	心态	13	时间管理	在岗	胥海波		5月6日	1002	2H	
	心态	14	门店氛围营造	在岗	陈仕娟		5月6日	1002	2H	
	心态	15	团队建设	在岗	房芳		5月10日	1002	2H	
	心态	16	执行力	在岗	刘梅		5月10日	1002	2H	
	技能	17	有效激励	在岗	高红霞		5月13日	1002	2H	
	知识	18	门店综合管理之员工自爱	在岗	张海燕		5月13日	1002	2H	
	技能	19	培训技巧	在岗	李助		5月17日	1002	2H	
	技能	20	凝聚力	在岗	裴晓沁		5月17日	1002	2H	
	知识	21	各类事件处理流程	在岗	石晓平		5月20日	1002	2H	
	知识	22	设备维护与维修	在岗	刘梅		5月20日	1002	2H	
	技能	23	产品陈列	在岗	刘梅			门店		▲
	技能	24	常规物料管理	在岗	陈仕娟			门店		▲

▲产品陈列授课时间为4月24日，5月8日，5月15日，5月22日；常规物料授课时间为4月25日，5月9日，5月16日，5月23日

在培训计划表制定阶段应特别关注培训老师的人选、场地和时间的确定，这需要规划人员提前与相关人员及部门进行沟通并确定。培训是多个岗位交错进行的，应在岗位培训课程规划的基础上细化每周培训计划，并根据周培训计划跟进培训老师、培训学员、培训教室及其他培训资源，保障培训工作的顺利实施。

师资队伍的建设

培训师资队伍一般由专职培训师、兼职培训师、外部培训师组成，对于企业而言专职培训师就是各岗位的培训老师。专职培训师虽然对受训对象比较了解，但毕竟不是受训对象的行政管理人员，对于培训对象涉及的一部分问题，专职培训师并不具备培训能力。专职培训师一般在培训中主要解说一些共性的课程（心态类、制度类等）或协助其他培训师进行培训课件的制作、提供培训服务等。

兼职培训师在培训体系中是一个非常关键的群体。培训中有一个准则"您是做什么的就培训什么"，不然很难将非专业的东西解说到位，结果可能会出现"误人子弟"的状况。这样一来有一个很难突破的问题，很多培训并不是人力资源类的，按照这一原则很多培训都应该由人力资源部以外的专业人员实施。可是职能部门很少认为员工培训教育工作是自己的本职工作，如果硬是赶鸭子上架很可能事与愿违。如何改变职能部门专业人员的观念呢？一句话，己所不欲，勿施于人！只有先改变自己，才能获得别人的支持。

1. 人力资源部门需要经常组织部门员工培训并通过培训实现员工技能提升或心态改善

这是一个比较漫长的过程并且收效也很慢，但是必须要做。一般来说，人们没有亲眼看到是不会相信并打心底里支持一个倡议的。中国不是没有好的管理方法，但为什么很多企业还是处于管理混乱的局面呢？原因只有一个，那就是没有坚持，坚持不够！

某烘焙企业开始开展这项工作的时候，也遇到类似的问题，职能部门对培训工作认知度很低。"员工为什么要培训，我们人力资源部的工作已经很忙了，人力资源部还组织这些没有用的东西，还不如回去休息休息呢！"抱着这样的想法的人，别说是给他人培训了，他们自己能够参加培训就已经不错了，怎么办呢？此企业人力资源部的人当时什么也没有说，坚持每天中午利用员工休息时间组织部门员工进行专业知识与技能培训，开始没有什么改变，但他们不灰心，依然坚持。随着时间的推移，有一部分职能部门的人员就非常好奇，"你们领导每天中午不休息给你们讲些什么？"慢慢地部门员工的行为及处理事情的方式发生了变化，终于有一天有一个职能部门经理走进了人力资源部门培训教室，紧接着第二个、第三个也跟着走了进去，越来越多的经理或专业人员带着好奇心，或走进人力资源部，或开始关注人力资源部。人力资源部抓住这个机会，主动介绍培训师这个行业以及成功培训师的收益水平，改变了职能部门对培训师行业的传统观念，使一些人由企业管理人员成功走向了培训师岗位，也促使很多人对培训师这个行业充满了向往。

2. 请专业人员给人力资源部门就某些专业问题进行培训

好奇的人走进人力资源部门的培训教室，人力资源部门的工作人员主动向他们咨询比较擅长和关注的方面。一个非常诚恳的、抱着强烈的学习欲望的人向其咨询专业问题，一般人都会非常仔细地进行解答。人力资源部负责人趁机邀请其他职能部门人员来对受训人员进行更为专业的培训，由于他们本身对培训师已经有了一定的向往，走向讲台也就水到渠成了。培训讲台很有"魔力"，当一个人第一次走向讲台并成功地分享了自己的专业问题后，自信心就会在短时间内爆棚，培训结束后会至少一周内持续这种兴奋状态，促使他们喜欢上培训师这个行业。

3. 培训现场正面宣传、炒作

此企业不但通过以上方式成功地邀请了各职能部门的专业人士一个个走上了讲台，而且还积极地进行了"炒作"，安排受训对象主动走上讲台和培训老师合影，当面赞扬培训老师，抓拍培训老师的精彩瞬间照片和现场专心听课学员照片并放在企业宣传栏、官方网站、官方微博、官方微信、内部交流平台上面，图文并茂地记录培训实况，这使授课的专业人员很有成就感，促使他们为了成就感的满足又再一次地走上了讲台。

4. 请求领导协助安排相关工作

培训技能是需要锻炼的，人力资源部门要赢得领导的支持，才能增加各职能部门的公众演说能力。能否说服领导的关键是你如何赢得信任。赢得领导信任是一个渐进的过程，这要靠领导指令完成效率的不断提高。人力资源管理工作的开展各模块之间有一定的递进关系，领导一开始对人力资源部的期望，是不断地解决企业的各类人才的引进问题。如果一个企业在人才引进方面很乏力的话，就不要妄言薪资和考核等模块，因为企业可能根本不给你进行这方面工作的机会。这些模块涉及企业员工利益得失，对于企业领导来说，如果连部门最基本的招聘工作都不能替公司解决好，谈何让其相信你的部门有能力进行企业人才稳定工作，甚至更大的专业操作呢？当招聘工作不是主要矛盾的时候，企业更希望使用用工风险管控来改善各方面的紧张关系，即劳资关系的调节、维护与管理工作等。紧接着是培训、绩效、薪资管理、职业生涯管理、企业环境营造等更有深度的人力资源管控工作。如果部门能够很好地完成公司领导下达的指令，自然领导的信任度会越来越高，同时再保持谦虚、谦卑、谦逊、低调、主动的做事风格，秉承为其服务的心理，这样你提出的建议基本会被采纳，这样一来，你和你所在的部门在开展工作的时候就会如鱼得水，一路绿灯。

得到领导支持后还要游说领导每周组织晨会，会议的组织人及主持人为各部门负责人员（或拟定做培训的人员），会议的形式可以千差万别，但是每一次会议的内容与形式应与前一次有明显的区分，会议不得少于1个小时，同时领导每次会议的时候都全程参与并在会议结束时做总结。通过此种形式不断地锻炼各部门人员的组织能力及在公共面前的演讲能力，随着部门成员的成长，会议逐渐由各部门负责人员延伸到部门主管及优秀职员，通过此平台不仅可以实现部门负责人员的提升，同时也可以有意识地提升部门内优秀员工的水平。

领导组织专题研讨会议及年度述职会议对于部门负责人员素质提升是非常显著的，随着部门人员水平的提升，领导可根据工作的开展安排相应的课题，要求各部门负责人员从部门的角度提出相应的解决思路与方法。所有的研讨会全部要求以PPT（演示文稿）的形式呈现，参与研讨会的人员就自己的观点利用 PPT 以培训的模式进行不少于 30 分钟的讲解，听众根据听到的内容进行有关提问。每年年终领导带头进行年度述职会议，通过以上形式进行年度总结并结合自己部门的实际情况阐述来年部门规划，通过这种方式可以进一步锻炼、提升部门负责人员的培训素质。研讨会和述职会议对锻炼公共演讲能力、PPT 制作能力、课件开发能力等相关培训技能是非常有用的，通过此种方式可以潜移默化地将相关人员引导到培训工作上面来。

5. 通过展板形成心理逼迫

人力资源部主动邀请各部门负责人员或专业人员走向公司内部员工培训讲台，同时制作培训展板将所有部门负责人员的姓名及照片打印到展板上，按照已经上课的顺序将相关人员讲课时的照片张贴到培训展板上。随着培训工作的组织和开展，越来越多的部门负责人员或专业人员培的训照片会在展板上展示，这样一来有名字无照片的负责人员或专业人员将会面临着很大的心理压力，最终实现所有部门负责人员或专业人员全部走向培训讲台的目的。

完成上面的工作以后，人力资源部需要制作培训课时统计展板，即将所有培训人员（除了培训部的专职培训老师）的姓名、照片、累计培训课时统计到培训展板上。展板一般张贴在企业办公区域比较显眼的地方，凡是经过的人都能够非常直观地看到展示的内容，无形中给培训课时比较少的管理人员或专业人士造成一定的心理压力。

特别需要注意的是，展板的制作方案是由人力资源部提出的，但需要公司领导以会议的形式布置给人力资源部门来操作，这样各部门管理人员或专业人员因管理指令，就不会将由心理压力造成的不爽直接转嫁到人力资源部上面。同时人力资源部门与课时最少的管理人员或专业人员保持积极的沟通，适时地提出上课的邀请、"炒作"，最终提升管理人员或专业人员的授课热情。

6. 培训现场反面炒作

培训人员一般都有这样的心理，授课的时候当听众非常专注时，会有很强的成就感；当听课人员无精打采的时候，感觉会无比的失落；如果大部分受训对象非常专注，只有很少几个学员不在状态，授课人员一般会充满征服欲试图征服那些不在状态的学员。为此企业人力资源部就以 DV（数字视频）的形式记录培训现场老师与学员的表现，集中表现学员注意听讲课程的一面并凸显少数不认真的学员，然后进行视频加工并将加工的视频传给培训老师，一般培训老师都会非常专注地看自己培训时的现场状况视频并总结经验。此企业人力资源部经理在培训方面是非常专业的人员，他与培训老师一块观看视频内容并根据现场的状况，提供一些可行性建议，培训老师在自我经验及其建议下很快成长起来了。

7. 组织专业人员进行培训师培训

培训工作的实施是发现培训人才的最佳方式，通过现场培训，可以快速地发现哪些人会在培训方面得到学员的认可。为了更好地提高管理人员与专业人员在培训方面的专业技能，此企业在他们中间挑选比较优秀的人员出去学习专业的培训技巧与培训知识，包括PPT制作、案例采集、培训氛围营造、发声等相关方面的技能。为了提升他们在专业方面的深度，还送他们参加行业论坛、行业沙龙、行业标杆、企业参观、行业学习等，同时为其订阅专业杂志、期刊、专业视频资料，不断地增长管理人员与专业人员的见识。

8. 将培训工作纳入考核

随着培训氛围的营造及思想引导，越来越多的管理人员与专业人员会意识到培训的重要性，并不断在践行培训方面迈出步伐。为了更好地激励这部分老师，此企业将管理人员和专业人士的培训行为及结果纳入考核系统之中，最终影响其岗位晋级、薪资调整、课酬调整、奖金分配等方面。同时按照培训对象层面、培训课时、培训对象的评价，结合理论考试对培训老师进行评级，分为集团级、公司级、部门级等。人力资源部门根据不同的级别对老师颁发培训师聘书，并设定不同级别的培训津贴奖励。有的公司对老师的激励体现在岗位晋升方面，即在岗位晋升周期内，培训的课时不得少于一定的课时，培训学员的现场考评不得少于一定的分数，至少开发了一定数量的自主课题等，在培训学员合格率不低于一定标准的基础上才有资格进行岗位晋升。

教材编制

教材是非常重要的培训工具，它为受训者指明了受训内容与方向。培训教材的编制是一项系统工程，为了保证培训教材与工作实际的一致性，培训教材要考虑受训对象的接受程度，要不断更新，进行装饰与美化，所以此项工作的开展不仅是专业问题，更是需要投入高度精力才能完成的。

行政人员在培训体系中是一个非常重要的岗位，它是连接各个职能模块的纽带，它的核心任务是将课程规划人员、培训实施者、受训对象及人力资源管理其他职能模块连接起来。课程计划如何执行需要行政人员的支持，培训实施者在培训过程中需要其服务，培训参与人的信息处理并与人力资源管理其他职能模块的数据维护，以及培训场地及其他培训设施的管理都需要培训行政管理人员来提供服务。为了更加有效地实现对以上培训工作的服务，需要行政人员非常熟悉培训内容并根据培训内容提前安排相关工作，培训教材的美化也应由行政人员、规划者与实施者来共同参与，并最终审定与实施。

培训教材的制定涉及教材排版、图片添加、文字处理、表格制作等相关操作，所以要求行政人员对基本办公软件的使用非常精通。为了保障教材符合培训需求，需协调规划人员、实施者、受训对象、人力资源管理部门的其他职能人员。培训行政人员应具备很强的沟通能力与协调能力。为真正理解培训内容的内涵与外延，培训行政人员应在培训现场聆听并做培训记录，附带进行相关服务工作。

为了提升培训教材的观赏性、增强培训教材的吸引力，能够用图片表示的就用图片、能用表格表示的就用表格、能用视频代替的就用视频，尽量减少文字数量。这样既提高了受训对象的阅读兴趣，又减少了生硬的文字给阅读者造成的压力。

培训教材需要实时更新，如果培训教材和实际相脱节，就可能给受训对象造成误导。为了保证培训教材的有效性，最好采用插件式制作，即在组织一个培训课题前，由行政人员将制作好的课题教材交由相应的实施者审阅、修订。等到培训实施者没有任何异议的时候，再由培训行政人员组织印刷，在培训前期，将课题培训教材发放给受训对象并组装到自己的培训文件夹中。待某一群体培训结束时，整个培训教材也就更新到位了。

行政人员将整个培训教材装订成册并编制版本编号，同时通过书面及信息系统两种方式进行存档，方便以后进行查阅，并为日后进行受训对象的评估工作做好基础准备。

行政管理

培训行政管理工作主要涉及培训计划的制订、通知的发放、老师时间的确定、教材的制作、场地的安排、物资的管理、培训数据的处理等,这里主要阐述培训数据的处理。培训数据的处理一般是在培训信息系统里进行的,主要包括受训对象的确定、受训对象出勤情况、培训评估结果以及培训合格信息的生成等。

1. 受训对象的确定

受训对象分为新入职员工培训和在职员工培训两个部分。

(1) 新入职员工培训

前面介绍过的面试信息系统,凡是符合企业要求的员工信息会自动储备在人才库中,新员工办理入职前必须进行培训,培训合格者方可正式办理入职。如何保证参加培训的人员都是面试合格的人员呢?需将面试系统中人才数据库直接与培训系统连接。面试信息系统和培训系统都支持身份证识别和数据引流功能,员工参加培训的时候,只要将身份证在识别系统上扫一扫,信息就可以直接引流到培训系统中。培训结束后,凡是考核合格者其信息也可以直接收集到入职系统中——也就是通过员工入职系统就可以直接看到面试并培训合格的员工。一旦员工办理入职,工作人员只要在信息名单中直接点击入职人员姓名,相关人员的信息就会进入档案系统中,这样既避免了二次录入,又减少了信息录入中数据出错的可能。入职系统还有记忆功能,可以计算参加培训合格并办理入职程序的人才数量占总培训合格人员数的比例,方便对新入职员工的培训工作进行安排。

(2) 在职员工培训

培训对象的确定要严格按照员工晋升规则进行,为了保证对在职员工进行培训管控,企业有必要将岗位晋升规则写到培训系统中,如前面介绍的某烘焙企业各岗位晋升规则。企业如何对在职员工的培训进行管控呢?此烘焙企业开发了连锁门店人力资源管理系统,门店管理人员可以在系统中对营业员培训进行推荐作业。如果门店管理人员推荐的营业员或主动申请的营业员工龄没有达到1个月,此推荐作业或申请作业就无法实现,系统告知无法作业的原因——"您好，您推荐或申请的员工工龄还没有达到 1 个月，系统无法实现作业，请予以理解，谢谢支持！"这样就避免了不符合条件的营业员参加相关培训，保证了员工晋升培训的管控力。门店经过培训作业后，专业培训师就可以直接在培训系统中看到参训对象的信息，就可以确定在职员工的培训对象了。

2. 受训对象出勤情况

受训对象出勤情况的管控主要涉及在职员工。培训对象明确后，行政人员需依据培训计划组织工作，并通过信息系统下发培训通知。此信息系统与连锁门店考勤系统是互相关联的，只要在培训系统上锁定某人员的培训计划，连锁门店就可以通过门店人力资源信息系统对其进行排班作业。参加培训的人员参加培训时需到培训场地考勤设备上履行考勤作业，培训对象参加一次，培训系统自动登记一次出勤信息。如果课程需要进行考试与考核的，行政人员会将每次员工考核的结果登记到培训系统中，不合格者，系统会提醒××员工××课程需要重新参加培训，并重新生成培训任务，以此类推。按照岗位晋级或岗位晋升培训的课程规划要求，培训对象参加完岗位晋级培训，培训系统自动提醒××员工参加××课程培训内容全部完成。

培训除了涉及新员工培训和在职员工晋升、晋级培训，还会涉及公司新政策的传达、新产品上市、新要求观测、新工艺改善、新促销方案的执行等相关培训。此种培训一般是企业中某一类岗位或某片区岗位、某级别岗位人员参加的，在培训系统下发培训指令时，选定相应受训对象的属性，属于此属性岗位的员工就会全部接受到此培训任务，通过考勤作业系统就可以直接排查参加培训人员的出勤状况。

3. 培训评估结果

培训评估是一项技术性要求比较高的工作，不同的培训对象会涉及不同的评估方式与方法。评估对象主要涉及受训对象、授课老师、培训专职老师、行政人员几个群体。

培训对象评估主要内容是受训对象对培训中应知、应会的内容或技术的掌握程度。评估相对来说是比较容易的，包括理论的考试和现场操作，通过标准答案和技术标准规范进行衡量受训对象是否达到标准，达标即认为培训比较有效、不达标需复训并重新进行评估。受训对象的评估关键点是提前设定好标准答案和技术规范，这样管控起来就比较容易，否则很难对培训效果进行有效的管控。

授课老师的评估在不同的场景会涉及不同的评估方法，如果是非培训部门的专职老师，人力资源部在邀请其进行专业课程授课的时候，最好不要用传统打分制的评估模式，因为这样可能会打击一部分管理人员或专业人员的培训积极性，不利于培训工作的进一步开展。

被人力资源部门聘为培训师的老师，让学员对老师评价时也尽量不用直接打分的模式，而是选择以学员格式化建议的模式来进行，其目的是收集学员的针对性意见进行反馈与指导，使其培训技能、技巧得以不断提升。如果企业为了某些特殊需要必须以分数表示，也应该尽量以问题反馈形式为主、分数表示为辅的模式进行。

外部邀请的老师，因课程费用较高，在邀请阶段就应该进行周密的评估。外部老师选择和采用的模式基本一致，如果企业不对采用对象进行详细的了解和评估，高额的授课费用就不一定能够达到应有的效果。外部老师采用环节，人力资源部负责培训的人员不仅要到老师的授课现场进行感受，还应该邀请对授课老师讲解内容比较精通的内部人员来进行专业把脉，唯有这样才不至于在采用培训老师的环节出现"马失前蹄"的情况。正式采用老师之前，企业还应对老师的培训内容以及工作履历进行专业评估，以保障培训的有效性。培训结束后，企业一般对外部老师评估采用直接打分制，通过分数的多少反映培训采用行为的好坏。

专职培训老师一般是某个培训群体的课程规划人员。培训工作能否收到应有的效果，培训专业人员的课程规划起到非常关键的作用。评估只是分数的反映，很难起到调整和改善的作用，须根据受训对象培训合格晋升至更高岗位或岗位晋级培训中每一项业绩指标的数据变化来进行分析，看培训是否能够解决企业人才储备和业绩提升的问题。企业应不断总结经验，调整或丰富课程规划的内容，以促进培训对于员工岗位晋升或岗位晋级的保驾护航作用。

某烘焙企业店长课程授课老师在监控店长岗位流失状况的时候，出现了店长岗位流失率连续3个月上涨情况，经过深入门店调查，发现店长流失主要是由公司考核系统调整造成的。其中有一项是门店员工的流失率管控,店长以前一直关注店面的业绩提升,没有考虑员工流失率管控问题,更有甚者根本不认为员工的保留是店长的本职工作,以致对新的考核指标产生严重的对抗情绪,一些被扣分的店长很不能理解于是选择离职。为此店长老师在分析基础上建议开发一套新的考核方案并进行专题培训,特别就为什么店长应该关注流失率,店长关注流失率的管控后会给其带来什么好处,店长流失率的管控应该如何做、会起到何种效果等问题进行专业培训。店长通过培训提升了员工流失管控的觉悟,同时具备了基本的员工流失管控技能,门店员工的流失得到了进一步控制,店长在此项目考核中被扣分的状况得到了大大的改善。可见,员工岗位晋升或岗位晋级培训能否收到实效,专职培训老师的课程规划是关键。为了提升专职培训老师课程规划的针对性,提升培训效能,企业应将受训对象业绩指标的变化纳入专职培训老师绩效考核之中。

培训行政人员的评估主要涉及场地的安排是否合理、时间安排是否合理、设施设备是否完好、教材编辑是否简洁醒目、老师安排是否符合实际情况等方面。此工作好像无关紧要,但对培训工作的开展影响巨大。企业应该重视此岗位的评估工作,通过评估不断地调整行政安排,将评估结果纳入行政人员的绩效考核中,以提升行政管理人员的工作效能。

受训对象参加相应的岗位晋升或岗位晋级培训合格后,有的可以直接晋升或晋级,有的却不能,必须按照岗位晋升规则达到相应的绩效要求才可以,有的岗位还必须通过面试系统的测试才能够实现。一旦员工达到岗位晋升或晋级的要求,培训系统就会直接将此员工转到新的岗位级别,同时生成员工新的工资标准。人力资源信息系统薪资模块就员工的薪资实行同步更新,以激励员工参加培训工作的积极性与热情。培训行政人员将新的岗位名称或级别信息从信息系统中下载、打印、签字、存档以备后期查阅。

培训班管理

员工岗位晋升或晋级培训一般采用培训班的形式进行。班主任就是专职培训老师，班主任将岗位晋升或晋级的课程规划和课程计划交予培训行政人员，行政人员结合课程规划与课程计划组织培训工作。

培训参与人员一般采用领导推荐和员工自荐领导审批的形式进行，培训系统具有对报名人员进行资格审查的功能，凡是不符合岗位晋升规划条件要求者，一律不支持报名。经常会出现报名人员多于或少于规定人员数量的情况，组织人员需与管理人员进行沟通，请求予以调整。一旦人员名单确定，行政人员需通过培训信息系统将××班课程表传达给培训参与人员，便于对受训对象进行考勤与评估管理。

培训正式开始时，企业应组织××班的开班典礼，请直属领导做工作指示。可能会出现多个培训班同时开班情况，这时行政人员的协调能力就尤为重要了。行政人员需要统筹考虑各种培训因素出现冲突的可能，以免课程通知下发后出现"撞车"的局面。

培训班的管理不仅仅是收费管理、报名管理，它有更多的内容，比如学员请假管理，学员在学习的过程中，不可避免地会由于各种原因而无法上课，如果没有上课的时间也算作学员的学习时间，势必会造成学员的不满，一个请假管理模块的设计，充分地解决了这个问题，可以提高培训班的服务质量和杜绝在管理方面的漏洞。

在培训班课程结束的时候全体学员合影，以作为纪念。为激励培训师和学员的学习热情，行政人员可以制作宣传册，把课堂互动的照片配上文字，放到企业的宣传栏，制作有人性化特色的微博、微信在企业各种平台上进行登载，方便他们进行交流和学习。

员工素质提升管控信息系统开发

连锁经营企业培训系统的开发，应按照业务需要进行模块分类，然后根据模块的要求与相关人力资源信息系统对接并延伸开发。员工培训主要涉及新员工入职培训、晋升与晋级储备培训、新品上市、公司政策培训、委外培训等几个模块。新员工入职培训前面已经介绍，其他培训模块会涉及通知的下发、结果的查询，连锁门店信息平台应具备接收通知与信息查询的功能。

1. 储备培训模块系统开发

储备培训涉及领导指派、员工申请、领导审批、上报培训需求，门店信息系统应有培训需求的上报窗口。提报培训申请的时候，可能会出现申请人数量大于或小于规定人员数的情况，应设置提醒和排异功能，凡是人数达不到开班要求者，系统会提醒门店增加人员申请工作；人数达到系统设定的开班人数，则不再支持培训申请作业，同时告知你，"此培训班人数已满，请在××班下一期再行申请"。

储备培训经常会出现××课程储备培训员工不具备岗位晋升条件而上报培训申请的情况，系统应与员工档案系统、面试数据库系统连接，凡是不符合条件的员工，一律不予支持。

符合条件的受训对象按照培训计划完成课时并考核合格，按照岗位晋升或晋级要求，培训信息系统与其他信息系统数据链接，如员工档案系统，员工岗位晋升、晋级系统，员工绩效管理系统，符合岗位晋升、晋级者，信息系统自动实现岗位晋升、晋级功能，行政人员只需要将其岗位晋升、晋级信息下载、打印、存档即可，这样可以大大减少渎职行为的产生。

储备培训模块和内部人才库模块链接，一旦出现岗位空缺，人才库模块会将符合储备条件的人才按照绩效高低的顺序排列出来，以备决策者进行科学的人才选用。储备培训和绩效管理系统链接，受训群体培训评估数据直接收集到考核系统中，实现绩效数据采集工作。

2. 组织培训模块开发

此模块的开发相对来说比较容易（见图 3-1），通过此模块可以对受训对象参加培训的状况进行监控，同时和绩效管理系统结合起来，达到提升组织培训参与度的目的。

3. 委外培训模块开发

随着培训的深入和企业发展的需要，会出现员工专业能力无法通过内部培养来解决的状况，那么企业如何应对？只有将内部的优秀、有潜力的员工送出去学习和培养。很多企业会面临这样的问题，要么是员工不能培养，要么是刚培养好就走了，企业如何来保护自己，对此类人进行管控呢？

《劳动合同法》第二十二条规定："用人单位为劳动者提供专项培训费用，对其进行专业技术培训的，可以与该劳动者订立协议，约定服务期。劳动者

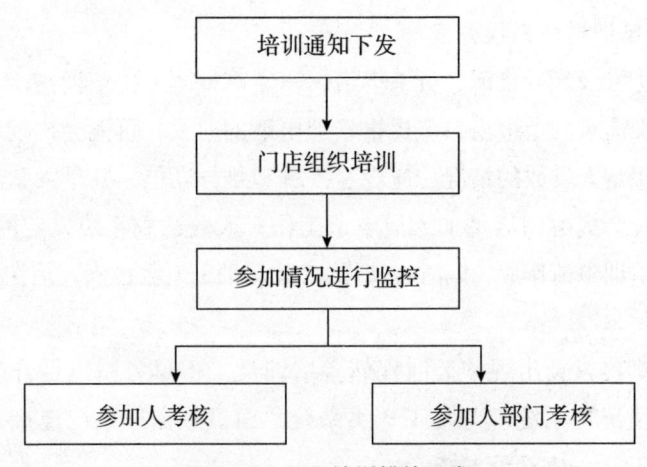

```
┌─────────────────┐
│   培训通知下发   │
└────────┬────────┘
         ↓
┌─────────────────┐
│   门店组织培训   │
└────────┬────────┘
         ↓
┌─────────────────┐
│  参加情况进行监控 │
└────┬────────┬───┘
     ↓        ↓
┌─────────┐ ┌─────────────┐
│参加人考核│ │参加人部门考核│
└─────────┘ └─────────────┘
```

图3-1　组织培训模块开发

违反服务期约定的，应当按照约定向用人单位支付违约金。违约金的数额不得超过用人单位提供的培训费用。用人单位要求劳动者支付的违约金不得超过服务期尚未履行部分所应分摊的培训费用。"所以，企业可以和外出培训的员工签订《委外培训协议》，在协议中明确培训后的服务期限以及按照《劳动合同法》精神确定违约的支付办法，将其信息录入培训系统中，以实现对此类人进行管控的目的。

委外培训对象的确定涉及门店员工申请领导审批、领导直接安排两种模式，应在连锁门店信息平台中设置委外培训申请的窗口。为了快速找到被申请人，应将委外培训模块与员工档案数据库连接，通过委外培训窗口直接锁定相关人员。为了规避不合理的培训需求，可以将委外培训条件识别与绩效管理系统、档案系统结合，凡是业绩水平或背景（如在公司工作5年以上，获得过什么奖励等）没有达到规定条件者，不支持委外培训申请业务，这样就大大地减少了筛选成本和领导审批的成本。

委外培训劳资双方要签署相关合同。为了管控合同的执行情况，委外培训模块应将合同内容和执行要求（如某员工与企业签订的服务期限是24个月，员工每在公司服务1个月，系统就会自动出现合同金额）录入到委外培训系统中。此模块与薪资系统连接，如果培训员工出现违约的行为，在结算离职工资的时候，离职工资中自动扣除员工应该承担的违约金部分。如果员工离职工资部分不能够承担违约金者，人力资源部门可以与该违约员工沟通请其主动承担责任，如果员工拒不承担违约责任，可向当地劳动部门起诉要求其支付违约金额。

委外培训模块不管是培训申请审批还是违约责任承担，都有相关的权限设置，在系统建设的时候应先仔细考虑。如违约金承担，如果企业领导免去了员工的违约责任，可以通过领导的窗口直接处理。通过权限的设置就可以实现对委外培训的有效管控。

4. 培训课件模块系统开发及评估

培训不仅对员工素质提升有很大作用，对于企业的知识管理也有关键的作用。企业如何有效地对信息进行管理，如何实现知识共享呢？用培训课件模块系统开发与评估可以实现这些功能。

培训课件模块系统开发应与员工档案系统连接，行政人员有权利通过此系统检索到员工信息并编辑课件的开发人、课件的版本等信息，通过系统自动实现相关信息的采集功能，为后期考核提供前提条件。

培训在员工素质提升中有着非常重要的作用。培训课件模块还应与员工考勤系统链接并设置受训对象查阅的自定义窗口，培训对象可以通过考勤刷卡形式，通过门店信息平台查阅最新版本的课题内容，以备学习、提升和知识更新使用。

5. 培训评估系统的开发

培训评估模块由许多小模块组成，主要涉及新员工入职培训、储备培训、组织培训中的相关学员、专职培训老师、培训实施者、培训行政人员、受训对象领导等。

如果没有有效的管控手段，培训工作很容易流于形式，特别是连锁经营企业，经营店比较分散，难以管理，没有很好的管控手段，很难实现员工素质提升的效果。企业必须详细考虑每一个管控点，制定对应的控制手段，不断完善、不断提升，这样培训工作才不至于沦落为空中楼阁的局面。

第四章

连锁经营企业在职员工绩效评定管控

连锁企业经营区域分散，如果在管理上仅仅以业绩为中心的话，就会出现不同门店不同管理的局面。虽有一致的门店名称、一致的VI（视觉识别系统）标志、一致的产品结构，但顾客很容易发现其中的差异，长此以往会影响企业的品牌形象，会导致企业业绩难以实现增长。

企业自然要抓业绩，但是围绕着业绩转的同时不能忽视很多重要环节。抓业绩效果来得比较明显、比较快，其他很多环节因为耗时，短时间不易看到效果，很多企业由于忽视了它们，最终使整个企业的经营工作，千里之堤，毁于蚁穴。

为了企业的长治久安，企业必须有效地强化各分散连锁门店的管理，创造一种模式不断简化繁杂管理行为，简单极致直到"傻瓜版式"的操作，这样管理才能坚持下去，才能实现企业业绩的不断提升。

对连锁门店的管理，企业应借助高科技手段，创造一种适合企业管理和考核的模式来监督、管控门店的经营行为。企业在创造考核模式的时候，一定要符合实际，不能给管理造成导向性错误，否则会给企业造成致命的伤害。

绩效与绩效管理的内涵

企业开展绩效管理的时候，要真正了解管理概念的内涵与外延，不能以讹传讹、人云亦云。推行绩效工作，最终会造成员工收益水平的差异，如果企业不能够非常深刻地理解绩效的本源，企业在推行绩效管理的时候就可能会对自己造成伤害。

绩效中的"绩"是成绩的意思，指员工在工作中所取得的成绩。很多人可能都有上学考试的经历，考试成绩的反映形式——分数和平时的学习努力程度有很大关系，但直接关系却是学生用笔落在考卷上的字。一个学生对老师教授的东西掌握得再好，考试的时候发挥不好或受其他原因影响，最终的得分却不会很好。绩效中的"成绩"不可能像学生考试时和落在考卷上的笔记有关，但一定和员工在工作中留下的客观工作痕迹有关。明确了员工在工作中的客观痕迹也就锁定了员工的绩效表现。

绩效中的"效"是效果的意思，即组织或员工在工作中取得的效果。效果和什么有直接关系呢？当某人出现发热症状的时候，一般会选择找医生求助。假设医生诊断后给其开具了药物，其在按照要求服用2个小时后，体温到了36.5℃~37℃，那么此医生开具的药方有没有效果？很多人都会异口同声地回答"有效果"，为什么体温达到了36.5℃~37℃就被认为具有治疗效果呢？那是因为绝大部分中国人的体温都在这个范围，也就是说此范围是中国人正常体温的标准值。由此联想到绩效中的"效果"一定和标准之间有正相关关系。

那么什么是"绩效"呢？所谓绩效就是把员工在工作中存在的客观工作痕迹和工作标准进行对比，凡是痕迹达到或超出标准值就证明该员工的工作表现是非常有效果的；如果痕迹和标准还有差距就证明该员工的工作还有改进的空间；如果痕迹和标准值背道而驰，就像一个国家中的一些恐怖分子一样,他们的价值观是和国家整体利益相悖的,这是企业绝对不能够容忍的,需要立即采取强制措施进行改正(见图4-1)。

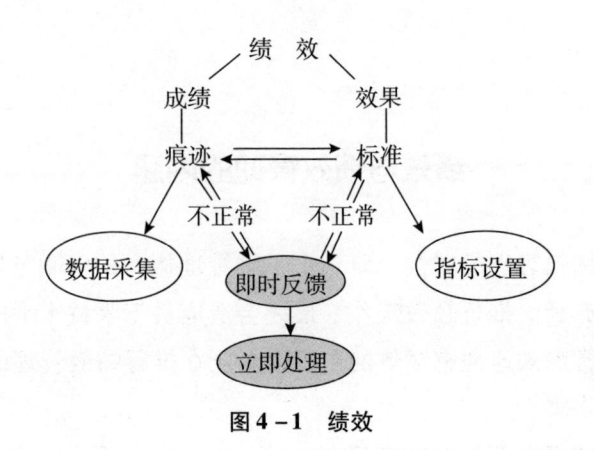

图 4-1 绩效

绩效管理又是什么呢？绩效管理就是把员工的工作痕迹和标准进行对比,发现有差距或背道而驰的时候立即给其反馈,使其产生心理压力并改变自我行为,企业也可采取强制性措施,迫使员工的工作痕迹达到或超出标准,抑或是将危害企业利益者驱逐出去。比如,员工上班都要进行考勤作业,凡是迟到或早退等违反企业作息时间者,员工的手机就立即收到"××先生,今天是您本月第×次迟到,累计迟到××分钟,请关注自己的纪律意识"的短信,收到短信的员工,一般都会在以后的出勤上面有所调整或改善。再比如,工业企业的设备操作是有标准操作规范的,某员工明明知道操作规程却偏偏不予遵守,对于这样的行为,企业就应该采取强制性措施,要么处罚,要么开除,不然可能会给企业造成损失。

绩效管理的核心是管理水平的提升,而不是考评,企业通过对员工工作痕迹的收集,将工作痕迹和标准进行比对一定能够发现两者之间的差异。如果企业的各级管理人员能够第一时间和工作人员进行沟通,提出改正建议的话,企业的运营效率一定有所提升,也就意味着企业效益的提升更加有保障。如果企业能够做到发现员工的任何一项不良工作行为立刻进行反馈的话,从理论上说,企业的经营风险和成本会大幅度下降,也就真正地实现了绩效管理的核心目的——不断提升企业员工或组织的效率及效益,最终实现企业和员工双赢的局面。

要实现绩效管理的核心目的，有两个问题是难以克服的：一是数据收集，即员工在企业工作行为的痕迹收集；二是员工工作标准值的设定，标准值是由很多因素决定的，标准值的科学设定基本上是无法实现的梦想。比如，一些企业在推行绩效管理时，年度销售任务额的设定是按照年度预算作为标准值的，年度预算根本就是一个不准的值。未来一年可能出现国家政策的改变、经济形势的巨大变化等不可抗力因素，以不可预测的因素测算出的数据是不可能完全可靠的。一些企业在预算的时候采用半年总结并修正预算数据，虽然可以起到一定的弥补作用，但仍然还是不准确的。

要想实现绩效管理改变员工行为的目的，还有一个关键点是即时反馈员工痕迹和标准值差异。如果一个企业全部解决了这些问题，那么其绩效管理的推行一定能够实现企业管理水平的提升，也一定会实现企业业绩的逐步攀升。

绩效管理开展时的障碍

必须要明确，员工是比较反感考核机制的，考核就意味着行为上受到控制、利益上受到影响，更有甚者很多企业在推行绩效管理模式的时候过于激进，给员工造成了"绩效就是扣工资"的心理影响。员工为了维护自己的权益，会通过显性或隐性的方式采取抵抗行为，造成劳资关系的紧张。推行考核模式是为了提升管理水平，不能达不到目标反而造成人心惶惶的局面。

员工的直属领导面对绩效考核实际上也是抵制的。按照传统的考核模式，对员工的考核主要由直属领导负责，一些企业实施绩效考核的时候根本不了解考核的真正内涵，为了考核而考核，甚至为了规避考核中的渎职行为制定淘汰比例，这样不但给员工也给领导造成了很大的心理负担，大多数管理人员会选择阳奉阴违的操作方式进行抵制。如果不解决管理人员抵制绩效考核的问题，公司在绩效考评这个环节上一定会出问题，通过绩效管理来提升企业管理水平也绝对不可能。排除直属管理人员对员工绩效考核的心理障碍几乎是不可能的，唯有不让其对员工进行考核，问题才能得到很好的解决，具体怎么操作呢？

企业的所有权属于老板，对企业最为忠诚并承担最终责任的是老板，老板们更希望企业处于安全的状态。国内推行的绩效管理案例多以失败收场，还给企业造成很多的损失，为此很多老板对绩效管控工作是保持谨慎态度的。不过，老板不是反对绩效考核而是强烈的渴望通过绩效管理提高企业的运营效率和效益，只是没有找到很好的管理工具。纠结的心态导致老板对绩效管理不坚定，加之员工和管理人员的抵制，最终可能导致绩效工作虎头蛇尾。

绩效管理工作如果不能做好思想工作，不能处理好各利益集团的利益，想通过绩效管理来实现企业管理水平的提升基本上是不可能的。改变这一切，应该从哪里入手呢？

通过以上分析，还是可以发现这三个群体在收益上涨方面是有交集的。企业推行绩效管理，为什么不以为员工收益上涨为合理的诉求呢？

员工普遍有薪资上涨、岗位晋升、技能提升等预期，领导也希望通过薪资上涨、岗位晋升、技能提升来实现员工的稳定。这两个群体是有利益交集的，如果企业能够协调好他们的利益，他们是完全可以相互支持的。

不管是薪资上涨、岗位晋升还是技能提升，实际上都是员工收益的增加。但是，很多老板不希望薪资福利上涨，通过增加薪资福利水平来满足企业用工的需求，是迫于劳动市场的压力，实际上是不情愿的。他们的一般想法是，"让我加薪可以，但总要给我一个合理的理由"。

企业推行绩效管理工作就是为了给员工收益的提升一个合理的理由，并且以数据的形式体现，通过各种正规宣传渠道来实现员工对提升收益的认识的统一，那么企业推行此项工作的阻力就可以大大减少了。

绩效管理推行原则

认识的统一是思想层面的问题，仅仅解决思想问题，绩效管理工作的开展也很难一帆风顺。企业还要注意绩效管理推行中的技巧，遵循绩效管理推行中的原则。

1. 逐个部门推行原则

一些企业在推行绩效管理的时候，是按照统一制作方案、一次性推行来进行的，这种推行方式存在极大的错误。一是方案制作对岗位研究、流程研究等要求是非常高的，在所有岗位全部同步推行，人力资源部门不可能有那么多专业人员；二是任何管理都是有成本的，推行一种管理企业应该核算投入产出比，如果产出比较低的话，就根本没有必要开展此项目。

有的部门不推行管理模式反而没有损失，推行反而会造成收益的受损，所以企业在推行绩效管理的时候应逐个部门进行，其中要贯彻关键性职能部门、成果性职能部门（如销售部门、生产部门）优先的原则，兼顾先易后难的顺序来推行。

2. 重管理轻考评原则

一些企业在推行绩效管理的时候，喜欢先出台激励政策，重点描述奖惩方面的规则内容，无形中将绩效管理导向了既得利益得失上面去了，此种做法可谓是方向性错误。员工为了短期利益的满足可以不惜一切代价。一些商场在绩效考核中主要依据商场的毛利或销售额的多少，不太关注其他的管理指标，结果商场管理人员为了满足短期利益的提升，不断地采取打折、降价、促销等饮鸩止渴的手段，长此以往会影响商场的品牌形象和在顾客心目中的定位。

企业应将绩效工作尽量引导向管理水平的提升上面来，如绩效诉求"为员工收益的提升找到合理的理由"，具体依据是员工的每项指标的实际业绩数据。影响员工收益的业绩指标都不是以一个月为周期的，员工不得不保证每个月的业绩指标数据都有所提升和改善，促使员工兼顾企业的长短期利益，逐步实现企业管理水平的提升。

3. 赢得全员支持原则

按照重管理轻考评的原则，强调指标数据的反馈，企业可以按照自下而上的方向，逐层收集各岗位的实际指标数据。

人力资源部门将收集到的数据进行分析并将其反馈至领导和相关人员，本人和领导均可根据实际指标数据直观地看到自己哪些指标做得比较好，哪些指标还需要改进，通过本人和领导的双向沟通方式改进自己的不足，最终赢得员工收益的提升，赢得员工本人和领导的支持。老板也因实现了管理水平和业绩的提升，会心甘情愿地支持管理项目的开展。赢得全体成员的一致支持是一项管理工作得以开展的最有效保证。

中国员工不习惯被当面评价，特别是负面的评价，如果一开始就用考核结果来反映工作差异，员工即使理解企业的绩效诉求，但为了维护自己的面子也会采取抵制的态度。为了此项工作能够无障碍地推行，绩效管理应以业绩数据的反馈为主，弱化员工对绩效考核的敏感度，一旦数据收集渠道运作成熟，再推行绩效考评工作。

考核指标体系的建设

解决绩效管理的第一个难点是标准值的确定，标准值确定的前提是明确考核指标。考核指标是对员工或组织进行业绩衡量的参数。确定了考核指标的内容也就确定了员工或组织努力的方向。考核指标的科学性对绩效管理水平的提升有着至关重要的作用。

员工的指标体系由态度指标、成长指标、业绩指标三类指标组成，而管理人员除了具备这三类指标外还要增加一类指标——团队指标。

1. 态度指标

如果员工队伍没有一个很好的工作态度，企业的管理和业绩的提升都是枉然。什么样的指标能够反映员工的工作态度呢？经过多年的经验总结，笔者认为员工的月度迟到次数、月度迟到累计时间、月度早退次数、月度早退累计时间、月度员工出勤率、月度加班时间与出勤时间比、月度旷工天数、月度公共活动出勤比、月度指定时间内考勤频率等指标可以间接反映员工的工作态度。

月度员工出勤率，按照实际出勤工时占应出勤工时的比例核定，加班增加的工时不纳入实际出勤工时。

在生产经营过程中企业会出现间歇性缺岗问题，如生产型企业突发生产加单，公司不能为了一个非常规订单增加人员，一般会采取短时间安排行政人员到生产部门，补充技术含量不高的工作，不过会出现一部分人以各种理由不参加的现象。企业开发员工公共活动出勤比的指标，即员工实际参加公司临时性公共活动的次数占应参加公共活动次数的比例来间接反映员工的工作态度。

检测企业员工的考勤时候发现，在上班前两分钟或下班后两分钟内考勤频率加大。经过走访与观察了解到，原来一些员工基本上都是上班卡着时间点、下班早早地在考勤机旁边等待刷卡的。有的员工因路途较远出现考勤作业较多还能够理解，如果是下班等待考勤作业者，此员工劳动态度是一定是有问题的，企业也可以以此指标反映员工的工作态度状况。

态度指标远不止这几个指标，不同行业不同企业可以根据自己的情况开发出适合反映员工工作态度的绩效指标。如果你希望通过绩效管理来提升企业的管理水平，笔者建议你结合企业的实际情况探索具有针对性的反映员工工作态度的指标。

2. 成长指标

传统的考核模式习惯对员工进行能力考核，而员工的能力不可能在短时间内有很大的突破或提升，单纯的考核技能实际上是没有什么意义的。只关注员工技能水平结果不关注员工技能水平提升，想实现员工技能水平的提升是很难的。

绩效管理中的成长指标，就是将员工按照培训计划参加情况以及达到的效果进行管控和考核，以促进员工技能水平的提升。具体指标为员工参加培训出勤率、参加培训迟到时间、课题培训合格率、课题培训一次性合格率等。

课程培训合格率就是员工参加培训后，进行考核合格的课程数占总考核课程数量的比例。这里的课程培训合格不管是一次性通过的还是经过多次通过的，只要课题培训合格就算数。

课题培训一次性合格率是员工参加培训后进行考核，一次性培训合格的课题数占总培训课题数量的比例。

员工达到岗位晋升、晋级知识要求，即可申请技能鉴定，详见本书第五章的内容。要想使成长的指标达到提升管理水平的目的，培训课题规划的合理性是核心的环节。

3. 团队指标

管理人员工作是否有效不是单纯由个人绩效决定的，如果整个团队成员工作态度不端正、团队成员不思进取、技能老化、人心不稳、士气衰落，企业要想提升工作成效几乎是不可能的。管理人员的主要职责是任务分配、管氛围、管流程、管标准、管员工技能提升，管理的对象的改变最终会体现在企业的业绩上。企业如何管控管理人员呢？企业应结合企业的实际情况开发出适合管理人员的管控指标促进管理人员水平的提升。

某烘焙企业的团队指标体系包含了员工稳定方面的指标、月度员工流失率指标；也包括管理对象的工作态度指标，月度人均迟到次数、月度人均迟到分钟、月度人均旷工天数、月度员工人均出勤率、月度人均加班时间与出勤时间比、月度人均公共活动出勤比、月度人均指定时间内考勤频率；还包括管理对象技能提升方面的指标，团队成员月度人均参加培训出勤率、月度人均参加培训迟到次数、月度人均参加培训迟到时间、月度人均课题培训合格率、月度人均课题培训一次性合格率、月度直接下属人均培训课时、月度培训课件开发数。从理论上来说，整个团队技能水平和岗位匹配人数越多，说明团队战斗力越强，为此企业又开发出了团队技能达标人数比的指标。

管理人员对标准管理、流程管理都应反映在最终的业绩上，对于此类团队指标的管理主要体现在业绩指标中。

月度员工流失率＝（团队成员期末人员数－团队成员期初人员数）/团队成员期初人员数

团队月度人均态度指标＝团队成员各项态度指标数据/团队平均成员数进行核算

团队平均成员数＝（团队成员期末人员数＋团队成员期初人员数）/2

团队成员月度人均技能提升和月度人均态度指标核算方式相同。

团队技能达标人数比就是团队成员中达到岗位晋升、晋级人数占整个团队总人数的比例。

通过以上指标的设定，管理人员逐步将精力转到了团队成员的内部管理上，随着各项指标值的提升，部门的整个部门绩效也实现了稳步的提升。

4. 业绩指标

对态度指标、成长指标、团队指标的管控是为了实现企业业绩的提升，业绩指标是由一组结构性指标组成的，不同部门、不同岗位的设置内容完全不同。业绩指标的设定是一个逐步探索的过程，体现了企业管理人员的管理水平。指标的设定除了用相应的设定工具协助外，需要根据工作开展的深入程度逐步探索和提升。业绩指标一旦确定下来会对员工工作方向有极强的导视作用。

(1) 明确岗位工作内容

只有明确了相应的工作内容，才能根据工作内容的要求设定指标。

明确岗位工作内容之后，要从工作时间、数量、成本、质量、顾客反映五个方面结合管理体系对岗位内容要求分析并筛选指标。以下是某企业招聘专员考核指标设定的过程。

某企业招聘专员分为门店招聘专员和高端（经营管理、技术、研发等）人才招聘专员两种。门店招聘专员专门为连锁门店进行员工招聘，因公司只有高端人才对外招聘，其他管理人员一律为内部培养，所以门店招聘专员的主要工作就是为门店招聘有发展潜力的营业员。明确岗位工作内容以后，此企业开始运用指标工具进行设定。

从数量上来说，此企业设定了招聘专员月招聘总人数指标，按照实际入职人员数为准。

从时间上来说，此企业设定了招聘专员招聘岗位人才平均到岗时间指标，也就是门店提出招聘需求到员工到岗的平均时间，时间越短代表招聘效率越高。

从质量上来说，此企业设定了招聘有效率、招聘员工成长率两个指标。对于此企业而言，凡是新招聘的人员入职7天内离职率最高，为此此企业规定，新招聘人员到门店工作7天者就算招聘有效，7天后离开者计为连锁门店的流失率。

招聘有效率就是在门店工作7天以上人员数占招聘专员总招聘人员数量的比例；招聘员工成长率是招聘专员招聘的员工提升为连锁企业管理干部的数量占总部提升干部数量的比例与招聘专员实际工龄的比值。通过此指标解决了员工招聘短期对质量的要求，对于新招聘人员的素质给予很好的管控。

从成本上来说，此企业的招聘成本不是由招聘专员进行管控的，所以对于此项维度没有开发出相关的指标进行管控。

从顾客反映上来说，招聘专员是为连锁门店人才引进服务的。虽然不能从形式上对招聘员工服务进行满意度调查，但可以就招聘专员提供服务中因服务不到位而遭投诉问题进行记录。一旦某招聘专员被投诉就被记录一次，被投诉的次数越多也就意味着其提供的服务越差，因此此企业设定了一个月度被投诉次数的指标来反映门店对其服务的满意度。

综上所述，此企业门店招聘专员通过指标工具开发出了月招聘总人数、招聘岗位到岗时间、招聘有效率、招聘员工成长率、月度被投诉次数五项业绩指标。

(2) 对指标进行探索

随着工作的深入，上述企业发现有的门店不时出现两人或两人以上同时辞职的现象，此类情况出现的原因多是彼此认识的人被安排在了同一家门店。这类员工同时来也会同时走，走的时候如果不是正值企业的关键时期影响不大，但如果在关键时期，如春节期间，对连锁门店影响就比较大，甚至会出现门店因无人工作导致无法正常运转的局面。为避免此种情况，此企业开发了新的考核指标——门店月员工集体辞职次数，即凡是出现在同一天、同一个门店有两个或两个以上的员工办理离职的情况，一律按照集体辞职事件处理。

门店管理人员认为招聘员工是人力资源部门的事情，他们只关注门店业绩。而招聘人员认为凡是到门店 7 天以上就不属于自己的管理范围了，员工走与留都不是自己的事情。所以，企业在门店流失管控问题上是一个真空地带，为此该企业设定了两个考核指标：招聘部门的流失率指标和管理部门的员工流失率指标，以提高门店管理者对员工流失率的重视。通过这两个指标的推行，门店员工流失问题得到了很好的控制。

随着连锁门店人工成本管控的需要，该企业进行了人员编制的管控。进行编制控制之前，每个连锁门店基本都为自己门店配置了至少 1 名备用人员，无形中浪费了很多人工成本。在他们的思想意识里，"员工涉及的人工成本问题属于公司的事，我只要保证自己门店不缺人就好了"。为了控制人工成本的不合理支出，公司推行定编、定岗管控工作，不允许连锁门店再有备员。此企业还开发了面试信息系统进行人才库建设，开发了人才库月人才新增数量指标和人才库一个月前人才到岗率指标来管控招聘人员的维护效果。人才库月人才新增数量就是在人才库中每个月新增加的符合企业需要的人才数量。人才库一个月前人才到岗率就是在人才库中一个月前进库的人才到公司办理入职的数量占本月度总入职人员数量的比例。

通过以上探索的深入，门店招聘专员又新增了门店月员工集体辞职事件次数、招聘门店流失率指标、人才库月人才新增数量指标、人才库中一个月前人才到岗率指标四个非常关键的考核指标。

(3) 对业绩指标进行修正

企业处于不断变化中，指标的设定也是需要不断更新。随着后期新增指标的完善，前期的一些指标就有可能被剔除；也会根据发展的需要新增或改变指标的内涵。业绩指标体系的修正是一个动态的、变化的、有针对性的连续管控的过程。

人力资源管理人员往往仅具备业绩指标体系设计的专业技能，而对于专业能力很有可能不具备，为此业绩指标的设定过程是考核对象的直属领导和人力资源管理人员共同合作的过程，指标设置的好坏是由被考核人的直属领导的管理水平以及与人力资源部门人员的配合程度决定的。

被考核对象与人力资源部门就业绩指标设定的配合主要是由人力资源部门的公共形象、业绩指标设定的切入部门或岗位、人力资源部门负责绩效管理人员的热情程度、业绩设定部门的先后顺序决定的。

业绩指标设定的切入部门或岗位，是从对企业经营业绩影响最大的部门开始，这样的部门可能不止一个，对企业业绩影响最大的岗位也不一定是一个，所以企业选择业绩指标设定的切入口非常关键。一般把被考核对象直属领导的管理水平作为主要决定因素，同时结合直属领导的性格以及与人力资源部之间的部门关系综合考虑，最终确定切入部门或岗位。

人力资源部门负责业绩指标设定的专业人员，对业绩指标的设定质量影响也是比较大的。此人最好为女性，性格比较细腻，愿意付出，不厌其烦，同时又能够与考核对象的部门打成一片，兼具业绩指标设定及数据处理方面的专业技能，通过其不断地与考核对象部门进行走访、沟通、了解，实现业绩指标设定的目的。

业绩设定部门的先后顺序对于业绩指标的设定也是非常关键的。在现实工作中，总会出现某些部门或某些管理人员极为排斥新型管理行为或管理模式的现象，企业应该先不加以理会，采用"农村包围城市"的策略，秉承着先易后难的原则，将能够进行业绩指标设定的部门或岗位先行设定并加以实施，只剩下反对部门时，他们自然会主动要求开展此项工作。

5. 指标开发的过程

某烘焙企业门店业绩考核指标设定的切入口不是门店的店长，而是门店的上一级管理人员——区域经理。因为区域经理的上一级管理人员，即大区经理管理水平相对比较优秀，很乐意进行管理创新，平时喜欢琢磨一些管理方式与方法并愿意进行企业内部转嫁。其为人谦虚谨慎，在下属中具有很高的声望，最为重要的是其与此企业人力资源负责人私人关系比较密切，为此企业人力资源部优先考虑以他所管理的区域作为切入口进行业绩指标的探索工作。

在开始进行业绩指标的设定之前，大区经理将下属的区域经理，组织到人力资源部培训绩效管理方面的专业知识，解释为什么很多企业的年度评优工作会演变成阶级斗争，为什么很多企业给员工增加薪资不敢光明正大地进行，为什么管理干部的晋升基本都是内定，如何打破以上"魔咒"呢？唯有企业开展绩效管理方可解决。通过企业培训大区经理和区域经理意识到了绩效管理的重要性和必要性，阻力变小了，相应的绩效管理工作就好开展了。

岗位工作内容的梳理。这是此企业人力资源部开展区域经理业绩考核指标探索过程中的第二个关键环节，大区经理主持，采用区域经理分组讨论的方式，经过热烈的讨论并结合大区经理的现场确认最终梳理了区域经理的详尽的工作内容。

人力资源部为大区经理、区域经理培训绩效管理的内容，对每种指标体系设定方法与工具进行了详细的解说，使所有参与培训的人员都具备了各指标设定的知识与技能。特别是业绩指标设定的工具，在大区经理的组织下按照时间、数量、质量、成本、顾客反映的方式进行业绩指标的研讨并确定。

区域经理是管理7~8家门店的连锁门店的中层经营管理人员，他们的最重要的工作是通过促进门店管理水平的提升，维护连锁企业的品牌形象，提升连锁企业的业绩。

通过数量分析，主要涉及顾客月度来客增加数及销售额两个指标。此企业所在行业的门店来客数是由很多因素综合作用的结果，有些不是门店可以决定的，如产品品相、企业品牌及企业形象等。门店环境营造、门店服务对顾客来客数量的增加也起到非常关键的作用，此企业人力资源部与大区经理、区域经理最终商定作为区域经理考核的一项指标，即月度内每天来到门店的顾客数量较之上个月同比增加数量。指标是各综合因素的反映，涉及的部门和岗位也考核此指标。销售额就是月度门店销售金额的总额。

通过时间分析，没有合适的指标。

通过质量分析，主要涉及来客数的转化率，此指标也是综合因素作用的结果，也被作为区域经理的考核指标，涉及的部门和岗位也同时被考核此指标，即到门店消费的顾客数占来客数的比例。此指标是非常重要的门店经营管理的质量性指标，转化率越高门店业绩提升的可能性越大。

通过成本分析，主要涉及门店费用控制率，即门店费用总额占销售额的比例，这里的门店费用不含门店租金、门店税金等可控费用额。

通过顾客反映分析，主要涉及管理门店服务性投诉次数。顾客投诉分为产品投诉和服务性投诉两个类型，该企业的产品是由别的部门生产，门店仅进行售卖，所以只涉及服务性投诉，凡是服务性投诉次数多的就间接证明区域经理在门店服务管理方面有很大欠缺，需要进行进一步调整与改善。

通过以上绩效管理工具计算出月度来客增加数、销售额、门店费用总额占销售额的比例、来客数的转化率、门店费用控制率、服务性投诉次数。这些指标都属于结果性指标，如果仅仅关注这些结果性指标而不考虑管控过程，指标的最终结果也是不可控的。为此人力资源部和大区经理共同探讨并根据管理中出现的问题又设定了以下指标。

想要实现以上结果性指标，区域经理必须到所管理门店进行常规检查、发现问题、协助店长解决问题，但是区域经理的工作比较灵活，没有固定工作地点，主要是进行流动工作，责任心强的检查门店的频率相对较高，责任意识差的可能连影子都看不见，即使责任心强的区域经理也可能受外界因数的影响而不进行检查工作。怎样将其锁定到门店里呢？人力资源部和大区经理共同探讨最终设置了巡店符合率指标，即区域经理落实巡店计划的比率。

人力资源部与区域经理沟通，有人提到"我们为了满足巡店符合率，万一在某家店面处理顾客投诉，我们是不是就可以放下顾客直接到下个店面去检查呀"，为了解决这个问题，人力资源部和大区经理又进行商讨，最终设定了一个在店时间与在途时间比考核指标，就是在门店的时间和在路上的时间之间的比例，比例越大证明区域经理被锁定在门店的概率越大，越小就间接反映区域经理可能就不在工作岗位上。

为了规避区域经理门店管理的偏颇行为，巡店符合率指标继续保留与区域经理在店时间与在途时间比指标交互使用，以鞭策区域经理尽心尽力对所管理的门店进行管理。

连锁门店比较分散，各个门店店长和区域经理对企业的管理标准和要求理解不一，虽说门店的产品、店面的VI系统、门店员工的服装等都做到了统一，但是到不同门店明显能感觉门店与门店之间的差异，结果管理比较规范的门店业绩明显好于管理较差的门店，这样不仅仅影响了部门的业绩，同时对连锁经营企业的形象造成很大的影响。为此人力资源部和大区经理进行磋商，用什么样的方式实现所有门店的标准化？唯一的解决办法是有一个组织，专门按照统一的管理标准对每个门店按照周频率相同的原则进行检查、打分、反馈。得分多少代表门店店长对门店遵守管理标准上的高低，区域经理管理所有门店的得分平均分显示出区域经理管理门店的有效性，为此一个新的考核指标就被设置出来了，区域门店检查平均得分。

区域经理："那么这个组织也可以将过期商品检查出来了。""那是，"人力资源部负责人回答，"我们是做食品的，我每次最担心的就是员工不负责任将过期商品仍然列在门店货柜上，如果没有顾客购买还好，一旦购买了，问题反而更大了，不仅会造成顾客投诉，如果顾客将过期商品仍继续售卖的事件公布到网上，我们的品牌就完了。"人力资源部负责人肯定地点点头，"区域经理说我们能否在检查中发现过期商品继续售卖事件进行统计并纳入考核呢？""当然。"人力资源部负责人肯定地回答。为此此企业又设置出了一个考核指标——区域经理区域门店过期商品继续售卖件数。

在与大区经理沟通过程中,大区经理反映出一个问题,有的门店因管理不善经常出现门店打烊后用电设备没有关闭的状况,浪费了大量的期间成本,大区经理多次在各种会议上进行要求,但总是运动式地起伏,稍微放松一点,类似的事情又再次发生,区域经理很是苦恼,这种问题怎么解决呢?

人力资源部负责人和区域经理进行了深入的沟通,人力资源部负责人问:"店面员工没有将用电设备按时关闭,您是怎么知道呢?又是如何处理的呢?"

大区经理:"公司供应链部门专门有一项业务为门店铺货,门店正常经营需要大量的零币,由公司行政部为门店派发零币,公司规定这两个部门每次办理业务的时候必须同时进行,以便互相监督,同时他们到门店的时候,还有一个职能就是检查门店打烊后门店管理的状况,他们每次发现门店异样就会将信息统计并反馈给我们,我们按照公司规定予以处罚。"

人力资源部负责人:"处罚后就结束了吗?"

大区经理:"是的。"

人力资源部负责人:"我们为什么不设定一个门店打烊后门店管理标准,请行政部门协助在为其门店服务的时候,按照门店管理标准进行检查并将不符合标准的事项统计并统一上报呢?"

大区经理:"我们以前就是这样做的。"

人力资源部负责人:"差不多是这样,但是行政部和供应链部门,以前的打烊后门店管理标准是不清晰的,如果只是将发现的问题反馈,那还有很多没有发现的问题,有了这个标准,行政部门工作人员就可以按照上面的设备项目一个个检查,这样管理就全面多了。"

大区经理:"这样在店面的时间就会长了,会不会影响门店铺货呢?"

人力资源部负责人:"这个不会的,因为毕竟门店不是很大,店面设备也不是很多,我们只要制作一个门店设施设备一栏表,以门店为单位,凡是正常就打'○',这样不会花费多长时间的。"

大区经理:"那接着怎么办呢?"

人力资源部负责人:"行政部文员以每个店面为单位将每个店面不正常的情况进行统计并发送给您,这样就知道整个门店打烊后的状况了。"

大区经理:"这样和考核会结合吗?"

人力资源部负责人:"当然会,我们可以设计一个指标名称——门店打烊后不良事件数,通过此数据,不良事件越多就证明管理得越差,少则好,同时也可以结合以前的制度进行处罚了。"

大区经理:"哦,我懂了,这样就可以做成常规管理模式了,不像以前行政部门发现了就管理,没发现就不再理会了。"

人力资源部负责人:"是的,通过此管控方式会督促门店管理人员重视打烊后的门店管理工作的。"

通过和大区经理深入沟通,人力资源部负责人和大区经理又开发了一个管控指标,区域经理门店打烊月平均不良事件数。通过此指标的执行,大大提升了门店打烊后的管理水平,减少了很多成本浪费。

为了全方位、多角度地提升区域经理的管控能力,人力资源部负责人向区域经理建议,与为门店提供服务的人员协商关于区域经理考核指标的设定问题,因为服务部门与被服务部门会涉及配合度的问题,比如说连锁门店会涉及门店员工排班问题,会出现门店管理人员根本就没有排班的情况,结果导致员工上班的时候无法进行考勤作业形成员工"被旷工"现象,人力资源部在核算门店员工工资的时候出现错误,造成员工不满。怎样杜绝类似问题呢?唯有将其纳入考核范围,就像门店打烊平均不良事件数指标一样,进入常规管理的范围,才能最终实现管理水平的提升。

首先是人力资源部的相关工作人员参与了区域经理考核指标的设定。人力资源部负责人专门邀请了与门店经常联系的人力资源部门工作人员。负责人力资源档案的主管提到了一个问题,"门店经常不在信息系统上操作新员工报到作业,导致无法了解员工在门店的考勤情况"。

大区经理问:"为什么必须在门店信息系统进行新人报到作业呢?"

人力资源部工作人员:"我们属于连锁经营企业,门店比较分散,很多员工是在人力资源部门办理的入职工作,但是很多员工根本就没有到门店上班,为了实时掌握店面人员状况,更好地为门店人员补充做信息支持,我们开发了一个员工在线管理系统,门店管理人员只需要在门店的信息平台上将新员工在人力资源部办理入职的考勤号码等相关信息通过考勤系统锁定并勾选就代表员工已经到门店报到，反之就代表员工没有到门店报到，这样人力资源部门招聘人员就可以知道门店人员信息，及时为其进行人才补充。同时作为人力资源部门的劳动关系员工也可以直接电话通知，已经办理入职但是没有到门店报到的员工到人力资源部将其领用的公司物品退还给公司。这样既提高了为门店服务的及时性，同时也减少了公司物品占用期间的成本损失。"

大区经理："还有没有其他的人力资源管理方面需要门店进行操作的呢？"

人力资源部工作人员："有，刚才向您汇报的员工在线管理系统除了支持新员工报到功能，也支持门店员工异动上报功能，比如员工已经离职了，以往人力资源管理的档案系统都是按照实际办理离职手续的人员才显示为离职，这样一定会出现员工档案中人员数量大于门店实际工作人员数的情况，给人力资源部门带来误导，可能会影响人力资源部门针对门店进行人力资源政策的制定，影响门店的运营。如果门店能够将人员的异动信息及时上报，人力资源部门就可以提前知道哪些人员已经离职，这样就可以及时通知其到公司办理交结手续并结算离职工资，大大提升离职员工的满意度。我仅仅介绍了一种员工异动状况，假如说员工调店，如果员工原来的门店管理人员没在门店信息平台上上报员工调离岗位，那么被调动的员工就不能到新的店面做员工报到作业，就会影响员工考勤工作，有可能造成员工在工资结算方面的差异，影响员工对企业的满意度。还有员工升迁、降级等都是一样的，所以门店在信息平台上不能及时进行人员异动作业的话，最终可能会导致门店员工的不满。"

大区经理："还有没有其他的？"

人力资源部工作人员："还有，但一般影响相对来说没有刚才说的几种情况大，所以我们稍微加以提醒就好了。"

大区经理："我们用什么方式能够解决呢？"

人力资源部工作人员："我们要求新入职员工到门店报到的时候，拿着人力资源部开具的报到单找门店店长，并告诉新员工找店长请其在信息系统上做新员工报到作业，通过此种方式不做报到作业的现象已经大大减少了，可还是有类似问题产生。还有一个控制措施，就是新员工在人力资源部办理入职3天后，如果系统上仍显示某员工为未报到，我们就会电话通知其到人力资源部办理物品退还工作。如果员工说已经在门店上班的话，人力资源部会与门店店长核实，情况真实，人力资源部工作人员会通过人力资源信息系统后台为该员工做新员工报到作业。只要人力资源部起用新员工后台报到作业，就一定意味着涉及门店没有做此作业，系统会自动记录××门店新员工报到未作业次数。"

大区经理："如果一个员工第4天才到店面报到的话那怎么办呢？"

人力资源部工作人员："我们规定新员工自办理入职之日起3日内不报到者，此招聘就算作失败事件了，即使出现您说的情况，信息系统也不支持新人报到作业了，我们依然会通知其到人力资源部办理物品退还手续，同时人力资源信息系统会将其记录到黑名单中，从此以后不再雇用。"

大区经理："员工调店等异动情况呢？"

人力资源部工作人员："系统拥有员工1天无考勤记录提醒功能，凡是排查出1天不做考勤作业，门店也没有将其员工备注辞职、请假等情况者，那一定就是系统没有做相关员工异动作业，我们同样按照前面新人报到作业方式与员工联系、核查，同时在人力资源系统后台进行异动作业，系统同样也会记录没有进行异动作业的次数。"

大区经理："那考勤排班呢？"

人力资源部工作人员："考勤系统和门店营运系统是链接的，如果门店当天没有在信息系统上进行第二天员工排班作业者，员工下班的时候就无法正常关闭门店营运系统，这样就逼迫门店店长不能不进行门店员工排班作业了，但是还有一个问题比较难以解决，就是门店店长不认真排班，这样员工就无法按照系统显示的排班系统进行考勤，这样门店只有在系统上进行补排班作业，凡是补排班一次系统就会记录一次。记录次说越多证明门店误排班次数越多。"

大区经理："万一是员工临时有事情造成补排班呢？"

人力资源部工作人员："门店管理人员有证据证明是员工原因造成误排班者，人力资源部门工作人员会在人事后台进行调整，如果没有证据证明者，一律按照系统默认的数据为准。"

通过人力资源部工作人员和大区经理沟通，此企业最终设置出了一个新考核指标——区域经理管理门店月平均人事系统操作不良次数。

为了进一步探索区域经理的业绩考核指标，又邀请了为其服务的供应链部门、企划部门、数据统计部等相关部门，进一步探索指标。

按照符合条件的部门或岗位优先实施的原则，在完成了区域经理考核指标的设定之后，紧接着在大区经理的支持下又完成了门店店长、门店店员的考核指标及大区经理自己考核指标的设定，这样整个门店运营管理体系的考核指标设定就全部完成。伴随着绩效管理其他环节的深入，该企业用了1年半的时间按照前面介绍的方式实现了整个企业的绩效管理工作的全面开展。

数据采集方式及软件系统的建设

考核指标的设定解决了员工及组织的工作方向，不过没有员工或组织实际工作痕迹的支持是不能够说明工作好坏的，为此必须要解决绩效管理中的另一个难题——员工客观工作痕迹的收集问题。

1. 明确业绩指标的内涵

建立业绩指标数据收集系统前，要明确每个业绩指标的具体内涵及核算公式，如来客增加数就是每月每天平均来客数与上个月每月每天平均来客数的差数。建立数据收集的渠道时，不排除可能会使用科技手段协助数据的收集。来客数的收集，以前企业完全靠人工进行，这样很有可能会因数据收集人责任心不强而导致数据出错的情况。

某烘焙企业通过各种渠道寻找到一种客流统计工具，此工具通过红外线技术进行客流检测，此工具安装到顾客通道上就可以随时检测到门店入店人员数。因该工具本身就有数据收集、数据处理功能，自然也就能直接出具来客月度平均增加数的具体数据。建议在绩效数据收集方面，能够通过成熟的高科技手段解决并且成本又在企业接受范围内的，就尽量使用。通过指标内涵的分析，有的指标需要现有公司信息系统直接搜索的，就可以通过现有信息系统直接进行数据的引用。如销售额指标，连锁经营企业本身都会有成熟的运营系统，通过此系统将每天的销售数据直接引用即可。

通过指标内涵的分析，有的考核指标可以通过高科技手段和现有信息系统结合来提供数据，就可以应用结合的方式实现数据的核算、转化与引用。如来客数的转化率指标，可以通过连锁门店收银系统中的客单数与客流统计系统检测出的来客数进行核算转化出来。企业只需要通过门店收银系统将每天动态的客单数数据收集到客流统计系统中，客流统计系统本身就有客流转化率模块，直接就可以显示出客流数据转化率的具体数值。

通过指标内涵的分析，有的指标可以通过对现有管理系统进行改造实现指标数据的收集功能，企业可以改造信息系统实现数据收集。如巡店符合率、区域经理在店时间与在途时间比这两项指标，企业就可以通过对考勤系统排班功能模块（在考勤系统中选择门店编码与对应巡店时间的方式进行巡店排班）进行改造，实现区域经理每到一个店面，进店和离店都要在门店的考勤系统上进行考勤作业，考勤系统就可以通过识别店面考勤设备编号及门店巡店排班计划实现符合率的统计，通过考勤系统结算功能就可以统计具体考勤号在门店时间与在途时间的数值及时间比数据。

通过指标内涵的分析，有的指标不能够通过以上系统实现数据的收集，也不能通过系统或设备的改造实现数据的收集，企业只能针对性地另行开发数据收集软件。通过第一收集人数据录入实现数据收集，减少人工进行数据收集过程中的数据转述错误概率，可以提升数据收集的效率及准确率。如区域门店检查平均得分、区域门店过期商品继续售卖次数、门店打烊月平均不良事件数等指标，以往是通过专门负责检查的部门按照标准进行检查、打分，然后将原始的打分表单交到人力资源部进行统计，这样无形中增加了数据处理的成本，还有可能增加数据处理中的错误概率。

企业必须按照岗位考核指标开发数据收集系统，实现所有考核指标数据的集成才会对后期绩效管理起到促进作用。为此作为人力资源部负责考核的人应非常明确各数据收集软件之间数据传输的逻辑，在IT（信息技术）部门支持的基础上定制开发绩效管理数据收集系统，不然大量的数据处理将应接不暇。

第四章 连锁经营企业在职员工绩效评定管控

图 4-2 是该烘焙企业区域经理数据收集的逻辑关系，通过此逻辑关系与 IT 部门合作开发数据收集系统便可以实现各信息系统中考核数据收集、传输、集成功能，实现员工工作痕迹客观、有效的生成。但是系统数据收集中涉及的数据既有系统收集的，也有数据端录入的，如何保证每个数据都能按照数据收集提报周期及时准确地采集呢？

数据通过信息系统收集实现采集者，只需要企业保证网络的正常、稳定就可以直接实现。

数据通过录入窗口实现采集者，如该烘焙企业中区域经理、区域门店的检查得分考核指标，如果没有及时、准确地将数据通过端口录入到数据收集系统中，企业就不能客观、及时地实现对该项考核指标工作痕迹的反映。该企业借助智能手机定制开发了门店检查软件，将门店检查标准内化至该软件中，工作人员对照门店检查标准逐条对连锁门店进行工作检查，同时将各检查标准对应的门店得分在与店长核对的基础上录入信息系统中，通过此系统实现了边检查边录入的功能。

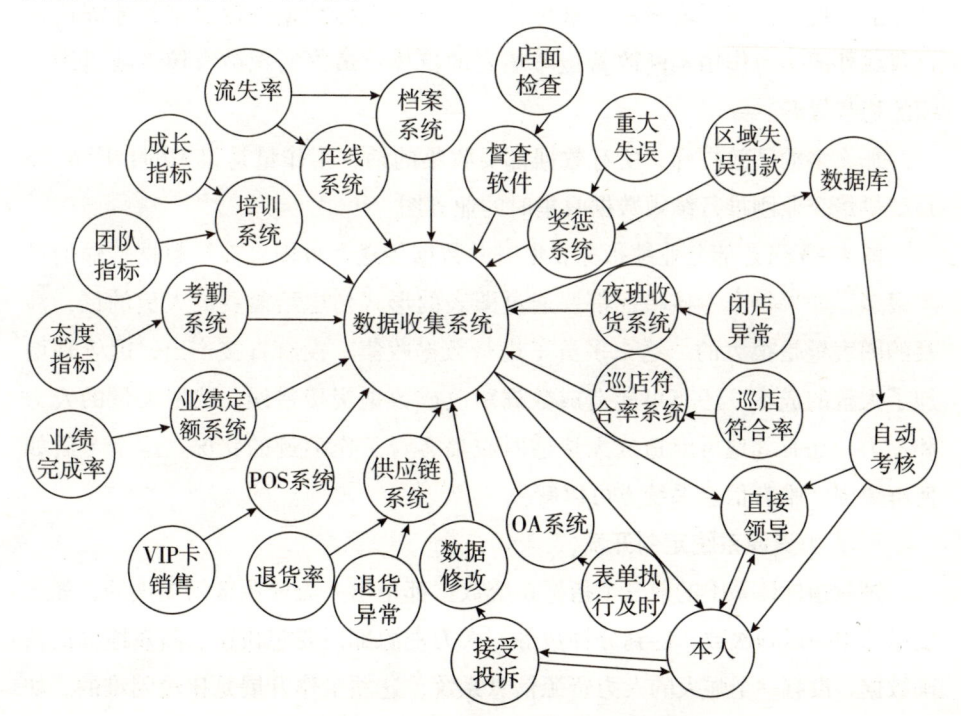

图 4-2 某烘焙企业区域经理数据收集的逻辑关系

2. 设计痕迹收集方式

为了客观公正地反映工作的绩效水平,绩效指标数据的收集能够直接收集的就直接收集,不能直接收集的创造条件进行收集,实在收集不了的本着不轻易放弃的原则,争取收集到位,实在收集不到的指标数据就选择放弃,能够通过以后管理水平提升收集到的,以后再收集。

某烘焙企业区域经理的考核有几十项指标,是不是这些指标都要进行考核呢?答案是肯定的。一个人定期到医院进行全身体检的话,很多不良身体指标就有可能得到预警并予以控制,这样的话他得大病、绝症的概率就小得多。企业的绩效管理也是一样的,不是为了考核而考核,而是通过考核指标的数据检索,发现被考核对象的不足,及时采取控制行动,以实现组织或个人业绩的提升。

有时候很多检查出来的指标只是和正常值有差异,并没有造成疾病,但是如果不加以控制,不正常的指标就可能会越来越严重,最终会导致疾病的产生,等到那个时候再去进行干涉、治疗已经晚了。企业管理和身体管理是一样的道理,只有提前将所有被考核对象的各指标数据提取出来,才能通过自我或外部压力作用不断改善被考核者的抗体,最终实现被考核者或组织业绩的稳步提升。

那么多的绩效指标,所有数据都要收集的话,工作量是很大的,图4-3是某烘焙企业刚推行绩效数据收集时的业务图。

图4-3只是部分业绩指标收集时的数据传送业务图,涉及数据传输的员工很多,如果每个考核指标都要通过图表的形式传送给需要的人员的话,涉及的图表量是很大的。这么多员工进行数据收集,没有直接产出,因管理增加了大量的成本,还有可能造成数据窜改或数据交接错误,浪费大量的人力和物力,还有其他可能造成无法适时收集客观工作痕迹的状况。这个矛盾如何解决呢?唯有信息系统方可以解决。

3. 人力资源系统定制开发

绩效指标体系中的前三个指标系统数据都是由人力资源部门提供的,如态度指标中的迟到次数、迟到分钟数等。人力资源部门要想快速、高效地提供精确数据,没有一个强大的人力资源信息系统,这项工作开展是比较困难的。如何实现连锁经营企业的人力资源系统的定制开发呢?

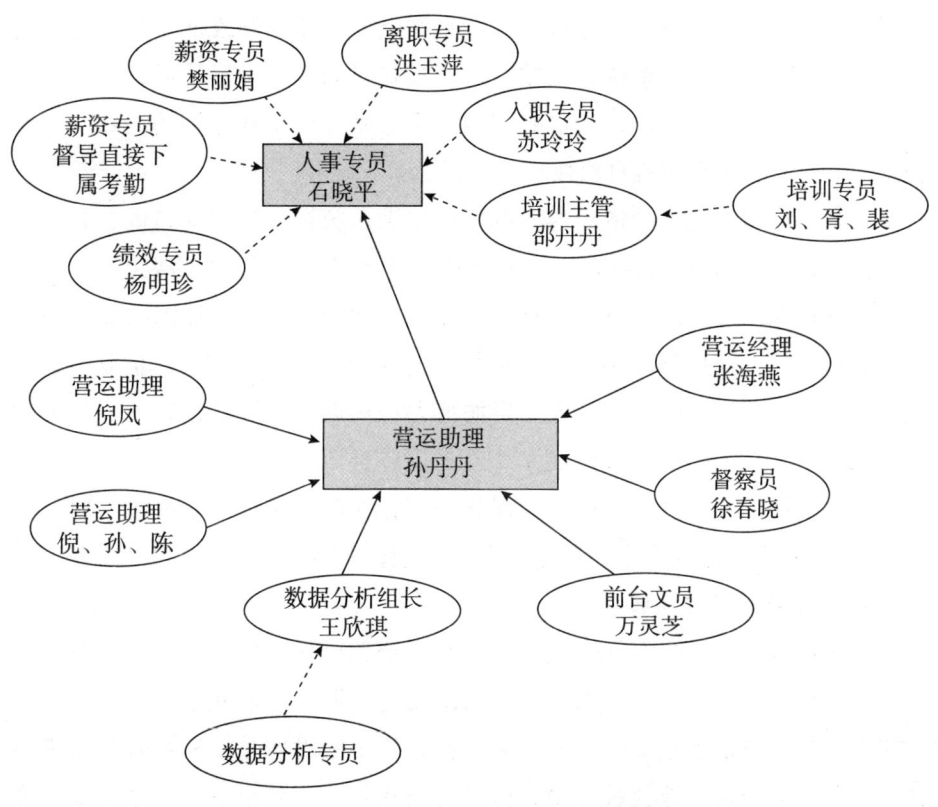

图4-3 某烘焙企业的绩效数据收集业务图

一旦表单确定下来以后,就可以将涉及系统的表单以及各表单的数据关系交给IT部门需求工程师并与其交流和沟通,以期实现需求的明确和统一。接着就是IT开发工程师的开发过程了,在开发过程中可能会出现需求的少许变化,人力资源部门实际使用系统的工作人员应与开发人员保持密切的交流和沟通,保证系统开发的针对性和有效性。开发好的系统,人力资源部门要配合IT部门进行系统的测试,通过测试发现系统的漏洞和不足以及现实使用中可能出现的问题,不断地测试、调整、修订、再测试,最终实现系统的有效运转。

态度指标中含有迟到、早退、旷工、出勤率、考勤指定时间频率等指标,不难发现这些指标考核数据人力资源考勤系统就可以提供,企业只要定制开发考勤系统就好了。要体现迟到、早退、旷工、出勤率几项数据很简单,只要考勤系统具有排班、统计功能就可以了;考勤指定时间频率数据的出具仅仅需要在考勤系统里设置排异时间，凡是在上班前几分钟或下班后几分钟内出现考勤作业行为者，系统自动排查出在指定时间内的考勤号码，一个月度结束后，考勤系统会统计在指定时间内每个考勤号码出现考勤的次数，那么指定时间段考勤频率也就自然核算出来了。

成长指标体系包含的指标内容都是由培训系统提供数据支持的，其表单展现形式也是考勤号码对应着相应人员姓名以及相关培训方面的数据。

团队指标体系实际上是态度指标、成长指标的平均值另加团队流失率考核指标组成的，就是态度指标、成长指标的人均数据。连锁经营企业门店比较分散，如果等到门店员工到人力资源部办理离职，团队指标数据一定不准确，因为很多员工已经离开门店了，但是因各种原因迟迟不来办手续，如果按照上面的操作方式就有可能得出误导数据，为此该烘焙企业在再三研究的基础上和IT部门公共开发出了门店员工在线管理系统。

4. 员工在线管理系统

员工在线管理系统实际上是员工档案系统的延伸，传统的员工档案管理系统全部以员工入职行为、离职行为为准确定在职与离职状态，当员工流失率不大、员工数量不是很多、工作区域比较集中的时候是比较有效的管理系统。但是连锁经营企业比较分散，区域分布比较广，甚至可以在全国范围或全球范围进行经营活动，如果按照以往的员工档案管理方式，企业上下能够知道企业有多少员工就已经很不容易了。

该企业人力资源部为了搞清楚连锁门店人员状况，要求连锁门店的区域经理每周以报表形式上报门店人员信息。虽然区域经理们非常配合，每周一次按时进行门店人员信息的上报工作，可在一周内还是有很大的人员变化，仍然不能解决随时了解门店人员信息的难题，为此企业人力资源部门与IT人员共同合作开发了门店员工在线管理系统来监督员工实时动态。

以门店为单位，门店店长每天在上班的时候通过此系统上报当天门店员工在职状况，如果员工提出离职、未提前书面申请突然不来，门店可以通过此系统点击相应按钮上报具体岗位上的具体员工状况。新员工拿着人力资源部的报到单报到，因员工在线管理系统、员工考勤系统、员工档案管理系统之间的数据是互相关联的，只需要在报到门店考勤机上履行考勤作业就可以。

连锁经营企业因业务需要出现各门店人员互相调动状况，人员调出门店店长只需要在所属门店员工在线管理系统上指定人员对应的考勤号码后点击调出,被调出人员的考勤号码信息就处于连锁经营企业所有门店信息覆盖的状态,被调出人员按照新人报到程序到调入门店履行报到程序就实现了调入的目的了。如果调出门店没有在员工在线管理系统上履行员工调出作业,调入门店没有履行调入作业,被调动员工在调入门店将无法履行出勤考勤作业,需要通过员工催促实现作业的完善。

不管是新人报到、调入员工,还是门店老员工,门店每天都要结合自身经营状况将所属员工第二天出勤班次通过考勤系统进行排班,结合员工的考勤作业,一旦出现员工旷工、辞职、被开除、未提前书面申请突然离职、临时性调班等状况者,因未有相应的考勤作业信息与排班信息对应,对应的考勤号码显示为"红"色,门店店长只要点击相应考勤号码,在每个号码后面的相应的按钮上点击(如该员工辞职,就在辞职按钮上点击),因考勤系统、员工在线管理系统、员工档案管理系统之间是互相关联的,即可实现门店员工信息上报的目的。通过门店作业,自然将各种离职员工分类到相应的档案模块中,一旦被列入开除档案、未提前书面申请突然离职者,即被划入企业黑名单范畴,企业将永远不再雇用此类人员。

员工档案是按照组织架构设置中所对应部门进行人员信息录入的,通过员工在线管理系统知道了员工离职人员数,通过档案系统知道了原有人员数和新增人员数(每个新员工必须通过档案系统办理入职,不然就没有考勤号)以及当期减少人员数,这样员工流失率数据自然就可以直接显示了。此数据对人力资源政策的调整也起到非常关键的作用,借此企业不仅知道了门店或部门流失率,还可以知道新入职工龄 7 天员工、工龄 3 个月以内、工龄半年以内、工龄 1 年以内、工龄 1~2 年、工龄在 2 年以上的员工流失率,同样也可以知道学历与流失率、年龄段和流失率、岗位和流失率之间的关系,为人力资源政策制定奠定了坚实的数据基础。

员工在线管理系统还支持员工晋升、晋级申请审核功能,为了对连锁门店充分放权以应对实时变化的人员需求(如门店某一管理人员未书面申请突然离职),门店有员工晋升、晋级申请的权利,但此系统不仅与考勤系统、员工档案管理系统关联,还与员工培训管理系统关联,如果门店申请人员不具备晋升、晋级条件,员工在线管理系统中压根儿无法查询到该员工的信息,这样不但实现了门店放权，也达到了管控的目的。

通过以上对人力资源信息系统应用的介绍，公司各岗位的公共性指标体系数据的提供基本可以满足，大大地减少了提供数据的人员数量，同时减少了数据周转中错误率的产生。企业管理没有捷径可走，就是在踏踏实实、一步一个脚印的不断探索、不断总结、不断固化、不断提升中获得发展的，一旦企业通过探索将每个岗位的指标数据收集信息系统开发出来，系统就会自行按照系统设置的规则运行，信息系统固化的管理水平越高，企业的管理水平和效益提升越明显。

为了对绩效数据采集进行有效管理，企业应该按照考核岗位设置考核专员，因每个考核岗位数据收集指标的不同会有很大差异，没有专人进行数据系统的管理与维护，很有可能会出现因系统故障、数据未及时录入等问题，导致考核数据无法及时结转、反馈。同时考核专员还承担被考核岗位各考核指标数据端操作人员的数据录入的培训、疑问解答、故障协助处理的职责。

高科技手段的数据反馈方式

通过月绩效数据确认的方式进行反馈，在反馈周期内员工一旦出现工作问题很难即时提醒，就会影响企业管理水平和业绩水平的提升。这个问题在绩效管理效果提升方面是一个非常关键的制约因素，如果不能突破，企业管理水平提升将很难保证。通过科技手段来解决这个问题是个非常有效的途径。

开车的朋友都有这样的经历，如果你的车子上有 GPS（全球定位系统），将语音打开，当车子行驶到红绿灯或其他限速路段的时候，GPS 就会通过声控系统给驾驶员提出预警，如"前面限速 40 公里，请减速慢行"。一个合格的驾驶员在听到这样的预警指示后，一般都会按照 GPS 的要求进行车辆驾驶，违规驾驶行为就会大幅度降低，减少出现交通事故的可能。同样如果企业绩效管理反馈系统能够做到像 GPS 一样的话，也一定会大幅度地提升管理水平和企业业绩。

随着信息技术手段的提升，智能化越来越成为主流，比如现在的手机越来越智能化，通过现有的技术手段企业完全可以实现电脑端与智能手机移动端之间信息共享，员工只需要在智能手机上录入和电脑系统上一样的密码数据，便可以进入绩效数据系统，通过智能手机实现绩效数据的查询功能。

如果绩效数据是以月为单位进行数据结转，即使通过智能手机实现查询功能，实际上还是没有实现及时反馈的功能。突破并达到 GPS 实时提醒功能的关键点就是绩效数据必须做到随时结存，这属于技术性问题，如果能够解决，随时提醒功能就完全能够实现。这个技术问题随着微信、APP（智能手机的第三方应用程序）技术的普及在当前已经不是问题了，也就是说完全可以实现绩效数据的即时反馈。被考核人在自己的手机平台上通过账号登录自己的绩效数据反馈平台就可以查询到任何一个时间段的绩效数据，比如说区域经理在 10 月 15 日想查询前两周的绩效数据，就可以通过手机查询 10 月 1—14 日期间各考核指标系统中具体指标的绩效数据，这样查询人就可以很直观地了解到各项指标的达成状况，为区域经理调整自己的工作方向或行为方式奠定了坚实基础，大大地提升了区域经理的主观能动性，为管理水平或业绩提升创造了充分条件。

智能手机系统不仅具备绩效数据的查询功能，还能通过平台背后的管理软件模块提出数据异议，这样考核专员就可以通过绩效管理数据收集系统接受投诉，同时也可以通过此系统解答异议。如果员工提出的异议属实，考核专员在告知数据录入后可以直接在绩效收集系统中进行数据调整，同时通过此系统回复查询结果以及予以致歉。如果员工异议查询的数据正确，考核专员直接可以通过此系统回复员工异议，并加以查询过程说明，以提醒员工用正确的态度面对绩效管理并给予鼓励，如"××先生您好，您提出的关于××指标数据的异议，本人已经通过原始数据查询，其数据录入完全正确，如果您仍有异议可以直接到人力资源部门查询数据原始底单，给您带来麻烦望您能够予以谅解，同时也希望您能够再接再厉争取业绩提升，谢谢"。这样就既实现了数据及时反馈功能，又为数据调整的及时性、有效性奠定了技术基础。

管理水平伴随科技进步会越来越先进与发达，只要保持一颗年轻的心，不断探索、不断钻研，会有越来越多的管理工具应运而生，同时企业也会因管理工具的诞生受益匪浅。

绩效标准值的确定

绩效考评是个很重要的环节，没有考评就很难实现对员工或组织的针对性激励，很难实现员工的差异性管理。考评应该有评价的标准，通过指标制定技术已经实现了绩效指标的开发与确定，通过数据收集方法与技术介绍也实现了员工客观绩效数据的收集，那如何进行考核呢？企业又以什么为标准对员工或组织考核呢？

1. 要明确考核的意图

企业通过绩效考核主要是为员工评优、员工薪资或奖金调整、员工晋升或淘汰提供客观数据参考。每年年底的时候企业会做年度优秀员工或组织的评选工作，以期实现对员工或组织的激励。可是很多企业在实施中不但很难实现对员工或组织的激励，而且打击员工工作积极性的情形时有发生。因为真正优秀的没有被评选上，大家不怎么认可的人或组织却赫然在列。这造成了很多组织或员工对评优工作的不满，其核心原因是不能体现公平与公正。

工资调整也一样，虽然有标准薪资等级表，但是在薪资晋升方面因没有客观的数据支持不得不采取比较折中的方式。如薪资调整政策总是含含糊糊、总是采取保密方式。这样做不但没有通过薪资调整达到员工激励的目的，反而给员工造成暗箱操作的嫌疑，大大打击了员工工作积极性。企业为什么不可以高调地告诉所有员工××先生或小姐应该增加××薪资呢？

内部员工岗位晋升和员工晋级更是如此，有的企业为了规避内部的矛盾直接放弃内部员工的晋升，所有管理岗位或技术岗位全部都通过市场引进，结果市场上招聘的员工并不像企业所期望的那么优秀，企业内部员工因提升通道被占，而将不满直接转嫁到新入职的员工身上，无形中造成新老员工的对立与矛盾。

企业对不满意的员工解聘因没有考评数据支持，只能采取强制性单方面解除劳动合同的方式进行，因此引发的劳资纠纷比比皆是，最终因没有合理理由解除劳动关系而承担赔偿责任。

为了解决以上问题，企业首先就要明确以什么样的意图进行员工或组织的考核工作，意图不同，考核模式完全不一样。

2. 按照考核意图确定考核方式

按照前面的指标设置方法已经明确了各岗位或组织的具体考核指标,但各考核指标的权重不同会导致不同的考核结果。

(1) 满足薪资和奖金激励的考核意图

利益分配一般都会涉及业绩评定,如满足薪资和奖金激励的考核意图,企业主要通过员工或组织的业绩评定来实现。考核方面将涉及员工业绩的考核指标强化,反映在权重方面即业绩指标权重高于其他考核指标。

设置考核指标的权重是一个大问题,处理不好可能会造成员工的不满,最终影响员工的工作积极性。考核指标权重设置一定要邀请被考核岗位的优秀员工代表、被考核人的直接领导参与,被考核人岗位绩效考核专员负责组织参加会议。

会议一般由被考核对象的考核专员组织,首先进行考核指标权重的解说以及设置方法的专业培训,具体方法是在考核指标内涵梳理的基础上由会议参与人按照自己对指标重要程度的理解将 100 分分配到各考核指标中。考核专员收集各会议参与人设置的各考核指标权重数并统计到权重设置表单中。如表 4-1 所示:

表 4-1　　　　会议参与人分配的考核指标分数表　　　　单位:分

会议参与人	指标1	指标2	指标3	指标4	指标5	合计
会议参与人一	20	20	20	20	20	100
会议参与人二	10	30	25	25	10	100
会议参与人三	10	20	30	30	10	100
会议参与人四	10	25	25	25	15	100

考核专员将此表单公布给所有会议参与人,并按照指标平均数的方式确定各考核指标的权重。

$$指标1权重数 = \Sigma 所有会议参与人指标1的权重数/总分值$$
$$= (20 + 10 + 10 + 10)/400$$
$$= 12.5\%$$

通过以上方法就可以确定各考核岗位或组织的每一项考核指标权重数值。考核指标权重的设置是为了凸显各指标在员工或组织考核中的重要性,按照确定的权重对各员工或组织进行绩效分数核算反映了员工或组织业绩水平状况,这样就满足了员工工资调整或奖金核算挂钩的考核意图。

(2) 满足岗位晋升的考核意图

一个员工能否得到晋升,业绩表现是前提,但如果仅仅以业绩作为岗位晋升的标准,很有可能使企业过度业绩化,而使企业对业绩以外的环节关注过少,给企业未来发展造成致命损伤。企业除了关注员工的业绩外还应该在什么方面进行考察呢?

很多企业都有一个不好的现象,业绩好的员工反而成为同事们排挤的对象,这固然有其他员工的妒忌心理在作怪,但同样和业绩突出者的言行有很大关系,如果自认业绩突出就目中无人,这样的人是绝对不适合晋升为企业管理人员的。哪类员工比较受企业群体欢迎呢?不是那种通过自己另类表现显示自己与众不同的员工,而是那种业绩表现优良还能恪守公司规章制度、控制自己行为举止、综合表现优良的员工。企业可大胆地尝试一种考核模式——所有指标不设权重,意味着所有考核指标都是同等重要的考核模式,凡是此考核评价得分较高者一定代表着此员工综合表现较好,那么结合该员工业绩考核决定晋升,其具体操作方式如表 4-2 所示。

企业通过业绩考核对员工个人或组织进行业绩考核并按照考核得分从高向低取前 1/3 的人选,然后将通过业绩考核取出的 1/3 的人选按照综合考评得分的顺序进行再一次排序,排在第一名的就是企业优先选择晋升的人选。通过此种方式对员工岗位晋升进行决策,大大地提高了内部晋升的成功率。

表 4-2　　　　区域经理考核综合(业绩)考核一览表

指标体系	指标名称	指标分数	指标权重
态度指标	月度迟到的次数	10	
	月度迟到的累计时间	10	
	月度早退的次数	10	
	月度早退的累计时间	10	
	出勤率	10	
	月度加班时间与出勤时间比	10	
	月度旷工的天数	10	
	月度公共活动出勤比	10	
	月度指定时间内考勤频率	10	

续表

指标体系	指标名称	指标分数	指标权重
成长指标	参加培训出勤率	10	
	参加培训迟到次数	10	
	参加培训迟到分钟	10	
	课题培训合格率	10	
	课题培训一次性合格率	10	
团队指标	下属员工流失率	10	
	下属员工人均月度迟到的次数	10	
	下属员工人均月度迟到的累计时间	10	
	下属员工人均月度早退的次数	10	
	下属员工人均月度早退的累计时间	10	
	下属员工人均出勤率	10	
	下属员工人均月度加班时间与出勤时间比	10	
	下属员工人均月度旷工的天数	10	
	下属员工人均月度公共活动出勤比	10	
	下属员工人均月度指定时间内考勤频率	10	
	下属员工人均参加培训出勤率	10	
	下属员工人均参加培训迟到次数	10	
	下属员工人均参加培训迟到分钟	10	
	下属员工人均课题培训合格率	10	
	下属员工人均课题培训一次性合格率	10	
	下属员工技能达标比	10	
业绩指标	为来客数增加数	10	
	销售额	10	
	来客数的转化率	10	
	门店费用控制率	10	
	服务性投诉次数	10	
	巡店符合率	10	

续表

指标体系	指标名称	指标分数	指标权重
业绩指标	在店时间与在途时间比	10	
	区域门店检查平均得分	10	
	区域门店过期商品继续售卖次数	10	
	门店打烊月平均不良事件数	10	
	门店月平均人事系统操作不良次次数	10	
	管理门店月平均为未系统上传进货作业次数	10	
	区域经理管理门店月平均未在系统上传盘存作业次数	10	
	区域经理管理门店月平均退货账物不符作业金额	10	
	月平均销售数据系统修改次数	10	

(3) 满足员工评优的考核意图

年度优秀评选包括优秀员工、优秀管理人员、优秀部门等，年度优秀评选活动一般会设置限制性条件，比如年度事假不得超过多少天，业绩不得低于多少等，对于年度优秀评选，业绩是一个非常关键的影响因素，但不是决定性因素。一般较好的选择是对组织或个人的综合评价，企业通过员工或组织的综合评价确定优秀员工或组织的后备人选，通过业绩评定的结果顺序进一步筛选优秀人员。

某烘焙企业员工年度综合考评在80分以上者有资格进行优秀员工的评选，但综合考评在80分以上的员工数或组织数与企业设定的优秀数量标准不一定相符，该公司按照员工或组织业绩评价的顺序将综合考评在80分以上的候选对象排序，按业绩从高向低的顺序确定企业的优秀人选直至达到企业设定的优秀名额为止。如果按照企业设定的评优标准选取优秀数量低于企业设定的优秀名额，按照企业设定的评优标准选取优秀数量即可。通过综合考核结合业绩考核的方式，确定的组织或个人按照企业设定的排除性条件筛查（如在企业的实际工龄不得低于两年等），如果出现优秀后备人选不符合优秀的强制性规定的现象，将按照业绩顺序向下继续进行筛选，这样评优工作就变得非常客观与公正，真正体现了优秀的实质。

3. 确定考核标准值

考核指标的标准值遵循可以同比的按照同比、没有同比条件的按照纵比的原则来确定。如态度指标中的相关指标，企业中所有员工都应该遵守公司相关制度或执行中的工作安排，所有人的参照标准是统一的，企业就可以按照所有同岗位员工在执行制度或工作安排方面达到水平的平均值确定该项考核指标的标准值。

（1）区域经理迟到次数指标

区域经理迟到次数指标比较适合用同比的原则确定指标标准值，指标只受本人工作态度的影响，其他影响因素作用较小。不像门店流失率指标，它受到的影响因素就比较多，除了受到企业内诸多因素的作用，还受到门店外围用工环境、门店所处商圈、国家政策、计划生育政策等宏观环境的影响。

图4-4为某企业所有区域经理8月份月迟到次数指标的实际指标数据值，通过此图很直观地看到各区域经理在该月份实际迟到的次数以及所有区域经理平均迟到次数，此图中横线指向的是该月平均次数值，企业可以将此平均此数值作为区域经理岗位该月此指标的考核指标标准值。可能有的读者会有这样的疑问：同样的考核指标每月的标准值可能不一样，这样会不会不利于绩效考核工作的开展，同时每个月以大区经理该项指标的实际数据的平均值作为标准值，大区经理会不会故意散漫而致使平均数据的提升，不但没有通过绩效管理提升管理水平，反而导致管理水平下降？

每个月区域经理某项考核指标的数据平均值变化是大区经理在该项指标管理效果的最佳反映，如果连续几个月区域经理的迟到次数指标数据平均数处于向下的趋势，那证明大区经理在该项指标管控的效果上在提升，反之证明此项工作开展处于倒退状态。

（2）门店流失率考核指标

门店流失率考核指标是综合作用的结果，如果企业仍然按照各门店的平均流失率作为标准值显然不合适。许多企业在数据统计的基础上依据此设定原则并结合主观判断确定了一个理想的标准值，并通过考核制度规定流失率凡低于此理想标准值者予以奖励，凡是高于此理想标准值予以处罚。

某餐饮连锁企业员工流失率指标管控就接受过类似的教训，当时某

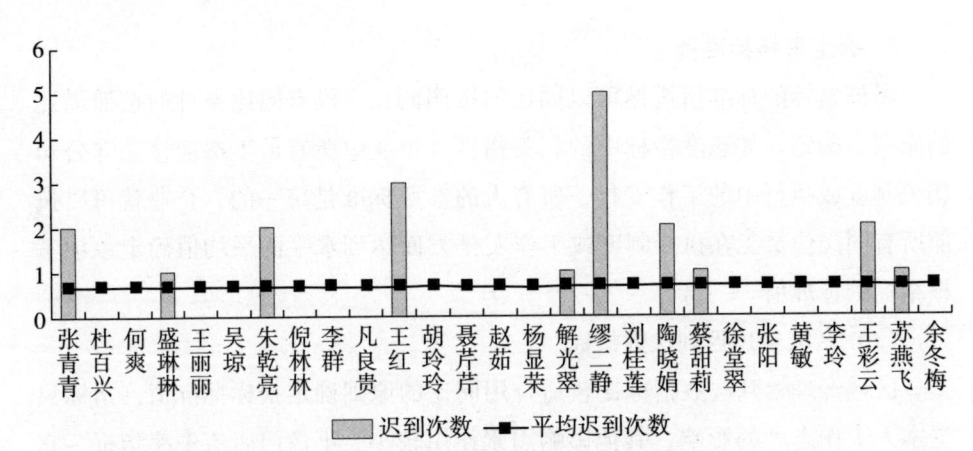

图4-4 某企业区域经理8月份迟到次数数据分析

门店月流失率统计结果处于10%左右，人力资源部和门店管理人员共同协商确定了本店每月流失率控制在6%以内，并制定了相应的奖惩办法，执行的结果不尽如人意，不但该门店员工流失率没有下降，反而门店店长因不具备降低员工流失率技能及其思想上的对抗导致其辞职了。

企业本想通过绩效考核提升员工工作积极性的，结果呢？不但没有将积极性提升，反而给企业造成那么大损失，可谓得不偿失。

那么对于此类考核指标标准值如何确定呢？此指标还受到很多企业未知因素的影响，如果企业想通过影响因素分析测算每个门店每月的流失标准，通过现有的数理分析技术不是不可能，但是在这样一个绩效考核指标上花费那么多的精力和成本也完全没有必要，但对标准值的确定对考核开展来说又那么关键，没有指标值企业如何进行考核呢？

还是以门店流失率指标为例，既然没有必要花那么多精力进行数据分析，索性就不进行数据分析了，对于此类指标一律按照自己当下与上月相比较，即本月门店流失率与上个月门店流失率进行对比，确定流失率差异比例，如果流失率控制比例为负数，在外围大环境基本一致的情况下证明员工流失管控效果较为明显；如果流失率控制比例为正数，证明门店员工流失率管控很差；如果流失率控制比例为0，证明门店员工流失管控方面没有起色。

各门店流失率控制比例＝（门店期末流失率－门店期初流失率）/门店期初流失率

连锁门店所处的外围环境是有些许差异的,但环境对所有门店的作用大部分是一致的,为此完全可以将流失率标准值依据各门店流失率控制比例进行转化。为了方便确定考核指标标准,通过纵向比较可以确定各门店流失率控制比例(见图4-5),但不同门店有不同的门店流失率控制比例数据,企业可以以门店流失率控制比例平均值作为衡量门店员工流失管控效果的标准值。

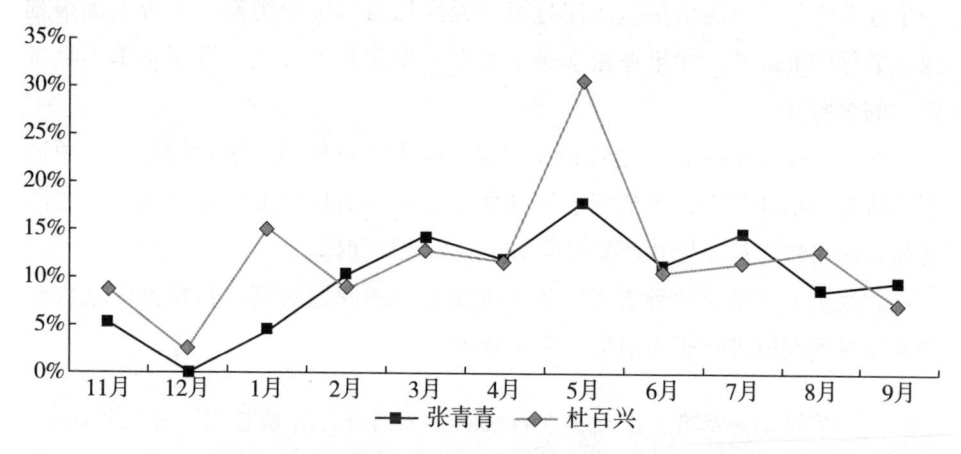

图4-5 张青青、杜百兴区域流失率数据对比分析

门店流失率控制平均比例 = ∑各门店流失率控制比例/门店数

门店流失率控制比例凡是高于门店流失率控制平均比例者,即间接证明流失管控效果较差,反之流失率管控的效果比较显著(见图4-6)。

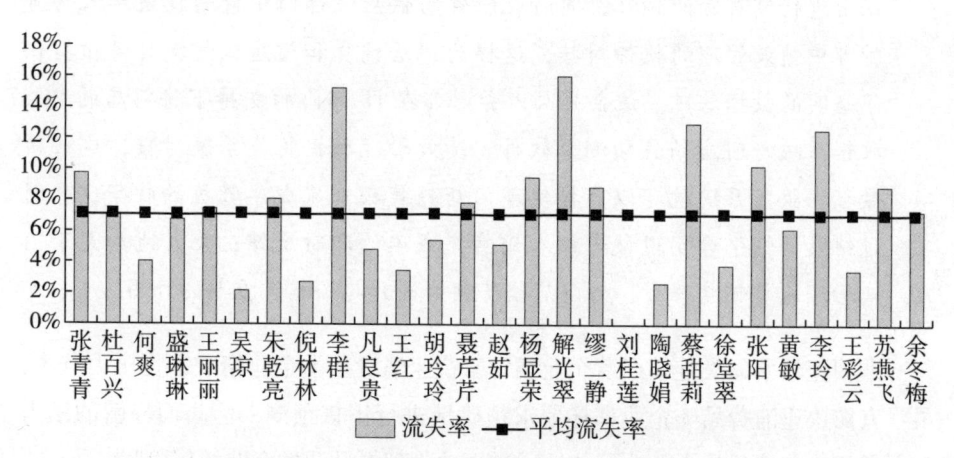

图4-6 区域经理9月区域流失控制率数据分析

(3) 门店销售额指标

企业中的门店销售额、门店费用控制率两项考核指标涉及连锁经营成果，对于此类考核指标企业就不能单纯按照横比或纵比原则确定标准值。为了提升门店对业绩管控的重视，最好每天能够进行日销售额完成率、如门店费用率的反馈，以期提升经营管理人员的重视度。

就这两项指标来说，销售额的测算是最难的工作，因为销售额的变化是一个综合因素作用的结果，即使是第一天测算第二天的销售任务数据都很难保证数据的准确性，如果像很多企业采取年度预算的方式，数据基本不具备任何的参照性。

对于快速消费品连锁经营企业来说，因为涉及货品的铺货问题，必须进行销售量的精准测算，不然就会因铺货量不足而造成货品可卖量较低，或因货品量超出售卖量而导致产品过期给企业造成期间损失。

烘焙企业就属于此种类型，为了解决上面的问题必须进行精准的销售预测并通过预测值进行店面铺货和店面考核。

某烘焙企业有一个数据分析组织，他们进行日销售额、日天气状况、日温度、日市政建设、日客流量、同比销售额、环比销售额、顾客转化率、各销售单品日销售量、产品单价、新品上市情况等数据的收集与分析，运用数理分析工具建立数据模型并将函数写到门店销售额预算软件中，通过此软件在已知第二天相关变量（天气状况等）或测算数据的基础上进行销售额的预算，同时此软件与供应链部门中计划模块和人力资源部中绩效管理的软件对接，这样为门店铺货和门店销售额日考核提供了坚实的数据基础。该企业人力资源部在IT部门的支持下将门店的POS收银系统与门店销售额测算软件、绩效管理数据收集系统对接，这样绩效数据收集系统就可以直接实现门店销售额日完成率数据的收集，并通过绩效反馈平台实现被考核人销售完成率的即时反馈，大大地加大了门店管理人员销售压力，为门店销售额的提升起了非常重要的作用。

非快速消费品类连锁经营企业相对于快速消费品类企业精准铺货压力较小，虽没有像快速消费品类企业那样要求精确地进行销售预测，但店面经营的压力却不亚于快速消费品类企业，如何通过绩效管理提升此类企业销售额呢？

连锁经营企业门店经营环境各不相同，销售产出也大相径庭，为了更加精确地对旗下连锁门店进行管理，企业一般会主要根据门店实际销售额将其门店分级，针对不同的级别门店投资不同的资源，设置不等的销售任务，同样也享受不等的薪资待遇，这样才会激发店面管理人员积极地投身于门店的经营管理工作。收入的巨大差异带来强激励，店长都会有积极提升销售额、争取门店店面晋级的动力，这样规避了连锁经营企业门店因设置销售任务致使相关员工情绪不悦的局面。

某连锁经营企业将门店分为不同级别，不同级别的店面店长享受不同的固定工资和绩效工资，不同店级门店店长按照销售任务完成率享受本店级不同完成率对应的绩效工资。

店长实际工资＝（店级固定工资＋完成率×店级绩效工资）×门店考核系数

门店考核系数＝门店实际考核得分／连锁门店平均考核得分

门店考核类似本书业绩考评模式。

此企业为了激励店长勇担销售任务在薪资设计和店面升降级机制上进行了科学的推理，在门店实际销售额不变的状况下，上一级别门店店长薪资会略高于次级别店面（见表4-3）。

表4-3　　　　　　　　店长等级及其固定工资表

岗　位	店院等级	固定工资（含基本工资）（元／月）
店长	C	2300
	B3	2700
	B2	2900
	B1	3400
	A2	3600
	A1	4200
	旗舰店	4600

店面店级按照门店实际业绩完成率核定，季度平均业绩完成率决定下个季度门店店级，不同店级店长对应不同店级固定工资及业绩工资，如B2级店季度平均业绩完成达80%以上者，次季度享受B1级固定工资

与业绩工资，同时对应 B1 级店级任务。

季度业绩完成率低于 60% 者，次季度店级下降 1 级，如 B1 级店下降到 B2 级，工资对应者 B2 级固定工资及业绩工资，但次季度任务仍保持 B1 级店级任务标准直至完成率达 60% 以上恢复至 B1 级店级固定工资及业绩工资标准（见表 4-4）。

表 4-4　　店面店级与门店实际业绩完成率及奖励标准

奖励标准 \ 完成率	任务（万元）	≥50%	≥60%	≥70%	≥80%	≥90%	100%	>100%
C	12	800	1200	1600	1800	2200	2400	
B3	22	600	1200	1800	2100	2700	3000	
B2	26	700	1300	1900	2200	2800	3100	
B1	32	900	1500	2100	2400	3000	3300	+1.2%
A2	34	1000	1600	2200	2500	3100	3400	
A1	40	1500	2100	2700	3000	3600	3900	
旗舰店	80	2750	3300	3850	4400	4950	5500	

通过店面店级滚动提升模式比较符合事物循序渐进的发展规律，通过店面店长主观能动性的提升，连锁经营企业销售总任务也渐进式地提升起来，该公司通过滚动日销售总额占月度销售比例日反馈于门店店长，以促进门店管理人员提升销售额的动力。

如果不是快速消费品、规模也不是很大的连锁经营企业，无论是在管理水平，还是工作必要性上没有必要进行精细的测算，也测算不准，那么该类连锁经营企业如何进行销售额的考核呢？建议企业一律按照销售额的一定比例作为绩效工资或年度奖核算基数，这样销售人员为了自己的收益一般都会努力提升销售额。企业考核的目的就是提升员工或组织的绩效，往往最简单的激励方式反而最有效。

通过直接提成的方式测算了绩效工资或年度奖核算基数，通过其他考核指标对该员工或组织进行考核确定系数，那么员工的最终绩效工资或年度奖核算额就是绩效工资或年度奖核算基数和系数的乘积，这样既通过考核提升了积极性，也避免了企业纠结于确定完全不可能精确测算的销售额标准值中。

为了激励销售人员强化销售意识，提升销售业绩，企业最好通过看板管理的模式来进行管理，即每个销售人员每天的销售额上墙，这样所有销售人员就能非常直观地看到各销售人员的业绩状况，也明确了自己在销售排名中的位置，所有人都不甘于示弱，那么整个销售团队的竞争环境将不断过关斩将、业绩飙升。

(4) 费用控制率考核指标

费用控制率考核指标作为连锁企业经营业绩关键性的指标，同样不建议简单地使用横比或纵比的原则确定考核指标的标准值，因为企业利润来源于销售额与费用之间的差额，如果你的企业在费用控制上乏力的话，企业可能在销售上很有作为，但最终企业却不赢利甚至有亏本的可能。

连锁企业每天要通过 POS 收银系统收集到销售额的数据，但是门店为了正常经营肯定要消耗掉相应的费用，理论上说如果企业长期收集各门店销售额和费用并分析就可以非常精确地测算出各门店每产生 1 万元的销售额会有多少额度的费用。

某烘焙企业为了配合考核需要将供应链部门的仓库管理系统与人力资源部中绩效数据收集系统链接，这样每个门店的物品领用情况就可以通过系统直观地显示了，为了管控门店领用物品，企业每个月都会对门店领用物品使用情况进行盘存，通过仓库系统物质领用数据（仓库管理系统上物品单价是有标注的）及物品盘存情况就很容易核算出每个月每个店实际产生的费用额度（除去店面不可控的店面租金、税收、排污费等费用）。每个月销售数据与费用使用数据的比对，剔除价格指数影响因素，就可以直接测算出每个门店费用占销售额的比例。企业通过已知的费用销售比，门店月销售额数据一旦结算，通过此比例关系就很容易核算出门店该月费用总额的定额标准。

门店费用定额 = 门店销售额 × 门店费用销售比

费用控制率 = 门店月度实际发生费用总额/门店该月度费用总额定额 × 100%

通过此公式核算出每个门店月度费用控制率的数据。为了方便核算，此烘焙企业将公式写到绩效数据收集系统中，POS 系统数据一旦上传，通过上面的公式就可以直接测算出门店费用定额，企业仅需要将当月某一家门店实际发生费用（剔除不可控的费用部分）直接输入系统就可以通过系统直接显示每家门店费用控制率的数据了，数据越低证明控制得越好。其具体考核方式将每家门店费用控制率数据进行横比，把测算费用控制率平均数作为费用控制率指标的标准值，各门店按照实际费用率数据与标准值进行对比，高于标准值的减分、低于标准值的加分，通过此考核模式促使各门店在费用定额内进一步进行费用的管控，提升费用控制方面的管理水平（见图4-7）。

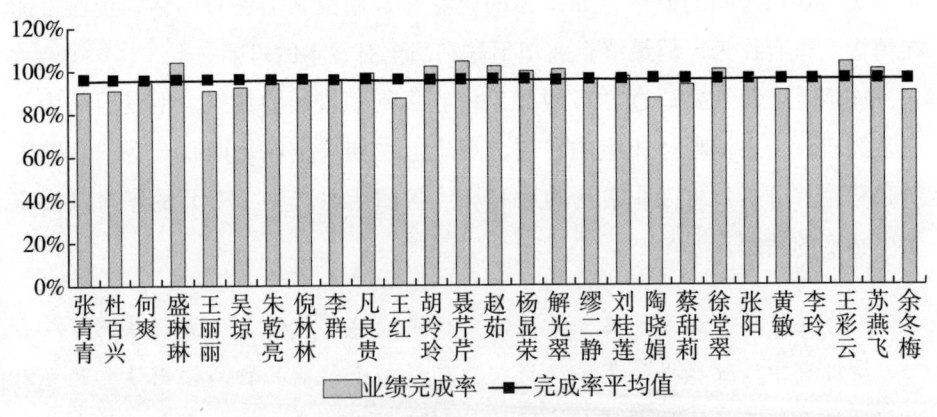

图4-7　8月区域经理费用控制率数据分析

连锁企业各门店的实际情况差异很大，有的门店不只是处于不同的商圈，就连城市都有可能不是同一城市，所有门店按照统一比例进行费用定额的制度是不科学的，每个门店必须进行翔实的测算才能在实际管控中发挥效果。

企业在职员工绩效考评管控

明确了考核指标的开发与设定、绩效数据的收集渠道建设、绩效标准值设置的方法与技巧，离科学的绩效考评还有距离。要做好在职员工工作的科学考评，除了以上绩效环节控制点的控制以外，企业还要开发科学的考核软件实现组织或员工个人考核的自动核算，不然很难保证考核的客观与公正。

传统的绩效考评模式基本上都以直属领导对下属考评为主，也有其他考

第四章 连锁经营企业在职员工绩效评定管控

核模式，不管什么模式都有一个关键的障碍点需要攻克，那就是考评人如何克服碍于情面因素，不好意思实施。企业中领导对下属考评实际上是有心理负担的，中国人一般都不愿意得罪人，如果这些心理问题不解决，企业不管是推行何种考核模式都很难实现客观与公正。为此笔者在经过周密的思考之后，总结经验，大胆地提出一种新的考核模式，那就是不用被考核人直属领导或其他关系人对其考核，员工个人或组织考核全部通过绩效考核软件实现自动核算，这样上面各种心理问题就彻底解决了，为此笔者特在本节详细介绍操作细节，望能给读者带来一些启发。

通过绩效管理模块已经实现了考核指标的科学开发与确定；通过绩效收集系统实现了各考核数据的收集与整理；通过考核指标标准值确定方法确定了每一个考核指标的标准值。如果能够通过函数来设置就可以实现每一个考核指标的考核得分，所有指标在考核得分与相应权重乘积的和就应该是员工个人或组织的考核得分。为了更好地解说此方法，以某烘焙企业区域经理态度指标中的迟到分钟为例解说函数设置及软件开发（见图4-8）。

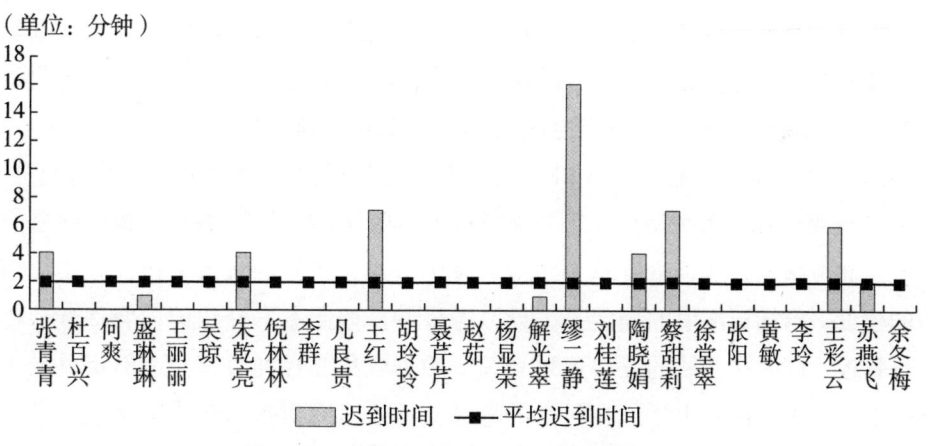

图4-8 区域经理8月迟到时间数据分析

通过上图可直观地看出区域经理迟到分钟最高值为16分钟、迟到分钟最低值为0分钟、迟到分钟平均值为2分钟。

员工绩效综合考评情况各考核指标分值都设置为同样分值10分，假如该考核指标的标准值设置为7分（一般认为员工水平达到群体平均水平就为合格员工），那么最高值16分钟就为0分、最低值0分钟为10

分，知道以上变量后，每一个区域经理实际迟到分钟是多少就可以直接核算出指标得分了。

某员工或组织该指标考核得分＝某员工或组织该指标实际值×（最高分数－平均值设定分数）/（最大值－平均值）。

例如上图中的区域经理王红，其8月总共迟到分钟为7分钟，那么按照上面公式核算该项得分＝7分钟×（10－7）/（16分钟－2分钟）＝1.5（分钟）。

以上方法可以实现员工或组织考核得分的自动结算，为此该企业人力资源部与IT部门合作在绩效管理系统中通过核算公式内化的形式开发绩效考评自动核算软件，此软件是与绩效数据收集系统数据库互相链接的，并通过软件可以实现每个考核指标最高值、最低值、指标数据平均值，这样每个人实际指标数据就直接对应一个考核得分。

此案例是最高值分数设置最低的一种考核指标，而有的考核指标核算方式和此指标相反，那么在开发系统的时候应将每个考核指标设置核算方式选择窗口，通过考核专员确定每一项考核指标的考核分数的核算方式，那么每个被考核人或组织各项考核指标数据（被考核人确认）进入考核软件的时候，就可以实现每一项考核指标分数的核算。其具体的核算公式为：

员工或组织综合考核得分＝100×∑各项考核指标得分/∑各项考核指标总分
员工或组织业绩考核得分＝∑各项考核指标得分×权重/∑各项考核指标总分

此考核模式能否最终达到绩效管理的效果，指标的设置、指标收集渠道的建设、指标标准值的确定是关键，考核专员按照本书介绍的内容逐环节进行管控，同时在系统的支持下进行绩效数据收集管控与反馈，能够提升员工或组织的工作绩效水平。在科学的考评基础上实现对被考核人的客观、公正的评价，为员工或组织的激励奠定数据基础。

第五章

连锁经营企业人才接替管控

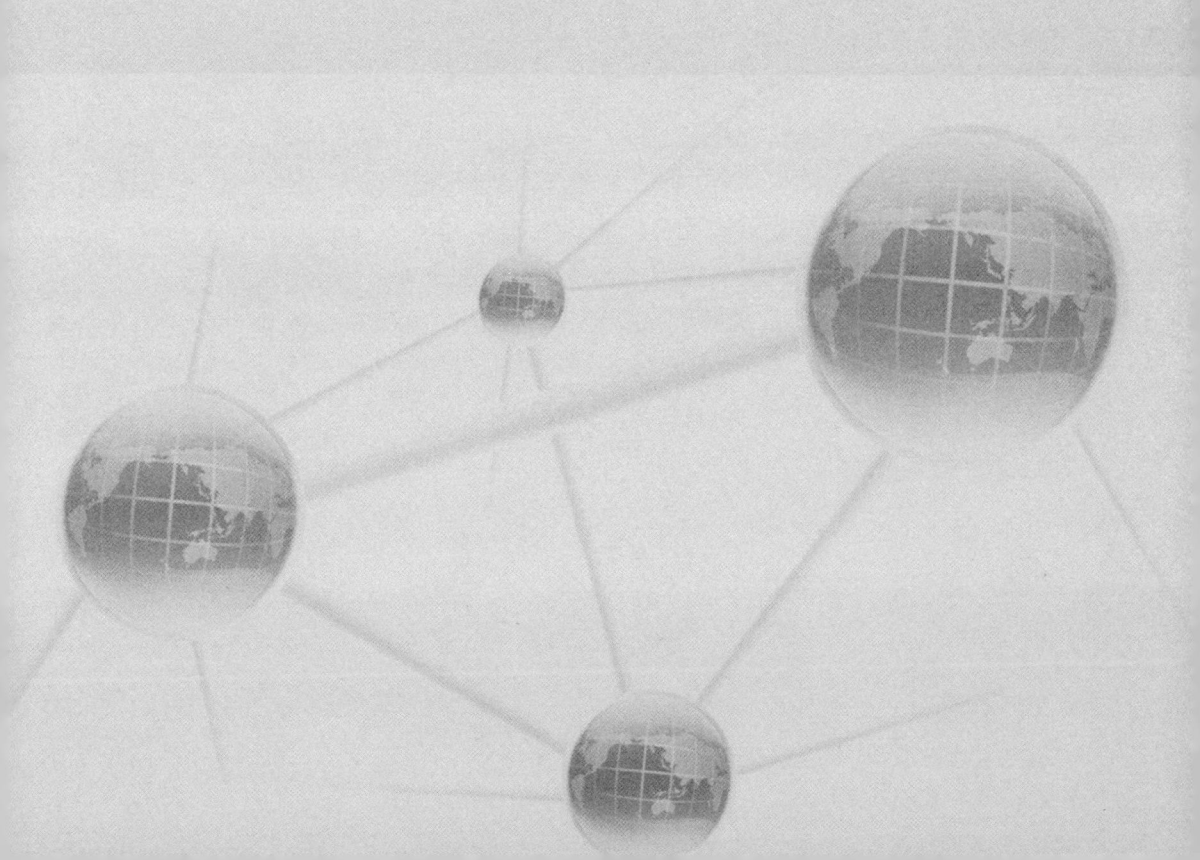

连锁经营企业中最核心，也是最难以实现的就是服务的标准化。其中服务执行人对于标准的理解与拿捏是否统一也是关键。为了从根本上实现连锁企业服务标准的统一化，除了按照第二章连锁企业新进员工素质管控的标准进行新入职员工的素质管控以外，作为连锁门店中的管理人员和门店中产品制作的技术人员的素质标准化更为关键。

员工岗位晋升管控

第三章中专门描述了岗位分类、岗位晋升渠道规划等相关内容，不同的企业其岗位分类及岗位晋升渠道建设的方式可能不一样。

1. 明确岗位分类和晋升渠道规划

员工岗位晋升管控的首要工作是要根据企业情况明确岗位的分类与岗位晋升渠道的规划与建设，这样内部员工岗位晋升管控才会有标准与方向（见图5-1）。

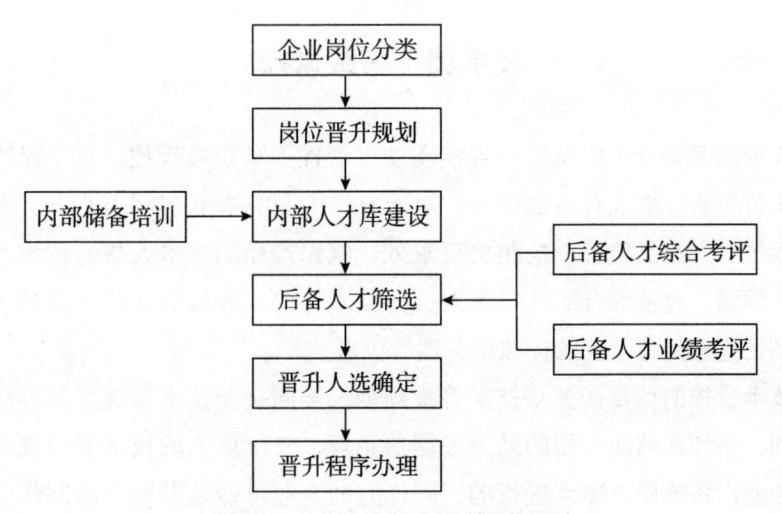

图 5-1　岗位分类与晋升渠道规划

2. 明确岗位晋升的管控要求

不同的企业此标准也会有一定差异，不管什么标准，笔者认为如果一个即将被提升的员工不具备待晋升岗位所具备的知识与技能，而单纯使用拔苗助长的方式"火箭"提升的话，不但对企业不负责任，对员工本人同样也是极为不负责任的。就员工素质提升方面的管控，随着储备培训模块的建设与管控，企业内部人才库的数量和质量会越来越高，最终为内部人才晋升创造非常有利的条件。

3. 人才库人才绩效考评

在"岗位晋升考核意图"一节中详细介绍了员工岗位晋升的考核模式，企业按照员工的业绩考核确定了各岗位人才库中人才的业绩考核数据并通过排序功能实现锁定业绩排名前1/3的后备人才人选；然后将岗位人才库中的人才，按照综合考评模式对其后备人才人选进行综合考核，并对后备人才人选按照综合考核结果排名。排名第一者就是岗位晋升的最佳人选。

4. 晋升人选的最后确定

通过上面的步骤基本上可以确定了晋升人选，但是有可能最佳晋升人选因个人原因不愿意晋升或晋升岗位直属领导就最佳人选有充分理由证明拟晋升人选不适合晋升岗位的工作，可以按照综合考核结果排序顺序重新确定人选并办理岗位晋升手续。

技术员工晋级管控

连锁经营企业中岗位晋升管控实现了管理人员素质管控，对于保障管理人员执行企业标准或政策的统一，对于有形的服务提升起到了非常关键的作用。除了对产品品质管理的相关要求外，制作产品的技术人员的技术水平是根本性问题，企业唯有实现技术人员的技术管控才能最终保证产品品质的统一，满足连锁经营企业的标准化管理的要求。

技术管控的首要任务是技术等级规划，不同企业技术等级规划参照的标准不同，比如在前面介绍的某大型制造企业，其维修工的技术等级规划主要参照企业设备维修故障点进行的，同样有的企业可能是参照产品制作要求进行。如果你的企业想通过员工技术等级的晋级管理实现技术水平提升，技术等级规划是首先要解决的问题。如烘焙业，其行业性质决定部分产品必须在门店制作，比如说生日蛋糕，为了提升企业技术管理水平，企业将制作产品的技术人员分为学徒、技师一级到技师五级六个技术级别，不同技术级别和产品制作的品类挂钩，最高级别的技师除了会制作产品还要能够开发产品，并且开发的新产品上市总销售额不得低于企业年度销售额的一定比例，同样新产品开发也有开发数量及自己的技术转化方面的要求。

对技术晋级标准的制定，企业应从技术晋级所需要的知识结构、技能结构、工作成果几个方面来进行。知识结构主要包括公司知识、行业知识、专业知识三个部分，通过这三个部分企业很容易找到技术岗位不同技术水平要求的知识内容，作为培训的基础与依据。技能结构主要包括操作技能、创新技能、交际技能三种，这三种技能方向也是企业寻找技术岗位不同技术水平要求的技能方向。而工作结果不等同于绩效考评的结果，如前面所讲的外资生产企业中的维修工案例，就有结果性的要求，即维修工就故障点维修后再一次维修的时间间隔，间隔时间越长代表维修工的维修技能水平越好，反之认为比较差。企业通过知识与技能分析开发出每个技术等级的培训课题与培训内容，按照连锁经营企业在职员工素质提升管控的内容组织培训与管控，培训合格者即可以申请不同技术等级的技能鉴定，其合格并在结果保障的基础上可以享受相应技术等级的待遇及福利。具体流程如图 5-2 所示。

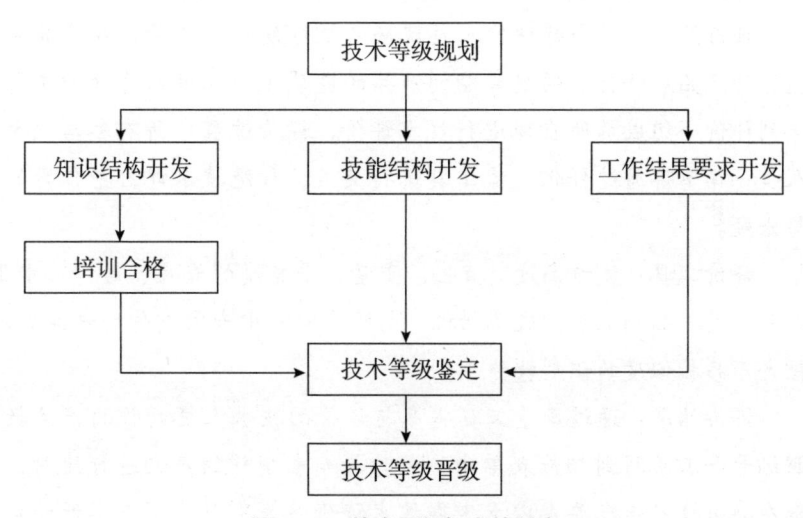

图 5-2 技术晋级标准的制定

通过图 5-2 可以看到技术岗位等级晋级的标准与程序，其管控的关键节点为不同技术等级知识结构、技能结构与工作结果的开发，不同行业不同的技术岗位其具体的知识、技能、结果要求完全不同，必须立足于自己企业以解决实际问题为根本，在资深专家的协助下进行针对性开发。

技术等级评定工作一般是由人力资源部门组织，技术岗位所在部门负责人参与、公司领导指导的一项技术考评工作，此项工作的核心就是保证公平与公正。为此首先应组织技术评定小组，其小组成员一般由企业中某类技术岗位顶级技术水平的内部专家任组长，其专家组成员一般由 3~5 名专家组成。很多企业一般会请行业内技术专家作为企业内部技能评定小组的名誉组长，对公司员工技能评定小组工作进行现场观摩和技术指导。

技术等级评定小组成立后，紧接着进行技术岗位技术评价方法的设计与测试，同样不同企业中不同技术岗位其技术评价方法也是完全不一样的。

某烘焙企业蛋糕制作的裱花师技术评价，企业就按照评价级别的不同要求在规定时间内制作某款蛋糕作为技术评定的方法。

评价方式：在规定的时间内用指定原料制作不同技术等级要求的特定产品，凡是在规定时间没有做完者本次技术评价即为失败。

评价标准：产品的高度、直径、平整度、重量、相似度等与评价专家制作产品之间的差异。差异度越小技术水平越高。

评价流程：每个待评价人员现场随机分发一个编号，在产品制作室制作好产品后将自己的编号贴到产品的包装上并通过人力资源工作人员送到评价小组成员所在地进行技术评价，评价过程中所有参与技术评价人员一律不得通过任何交流工具进行交流，杜绝技术评价中作弊的可能与嫌疑。

评价工具：度量高度、直径、重量、平整度的直尺、台秤、水平仪，以及衡量产品相似度的数码相机、电脑及电脑中专家制作的产品的图片、核定产品相似度的识别软件。

评价结果：通过度量工具将参与评价的技术人员制作的产品数据按照编号手工填写到相应表单中，同时与专家制作的产品进行比对，符合率在公司技术标准要求以上者即技术评价结果有效，符合率低于标准者此次评价结束。不管符合率情况如何，人力资源部门都会将其制作产品数据结果录入编号指定人的数据库中（详见第三章），通过软件中技术标准参数，系统会自动筛查符合率人选。

技术等级评定中工作结果的要求是非常关键的环节，这里的工作结果与绩效管理中的工作结果是有本质区别的。对于技术等级评定的工作结果一般能够反映技术水平的工作结果,而绩效管理中的工作结果是员工个人或组织工作的所有结果,这就意味着技术评定中涉及的工作结果有可能是绩效管理涉及的工作结果的一部分。

结果的衡量一定要能够体现技术人员的技术水平,某烘焙企业就有一个门店检查组织,他们会定期到连锁门店就产品制作情况进行检查。虽然按照员工技能等级评定的时候可以筛选出某些员工达到某级别技术水平,但技术人员在日常工作中因责任心的问题,可能制作产品时吊儿郎当、对产品品质不加以重视,做出来的产品和其技术水平有很大差异。

为了保证技能评定能够提升并保持产品制作的水平,通过门店检查组织对成品品质进行督查,并根据产品标准对每次督查予以打分并直接通过手机平台上传到指定技术人员的数据库中,连续3个月其产品检查品质得分不低于95分,同时又通过了技术等级评定标准者,系统会自动将其技术水平晋级到技术评定标准确定的级别,享受新技术级别的薪资与福利待遇。取得新级别技术水平的员工在未来每个月产品品质检查中得分同样也不能低于95分,一旦低于此设定分数,连续3个月或年度累计6个月者,此员工技术等级自动下降一个级别,以此类推直至下降到最低级。

对工作结果的要求,不同行业中不同技术岗位有很大区别,一定要将其作为技术评定的一个重要参考因素,不然很有可能出现技术水平平均状况优良、企业效益很差的现象。

企业人才接替管控

企业管理干部是带领队伍进行企业或部门创造业绩的关键人员,为了激发企业管理人员工作激情,企业一般通过对其业绩考核鞭策其不断进行业绩创造。如果管理人员表现不佳,企业不得不进行人才的调整,不然给企业造成的损失有可能非常严重;如果管理级别较高,很可能直接导致企业的倒闭。那企业如何保障人才管理的客观与公正呢?

某烘焙企业为了保证企业经营业绩,须对企业中各级管理人员进行业绩考核,为了保证考核的公平性,自己定制开发了对员工进行考核的软件,并按照考核分数排序,为了满足通过考核实现淘汰率的目的,还在系统中设置业绩倒数员工的自动提醒功能,被考核者通过电脑端或手机移动端接收提醒信息,如"××先生,您在××月度业绩考核中考核分数为××分,系此岗位中倒数第××名,提醒您下月努力"。被考核者在被考评前通过考核数据确认已经实现了考核反馈功能,对于被列入提醒名单的被考核者通过此种方式又一次得到考核反馈,以促进被考核者改善工作行为,提升业绩水平。凡是员工被提醒一次,系统会自动记忆一次提醒记录(见图5-3)。

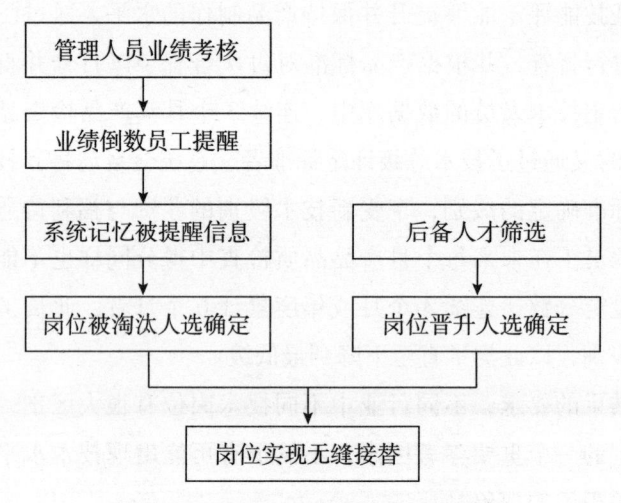

```
管理人员业绩考核
       ↓
业绩倒数员工提醒
       ↓
系统记忆被提醒信息      后备人才筛选
       ↓                    ↓
岗位被淘汰人选确定      岗位晋升人选确定
              ↓
       岗位实现无缝接替
```

图5-3 企业中各级人员的业绩考核

为了实现岗位接替无缝对接功能,该企业人力资源部与IT部门合作在人力资源信息系统中开发了人才接替提醒系统。在系统中设置凡连续3个月或年度中累计6个月被列入业绩倒数提醒名单者,此系统即会自动实现淘汰提醒功能,同时还和该企业的内部人才库系统链接。通过此系统除了实现员工淘汰提醒,同时实现后备最佳人才推荐功能,最终达到了管理人才接替管控的目的。因整个接替过程都是由人力资源信息系统自动出具的,影响因素相对较少,大大提升了连锁经营企业人才接替管控的客观性与公正性。

被淘汰人才的安置是一个非常关键的问题,处理不好会造成很多老员工心里不满,作为企业除了为整体利益实现不合格员工的客观筛选及淘汰,同时也应妥善地处理好被淘汰员工的善后工作。虽按照《劳动合同法》第四十条第二款"劳动者不能胜任工作,经过培训或者调整工作岗位,仍不能胜任工作者用人单位提前三十日以书面形式通知劳动者本人或额外支付劳动者一个月工资后,可以解除劳动合同",但被淘汰的管理人员毕竟为企业做过相应贡献,如果一旦不胜任就采取解除劳动关系的方式终止合作,势必造成企业内部人员没有安全感,最终影响企业员工的向心力与凝聚力。

某企业中一位采购经理因业绩达不到公司要求从该岗位退下来,被安排到公司的审计督察部门,专门负责对采购工作进行督察,因熟悉采购流程及控制节点,在新的工作岗位上业绩非常出色,为企业采购成本降低贡献了比在采购经理位置上更大的价值。所以对于被淘汰的管理人员人力资源部门首先应考虑的是如何给其再次安排合适的工作岗位,企业内部实在没有合适的工作岗位,也不应该对其轻易放弃,应在给其培训的基础上再行安排适合工作,如其仍然不能胜任新的工作岗位,在遵循被淘汰管理人员意愿的基础上妥善安排解除劳动关系造成的经济赔偿金的赔付工作,这样才不至于造成企业员工对企业的不信任感,实现修己安人的效果。

技术岗位的接替不涉及岗位的顶替与调整工作,相对于管理人员人才接替工作要容易一些,按照上一节描述的内容,企业可以实现技术岗位的技术晋级、技术降级的管控工作。

第六章

连锁经营企业人工成本管控

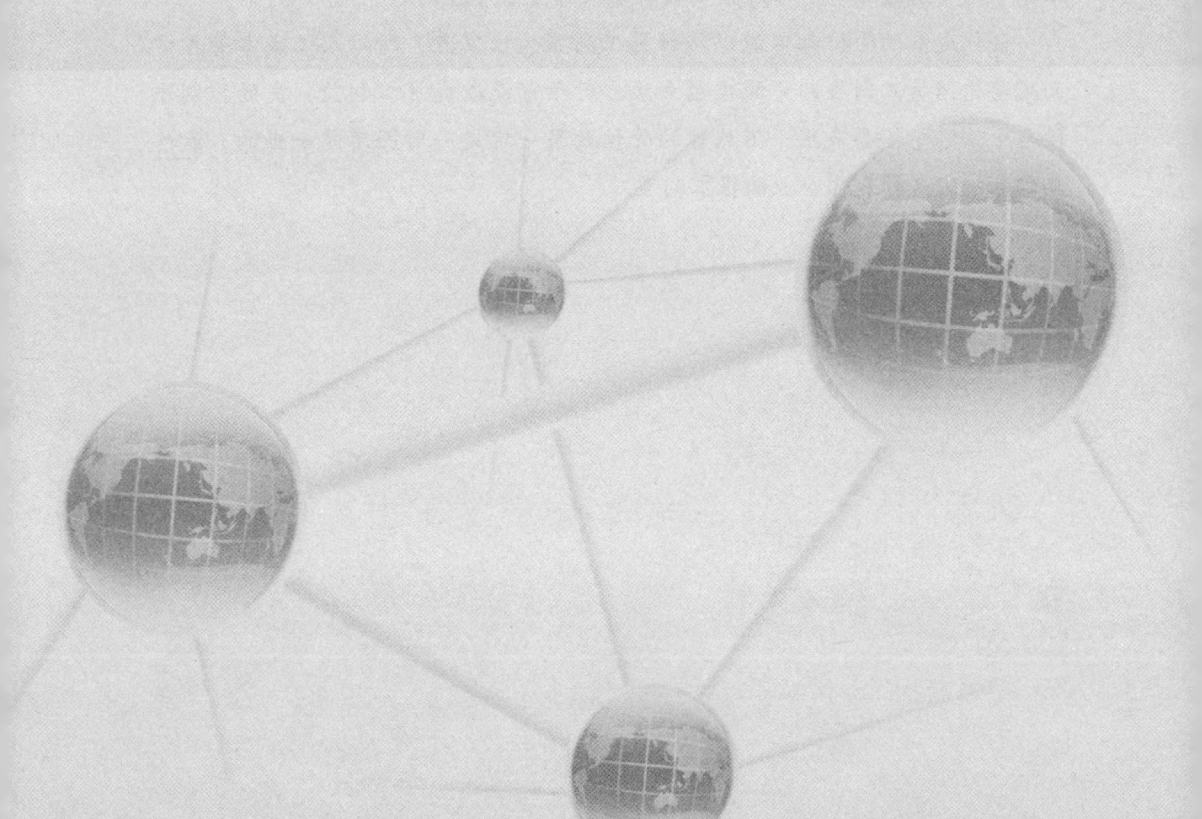

人力资源管理的核心目的无非是提高人均产出或销售、保证人才链条的连续性、降低员工综合流失率、提升员工对企业的相对满意度、提升员工综合素质水平、降低企业人工成本率等。作为人力资源从业人员，一定要将人工成本的管控作为管理工作的重心来提升与管控，为企业经营利润的创造奠定坚实的基础。

　　什么是人工成本？人工成本是指企业在一定时期内在生产、经营或提供劳务活动中因使用劳动力而支付的所有直接与间接费用的总和。人工成本不等于工资，只是工资占人工成本相当大的一部分罢了。人工成本结构主要包括从业人员的劳动报酬、不在岗职工生活费用、职工工资总额、社会保险费用、福利费用、教育经费、住房费用、其他人工成本几部分。在人工成本管控中，因工资占比最大，控制住工资总额对于控制人工成本影响较大，为此本章中主要通过工资成本的控制来解说人工成本管控问题。

　　任何成本的管控都不能以牺牲员工利益为出发点，所以人工成本管控方面主要介绍员工利益部分的控制方法，对于可能造成员工利益损失的控制手段与方法尽量不要采用，不然你的管控效果一定是一时而不是一世的，最终牺牲的一定是你和你企业的根本利益。

连锁门店编制内员工出勤工时管控

连锁经营企业一般会存在淡旺季的区别，为了保障编制控制的有效性，企业应设淡季与旺季时段的编制控制数。但并不是在旺季招人、在淡季裁减人员。如果这样处理，就是通过牺牲员工的利益来满足企业成本的管控，不属于本书主张的观点。

1. 确定编制人数

连锁经营门店一周中每一天销售状况有很大差异，一般来说周六、周日两天的销售额相对比较高，周一、周二是一周中销售最差的时间段，我们按照第一章的方式确定了门店的编制数量，但是此编制是门店员工数的最大值。在一周中不同时间段会出现冷热不均的情况，如在周一、周二的时候可能出现部分人员无事可做的情况，而在周六、周日的时候因业务量比较大会出现员工工作节奏过于紧张的状况。为了进行门店人工成本的管控，笔者建议在周一的时候门店店长就应该根据以往周一、周二的业务量凭借经验安排部分人员休息，这样休息的员工就会欠公司工时；那么在双休的时候因门店繁忙，门店店长就可以根据一天中比较繁忙时间段安排以前休息的员工加班，这样既解决了周一、周二门店冗员造成人工成本浪费的情况，又解决了双休加班导致加班工资增加的问题。

2. 纳入考核之中

同样连锁经营企业为了业绩提升的需要，经常会在节假日进行促销活动，在商业界流行一句话，"有节用节，没节造节"，促销活动会导致连锁店面异常忙碌，而确定门店人员编制的时候是没有考虑节假日情况的，那么自然会出现员工在节假日期间加班的现象。门店店长根据门店经营情况安排部分员工加班导致拖欠员工工时的现象出现，应如何处理这个问题呢？

为了提升门店店长对员工工时的管控意识及技能，我们将此项工作纳入门店店长的业绩考核及综合考核中，其考核指标为工时产出比，即连锁门店每月员工总出勤工时与销售额之间的比例。因每家连锁门店的实际情况有很大差异，我们以工时产出比的下降率为考核依据，以工时产出比下降率纵比的方式确定标准值，通过此考核方式实现门店店长工时管控的目的。

3. 员工流失率的使用

连锁门店员工本身就有流失率，即使企业管控得再好也很难实现员工零流失。如果企业员工完全不流动的话对企业来说也不是好事，企业没有新鲜血液加入最终导致企业创新性不强，对企业未来发展十分不利。读者读到这里可能会出现这种错觉——员工流失率越高越好。当然不是这样的，如果这样的话会造成企业员工人心不稳，致使企业期间成本增加，最终导致企业效益受损。

因连锁门店流失率的存在，人力资源部门在淡季的时候停止门店员工招聘工作，这样随着时间的推移，因员工主动辞职而实现门店人员在淡季时候供需平衡。因员工的辞职导致拖欠员工工时问题，一般采用加班工资的方式一次性结算处理。

不同的门店其流失率可能有很大的差异，每个连锁门店情况也不一样，有可能某家门店因人员流失导致门店缺编，而另一家距离不是很远的连锁门店的人员却很充裕，企业可以在征求员工意愿的基础上，在门店间进行人员调配实现连锁企业门店员工数量管控的目的。

连锁门店其他用工形式的使用

连锁门店双休日一般比较繁忙，企业可以通过员工调整作息时间实现员工供求平衡，但有的门店因一周中销售差异较大，仅仅通过自己员工上班时间的调整仍然难以解决门店双休期间人员紧张问题，对于此种问题企业可以雇用在校大学生来解决。

在校大学生为了增加社会实践一般比较乐意参加企业实践活动，企业可以在常规编制管控的基础上采用在校大学生双休日店面顶岗实习的方式弥补员工短缺问题，但被选择的大学生必须通过素质管控与员工培训后方可上岗，同时顶岗实习也应在技术含量不高的岗位。但大学生毕竟不是企业正式员工，他们工作的随意性比较大,如某学生被安排到一家连锁店面工作,因个人原因没有上班并且没有提前告知,这样有可能出现门店在双休期间忙不过来的现象,如果这个问题不解决,此群体的开发是充满变数的,那企业怎么解决呢?详见本书第八章内容。

各门店都有可能申报实习生需求计划,不管是否真的有需求,对于此问题的管控也非常关键,因为实习生编制管控仍然会造成人工成本的问题,虽然实习生不需要办理社会保险等福利,但是实习期间的工资还是需要支付的。如何管控住门店虚增实习生编制申报问题呢?连锁经营企业应从以下两个方面进行管控。

1. 实习生工资结构

实习生工资结构按照门店员工标准设计——即"底薪+业绩提成"的模式,业绩提成按照门店业绩完成状况以连锁门店为单位核算,门店员工数量越多,每个员工分到的业绩提成就会越少,同样也会影响到门店店长的收益,这样从收益的角度上提升门店店长控制实习生编制数量的意识。

2. 通过门店店长的考核实现实习生编制管控目的

不管是门店员工还是实习生,凡是工作就会有工时产生,企业按照工时产出指标对门店店长进行考核,通过考核的压力,店长一般会选择实习生编制管控的。

期间人工成本管控

期间人工成本主要是由新入职员工不能胜任工作岗位和员工因各种原因提出辞职导致人员接替过程中所发生的成本,由两部分组成。

1. 新入职员工产生的期间成本

此部分期间人工成本主要是员工的工资、福利等支出与新员工为企业创造的产出不成比例,即投入产出比过低。

2. 员工因各种原因提出辞职导致的人员接替成本

此部分期间人工成本主要包括招聘费用、新员工培训费用、员工提出辞职期间机会成本、新老员工交接期间重叠工资等。

对于新进员工的素质管控问题本书第二章已详细介绍了。对于员工辞职交替问题，如果员工流失率得以控制，员工接替所产生的成本就会有所下降，所以就此期间成本的管控核心主要是如何降低员工流失率，详见本书第七章内容。

薪资体系的确定

在人工成本的管控中编制及人员数量的控制是核心。在人员数量得到控制后，员工单位工资水平对人工成本的影响就尤为显著了。企业如何实现员工的薪资管控呢？有人说很容易，只要控制员工的薪资水平，薪资成本就会降低。是的，说得一点没错，但是如果只是简单地控制薪资水平很有可能造成企业在人才市场上缺乏竞争力，最终影响企业的长期效益。

对于连锁经营企业来说，不同的经营门店所处的区域差异很大，甚至还有可能跨省份经营，如果所有经营门店的薪资水平保持一致，势必会造成部分门店人工成本的浪费，部分门店薪资水平不具有竞争力的状况。如果不同的门店采用不同的薪资水平，又会造成员工对薪资内部公平性的不满意。企业要解决员工的薪资内部公平与人工成本控制的问题，薪资模式的设计是关键。

一般连锁经营企业的薪资模式都采用"固定工资+销售提成"的模式，固定工资保证员工的基本生活，销售提成促进员工的工作积极性。

为了保障薪资的公平性，连锁经营企业在固定薪资中增加地区薪资补贴，不同的地区补贴额度有所差异，目的是调整薪资在不同地区的差异影响。同样在一个城市也会因为门店区位不同造成人才引进及人才保留的难度，特别是门店处于不同的商圈的影响，为了保证连锁门店服务品质，企业在地区补贴的基础上另行设置商圈补贴，以进一步在地区补贴调整的基础上保障不同商圈门店在人才保留方面的竞争能力。那么通过以上分析，连锁门店的薪资模式中固定工资就演变成统一的"固定薪资+地区补贴+商圈补贴"的模式。不同的区域、不同的商圈享受不同的补贴金额，这样既保证了薪资的内部公平性，又实现了薪资在人才引进与人才保留方面的职能，同时实现了人工成本的有效控制。

连锁经营企业中销售提成的目的是提升员工工作积极性，增强连锁企业员工业绩管控的意识。连锁门店按照销售额和其他因素分成很多种门店，不同的门店形式享受的业绩提成比例一般会有所不同，为了促进员工提升门店业绩的能力，员工提成中的提成比例随着门店销售额提升逐步提升，这样以激励门店员工想方设法进行业绩提升，以提升门店经营绩效。

通过以上做法连锁经营门店的薪资组成模式就演变成了"固定薪资+地区补贴+商圈补贴+业绩提成"的模式，其中固定工资部分相同级别、相同岗位的固定薪资保持一致，以维护企业薪资内部的公平性。

为鼓励员工长时间为企业服务，很多企业采用工龄津贴的形式作为薪资模式的补充，工龄津贴这一薪资补充模式是有一定可取之处的，工龄津贴有稳定员工的目的，但不一定能够留住人才，如果额度过高，就会造成员工安于现状，不思进取，如果额度太低又起不到留住员工的目的。

连锁经营企业因行业特点决定了在中国传统节假日是正常开门营业的，特别是在春节前夕是大部分连锁经营企业的销售旺季，所以一部分连锁门店春节期间也处于正常经营状态，这样必然导致部分员工不能在春节期间回家过年。春节作为中国传统节日回家过年对中国人是何等重要，为了保证春季期间连锁门店正常运转，必须保证春节前夕员工的稳定性，为此在连锁经营门店薪资模式中还应该有奖金和调薪机制组合使用，以保障节假日期间员工的稳定性。

连锁经营企业应根据目标达成标准核定年终和年中奖金，奖金和工资是有本质区别的，企业可以根据经营管理需要和年度员工跳槽规律确定奖金发放的具体时间段，一般一年中员工跳槽高峰期为春节后一个月内，企业年终奖金可在春节后一个月后进行发放，在年终奖金发放之日前离职的将失去奖金的领取资格，为了拿到年终奖金很多员工不得不坚持到年终奖金发放之日，这样就解决了春节期间的人员问题，但可能会造成员工的不满，但是如果企业结合企业调薪机制的使用会大大地改善员工的不满情绪。

薪资对员工还是有很大影响的，如果企业到员工出现大范围辞职的时候才考虑员工的薪资调整问题，那么公司的薪资激励作用一点都没有发挥。如果每年都进行固定比例的薪资调整，员工会将此调薪机制错误理解为企业福利，会大大降低其激励性。所以薪资调整的模式还是值得企业研究的，一般薪资调整分为全体员工薪资调整的普调机制与根据员工岗位晋升或岗位晋级等进行个别薪资调整两个部分，普调一年至少一次，可根据市场变化及企业支付能力进行多次调整，但为了减少员工因年终奖金年后一个月发放造成的不满情绪，年后第二个月就应是企业固定的薪资普调的最佳时机，其具体调整的幅度按照整个企业业绩增幅的比例进行确定，这样就大大地调动了员工工作积极性。同时年度内还应根据市场变化等情况以及员工的差异进行普调及个调，使企业薪资既满足市场竞争力，又达到人工成本管控的目的。

年中奖金的发放设计对连锁经营企业的影响是很大的，很多企业在中国传统节假日发福利或组织员工外出旅游，可成本却没有达到应有的激励员工的目的，如中秋节期间企业发放月饼礼盒，就有员工这样抱怨："过节发什么月饼呀，这么好但就发一盒，自己舍不得吃，送人还要买一盒！"同样如果你的企业发放月饼档次较差，员工会抱怨："发这么差的月饼糊弄我们，这是人吃的吗？"试想一下这样的人工成本难道不是浪费吗？企业为什么不将年中奖金与福利成本合并设计个性福利以激励员工呢？

综上所述，连锁经营企业的薪资体系最好为月度薪资（固定工资＋地区补贴＋商圈补贴＋业绩提成）、工龄津贴、年终奖金、薪资普调与个调、个性福利相结合的模式。

薪资系统的设计

仅仅明确连锁经营企业薪资体系还不具有操作性，薪资体系中薪资组成模式的设计才是核心与根本。薪资组成模式的设计离不开企业薪资体系设计方向，它们之间是互为因果关系，没有体系的全局观，薪资组成管理模式势必造成偏颇或顾此失彼。

1. 薪资水平设置

薪资水平设置在新建企业与成熟企业里的设计思路是不一样的，在新建企业中，连锁经营企业一般根据自己的定位、连锁经营企业战略重点，结合市场薪资调研及自身的支付能力进行薪资水平的确定工作。

新建企业在筹备期间首当其冲应进行企业各岗位薪资水平的确定，以期满足新建企业的人才引进工作。企业定位对薪资水平的设置影响是比较大的，企业定位越高薪资水平相对市场来说就会越高。如果定位中等，为了满足人才的快速引进工作，企业在薪资水平设定的时候只要满足比同一城市目标竞争企业薪资水平略高一点就可以了。

如果你所在的企业在某城市中没有同行企业存在，企业一般用与行业比较接近的企业作为确定薪资水平的参照标准，如烘焙行业经常参照麦当劳、肯德基的标准，虽此行业和它们有一定的区别，但是顾客群体基本是一致的，经常光顾麦当劳或肯德基的顾客，在烘焙业门店消费的概率比较高。这里说的行业比较接近是员工上班时间基本相当、用工群体比较接近、可能会存在人才互相竞争的行业，如酒店服务人员与手机连锁、休闲食品连锁等行业的销售人员基本上需求是一致的，那么很有可能会在跨行业间进行人才的互相争夺，所以在新建企业所在城市没有同行业企业作为参照的时候，将相近行业企业作为参照标准是个不错的选择。

2. 薪资调研

薪资水平的确定没有市场薪资数据的支持是很难的，对于新建企业来说，一般选定目标参照企业并对其进行针对性薪资调研，基本上可以实现数据的采集。

对于基层员工的薪资调研方法比较简单，现在的招聘信息已经完全处于公开状态，很多企业本身就会将自己的招聘信息及薪资标准通过各种渠道传播出去，企业只要有合适的渠道就很容易进行数据的采集与分析。但是连锁经营企业中基层员工的提成政策等相关薪资政策的调查就有一定的难度了，对此部分数据的采集建议按照企业管理人员与技术人员群体的薪资调研方式进行。

对于企业中的管理人员、技术人员这一部分群体的薪资，一般企业是采用保密的方式进行薪资管理的，对于此类岗位的薪资的调查有一定的难度，本书主要介绍针对部分群体的薪资调研问题。

（1）间谍调研

新建企业为了筹备顺利，一般都会在同行企业中挖取几个中高端人才作为筹备组成员参与企业筹备工作，一般挖取的人才相对来说都是比较高端的人才，自然对原所在企业的各岗位薪资水平是比较了解的。通过与他们间接的沟通还是比较容易了解到同行企业各岗位薪资水平及薪资政策的。

（2）中介结构调研

一般的企业都会选择与人才网站等中介机构合作，进行人才引进工作，特别是猎头服务机构，他们必须了解服务对象的相关信息，不然无法满足服务需求。新建企业人力资源管理人员可以保持与中介机构之间的联系，这样很多针对性信息就很容易获取。虽然涉及中介机构有泄密的嫌疑，企业收集数据只是为自己确定薪资水平使用，又不涉及任何的商业行为，绝对保证中介机构的安全。

（3）面试调研

安排立场比较坚定的内部员工到针对企业面试，也是一种很不错的薪资调研补充方法，但此调研方式有个很大的弊端，首先参加面试的人只有在被面试单位决定录用的情况下才能得到相应岗位的薪资标准信息，每次调研只能针对一个岗位，对薪资调研局限性比较大。不过，在针对性岗位薪资的调整中作用还是非常显著的。

（4）组织招聘

企业招聘方式作为薪资调研工作效果也是不错的。企业在求职者填写的简历上针对性地设计表格，要求求职者介绍原单位工作岗位及薪资水平，同时在面试的时候也可以通过面试行为了解求职者原单位相关岗位的薪资信息，但此种方法会出现数据虚高的问题，主要是求职者为了增加自己在求职单位的薪资需求，会适当夸大原单位薪资水平。如果来自同一家企业不同员工数据比对，大部分员工描述的薪资段一般就是原企业相关岗位的薪资水平。对于此薪资调查方式本身存在数据失真的缺陷，建议将此方式作为薪资调研的重要补充与参考。

（5）参加活动

随着市场竞争越来越激烈，人力资源圈子间的活动越来越多，比如行业沙龙、拓展培训、旅游活动等，此类活动不但增加了人力资源工作者之间的联系，同样也为彼此之间建立友谊奠定了基础。人力资源管理工作人员可以充分利用此类平台，通过直接与间接的方式有针对性地与相关企业人力资源管理人员之间保持联系，实现针对企业各岗位薪资水平的数据收集。此方式在薪资调研中还是比较有效的，人力资源从业人员一定要多增加与同行之间的交流与沟通的机会，这样不仅能解决薪资调查问题，对同行之间管理思想、管理方法的探讨与学习也是很有帮助的。

（6）培养"间谍"

任何企业都会有一定的流失率，我们按照第二章提到的操作方式经营本企业已离职员工,通过 QQ 群、微博、微信等现代交流工具保持联系,那么每一位到针对性企业工作的员工都可能是企业进行薪资调研的"间谍",大大提升了薪资调研数据的有效性。此种方式虽很有效,但是对于人力资源部门工作的要求很高,企业只有做到本书介绍的所有相关工作才会发挥作用,同时这不适合新建企业薪资调研工作,但对有经营历史的企业来说是一种非常有效的薪资调研方法。

通过以上各种薪资调研方式实现了针对企业薪资水平的数据收集。如果在一个城市里有同行业企业,企业可按照前面介绍的内容很容易确定本企业薪资水平;如果在一个城市里没有同行业企业的话,企业在确定薪资的时候相对有同行企业的定薪参考因素要多点,但是只要有数据支持,确定薪资水平还是比较容易的。

不同企业薪资模式会有很大差异,特别是在福利的设置上不同的企业差异会更大,如有的企业提供住宿、有的企业解决工作餐等,企业在做薪资调研之时应力求将所有员工收益全部纳入调研范围,保证数据不遗漏、不缺失。

所有薪资调查数据到位后应紧跟着进行数据处理,特别是涉及福利项目方面的,如住宿、就餐等,企业应将其折算成员工小时收益。

员工小时收益 = 员工所有收益额 × 出勤总工时

员工小时收益明确后,企业开始进行数据的分析与处理,可将每一家企业各岗位的工资数据进行处理,核算出市场中小时收益在 50% ~ 100% 等位的小时收益额,企业根据自己的定位最终确定自己企业各岗位薪资市场水平的标准。

薪资战略的确定对岗位薪资水平的影响是非常大的,某美容连锁企业在行业竞争中主要是以产品制胜,为了保障企业中与产品相关岗位的人员稳定及人才引进,此类岗位薪资水平采用高于其他岗位(参照市场等位标准),其他岗位薪资水平按照市场的 50% 等位定薪的,而此类岗位却按照市场的 85% 等位确定薪资水平,这样才能保证此类岗位人才的吸引力。

3. 薪资结构确定

薪资结构对连锁经营企业人才引进的影响,有时候比薪资水平的影响还要大。连锁经营企业的薪资模式一般采用"固定薪资 + 业绩提成"的方式,但是很多员工在求职的时候更多关注的是固定薪资的额度,特别是在员工群体年龄比较大的连锁企业里,员工会更加关注固定薪资标准。所以新建连锁经营企业应对工资结构的确定加以重视。

确定工资结构的时候企业首先应对岗位性质进行分类,为了发挥岗位的价值,不同的岗位薪资结构设置应有区别,一般连锁经营企业门店销售方面的岗位采用低底薪、高提成的薪资模式,这样才能促进门店销售人员强化业绩提升意识。而如果连锁门店中还有技术性岗位,那么此类岗位薪资结构中固定工资占比就会高于门店销售人员的固定工资占比,通过技能评定促进技术人员提升技术水平。

(1) 确定固定工资额

通过市场调查数据确定企业的固定工资额度。一般来说,固定工资的额度不得低于当地最低工资水平。新建企业固定工资额度应略高于针对企业的固定工资水平,这样对于人才引进才有一定的帮助。一旦企业正式运营后企业可以通过薪资调整机制再行调节。

(2) 确定固定工资的组成

一般固定工资是由岗位工资和技能工资两部分组成,对于此部分的设计要用企业管理体系来承载。连锁经营企业为了保障人才素质的提升和统一,门店管理人员与技术人员最好由内部产生,如何提升员工参与内部储备的动力呢?

岗位晋升、人员晋级首先要明确企业的岗位分类与规划,在规划的基础上进行岗位工资和技能工资额的确定。如某烘焙企业为了实现在职员工的素质提升,达到岗位储备的目的,将营业员分为A、B两个级别,那么营业员的固定工资组成就设置为岗位工资和级别技能工资,其他岗位按照岗位规划以此类推设定固定工资的组成。但岗位晋升和岗位晋级在技能工资比例设置上有所区别,为了促进员工重视技术提升,企业岗位晋级的技能工资之间的差额差距应该拉大,这样有利于调动技术性岗位员工提升技术水平的积极性。而对于岗位晋升中技能工资直接差额一般较小,是为了人才的储备,对于各技能之间的差距企业还要考虑上一级别岗位的薪资水平。假如营业员固定工资为1800元/月,上一级别固定工资为2000元/月,两岗位之间的工资差距为200元。在营业员中设置两个级别的话,A级营业员岗位工资为1800元/月,技能工资为0元;B级营业员岗位工资为1800元/月,技能工资就应为

200元。B级营业员就是收银员的储备人才，当门店收银员因各种原因缺岗时，B级营业员就可以直接晋升到收银员的岗位上，享受收银员最低级别的工资待遇。岗位晋升与晋级中各技能级别技能工资差距越来越大是一种趋势，但如果某岗位高岗位最低级别工资低于低岗位岗位最高级别，就间接地反映了高岗位的工资水平设置有问题，企业应重新对其固定工资额进行设置，这也是对企业中各岗位薪资设置的一个调整机会。

（3）连锁门店提成政策的制定

连锁门店员工的提成一般是以销售额为基础设计的，在设计提成比例的时候，企业基本会根据门店的预估销售额进行提成点的设置。如某连锁门店预估销售额为300万元/月，假如门店定员30人，同时门店员工为同一个岗位，根据市场调研确定其薪资为2000元/月，其中固定工资额设置为1000元/月，那么理论上30名员工的绩效提成为3万元。有了这些基础数据后企业就可以直接以3万元提成除以100万元的销售额，员工提成应为3%。

为了激励门店员工强化业绩提升意识，连锁经营企业一般会根据连锁门店的业绩达成状况，按照不同连锁店面性质，如一级店、二级店等设置不同的提成比例，店面级别越高，提成点越高，这样连锁门店员工为了自己的收益就会非常努力地促进销售工作以提升店面店级。

连锁经营企业中非销售型岗位，一般不适合使用以销售提成的方式进行薪资模式设计，但是如果一点不和门店销售业绩挂钩，很难提升门店辅助销售人员的工作积极性。此部分岗位一般通过绩效管理的方式对其考评，结合岗位晋升与岗位晋级以及门店奖金对其激励。其门店奖金的提取主要包括销售额的提升与费用的控制之间的差额——毛利额的一定比例进行提取。如果某连锁门店没有毛利贡献，那么此门店就没有奖金额度，同样奖金的提取比例的设定也以市场薪资调研数据作为重要参考，一旦确定下来就不能轻易改变或取消。

（4）地区补贴与商圈补贴设置

很多连锁经营企业都是跨区域经营的，如国美、苏宁等，如果用安徽的薪资水平在上海经营连锁企业旗下门店根本没有任何薪资市场竞争力。为了保障经济发达地区能够保持薪资的市场竞争力，企业通过薪资的市场调研确定不同地域的区域补贴以调整区域的差异。

同一个城市的不同商圈经济发展的差异是很大的，这就决定了虽在同一个城市，但薪资应有差距。连锁门店为了使薪资在一个城市的不同区域保持市场竞争力，企业也应按照地区补贴的方式确定同一城市中不同商圈的补贴。

通过以上步骤连锁经营企业基本确定了月薪资，此方式既保证了薪资的统一性，也保证了不同区域门店薪资的竞争力，同样也保证了人工成本中薪资成本的控制。

以上模式并非连锁经营企业唯一的月度薪资确定方式，有的连锁经营企业没有地区补贴、商圈补贴的薪资项目，其月度薪资的确定方式是通过一个城市的市场调研和市场定位等方式确定了本城市的月度薪资水平，不同的城市根据经济水平的差异设置地区系数、不同区域设置区域系数，这样同样的一个月度薪资在不同地区、不同区域就按照月度薪资与地区系数、区域系数的乘积确定其具体的薪资水平。这里的系数的确定与前面地区补贴、商圈补贴方式是一样的。

为了激励连锁门店员工的积极性，有的连锁经营企业按照业绩达成率确定各门店的业绩系数，不同城市、不同区域、不同业绩门店按照不同系数与月度额定薪资，核算相应的薪资额度，不同的薪资组成就按照月度薪资组成比例直接核定。为了满足岗位晋升、晋级需要，此种薪资模式中也可以将其岗位按照不同标准划分为不同等级、不同级别之间的差额按照比例标准确定，同样也可以按照金额标准确定，其具体确定方式与方法，由企业根据自己的实际情况和管理需要确定。

（5）工龄津贴

一般企业为了留住员工都会在薪资体系中设置工龄津贴，希望通过工龄津贴的模式保持劳资关系的延续，但是操作中也会出现很多问题，有的员工甚至直接将其当成了企业的一种福利，如果在设置模式和标准上不加以关注的话，就有可能失去基本的意义。

工龄津贴的设置，有的企业选择所有员工每满一年薪资固定上涨共同额度的模式，也有的企业选择不同级别的员工工龄津贴的上涨按照不同的标准执行。不管是哪一种方式都要注意标准的设定，标准过高，一部分老员工就会安于现状，这是企业不愿意看到的；标准过低，对于稳定员工来说没有什么意义。为了避免以上两种不利情况的发生，企业可以将工龄津贴的标准与业绩考核挂钩，不同等级的岗位设置不同的工龄津贴基数，凡是年度考核合格以上的员工本年度才有工龄津贴增加的资格，同样合格的员工工龄津贴根据岗位等级不同设置几个级别，这样既激励了员工，也实现了工龄津贴留住员工的目的。

餐饮连锁经营企业工龄津贴分为主管及主管级以下、经理级别、总监及总监以上3个工龄津贴等级。对于主管及主管级以下的员工工龄津贴就分为100元/年、150元/年、200元/年3个标准。凡是员工在年度业绩考核合格以上的员工至少享受100元标准的工龄津贴；考核在80~90分的员工年度享受150元的工龄津贴；考核90分以上的员工享受200元的工龄津贴。经理级、总监及总监级以上等级岗位同样享受不同的工龄津贴，这样就大大地提升了传统工龄津贴的效能。有的读者可能有这样的疑问：年度考评不是一年一次吗？是的，这里说的年度考评和读者们理解的年度考评有本质的区别，本书所说的年度考评是按照每个月考评数据平均值的年度考评，而读者理解年度考核是员工或组织的年度综合考评。为了保障工龄津贴年度考评数据的直接反映并与不同标准工龄津贴数据挂钩，该企业还专门开发了薪资核算系统加以处理以方便薪资核算。

工龄津贴不同的企业设置封顶与不封顶两种模式，不管是封顶还是不封顶，主要还是看能否既达到工龄津贴的目的，又能够控制和规避传统工龄津贴设置中的缺陷。从员工的角度来说，他们是不希望设置封顶政策的，而对企业来说，一旦达到了留住员工的目的，再继续保持工龄津贴实际上没有什么意义，还浪费人工成本。另外，如果一个员工在不需要付出很多时就比其他同岗位的员工高出很多薪资，对于该员工的工作积极性提升是很不利的。所以工龄津贴除了设置工龄封顶，还应设置金额封顶，以期实现工龄津贴设置的目的。

《劳动合同法》规定，员工连续在一家企业服务满10年的，即为无固定期限劳动合同，设置工龄津贴的企业封顶标准可以参照此时间标准，即工作10年的员工，不管其具体的工龄津贴额度是多少，第11年的时候工龄津贴额度将不再予以增加。同样，如果一个员工因工龄津贴的增加而导致比同岗位员工工资高出很多，很容易造成员工安于现状，企业可按照岗位级别的不同设置不同的金额控制上线。如某餐饮连锁企业主管及主管以下岗位的工龄津贴每月不超过1000元，部长或经理级的工龄津贴每月不超出1500元，总监及总监以上岗位的工龄津贴每月不超出2000元。通过工龄津贴与业绩考核挂钩，各级岗位不同员工可以根据自己业绩情况决定最终的工龄津贴，这样既实现工龄津贴的设置目的，又起到了激励的效果。

工龄津贴的发放方式也是非常关键的因素，很多企业是将工龄津贴月工资一块进行核算与发放的，这样此津贴的激励效果将大打折扣，因为很多员工在领工资的时候他们一直把该项津贴当成工资的一部分，企业最多灌输一下薪资津贴设置的相关政策，对新入职员工是没有什么刺激作用的，但是如果企业将此津贴集中发放，如半年一次，并且以现金形式发放的话，领取工龄津贴的员工会眉开眼笑，他们感觉这是工资以外多出的收益，对于新入职员工来说，他们会强烈地感觉到收益的差异，大大提升了工龄津贴设置留住员工的目的。企业也可根据惯例需要特别设计发放时间，如部分企业为了限制员工流失，将年终奖在春节后发放，企业可在春节前发放工龄津贴，以舒缓员工因年终奖金年后发放而造成的不满。

工龄津贴和工资还是有本质区别的，企业在员工入职的劳动合同上约定工龄津贴发放日前离职者，工龄津贴予以取消并通过当地劳动部门备案通过者，企业完全可以将其作为控制员工流失率的一种手段。津贴还可以与其他管理方式相结合进行设计，但是一定要和企业整体的薪资体系相结合才能最终达到设置不同薪资组合模式的目的。

(6) 年终奖金

为了激励员工和组织，很多企业都在正常薪资模式以外设置奖金项目，区别无非就是奖金提取的标准与方式不同。很多企业可谓用心良苦，但结果却事与愿违，除了与企业的客观环境有关外，奖金管理模式也不容回避。特别是连锁经营企业，在设置奖金的时候过度激励化，造成很多企业员工为了短期利益不择手段，其最终结果牺牲的还是企业利益。为了避免此类悲剧的发生，笔者通过本书给各位心爱的读者一些建议，希望能够给你和你的企业带来一些益处。

①奖金提取基数。很多企业设置了门类繁多的奖金提取基数模式，如有的以销售额提取，有的以毛利额提取，有的以利润额提取，还有的以费用控制额提取，不管哪种提取方式一定要结合企业所处阶段以及是否符合企业的

阶段性目的来进行。对于新建的连锁企业或门店，为了促进销售规模的快速提升，一般应按照销售额提取；对于已经经营一个财年的连锁企业与门店，企业可根据连锁门店对采购费用的控制能力，一般采用毛利额或经营利润额为基数提取奖金；对于管理比较精细的门店或部门进行独立核算的连锁企业或门店，也可以按照费用控制额提取奖金。还有其他的提取方式，不管是以哪种基数提取奖金，一定要能够通过奖金提取的指挥棒实现企业阶段性的管理目的。例如某烘焙企业中的门店，在新建一年内按照门店销售额为基数提取奖金；经营一年以上的按照门店经营利润的一定比例提取奖金，其目的是通过奖金提取方式的不同引导门店的经营管控点控制。

②规避奖金短期效应。不管按照哪种方式提取奖金，都有可能导致门店员工为了短期利益而不惜付出长期的代价，企业应在奖金提取的基础上关注连锁经营企业经营的长期管控。连锁经营企业在核算奖金之时应引用本书第四章的内容对门店进行综合考评，并根据考评结果设置奖金调整系数，即连锁门店的最终奖金额为门店应提取奖金额与门店的奖金系数的乘积。在连锁门店综合考核中很多指标都是关注门店长期发展的绩效考核指标，如成长指标体系中的相关指标、团队指标体系中的相关指标等，这样在奖金额度的最终确定中不仅关注了短期的相关利益，同时也兼顾了连锁门店的长期发展。比如某餐饮连锁企业门店奖金核算方式是按照经营利润提取应发奖金额，门店按照综合考核核定实发金额，凡综合考核为60分或60分以下者，实发奖金为0；考核为60~70分者，奖金发放额为提取额的0.5倍；考核为70~80分者，应发金额同于实发金额；考核为80~90分者，奖金发放额为提取额的1.5倍；考核为90分以上者，奖金发放额为提取额的2倍。

③奖金发放方式。企业可规定员工违背公司规定情况，如在奖金发放日前离职者，企业奖金项可以不予发放，员工即使到劳动部门投诉，劳动部门也不予以主张。所以奖金作为企业重要的管理工具，可以在发放方式上进行研究并设计出适合企业管理要求的奖金管理办法。对此，企业可以将其与流失率管控目的相结合，前面章节中也已经介绍，年终奖金在年后的1个月予以发放，这样就迫使员工不得不于春节后到企业报到，通过此种方式保证了连锁经营企业春节期间连锁门店的正常经营。企业也可以与管理挂钩，比如说员工凡出现《劳动合同法》第三十九条第（二）款"严重违反用人单位的

规章制度的";第(三)款"严重失职,营私舞弊,给用人单位造成重大损害的";第(四)款"劳动者同时与其他用人单位建立劳动关系,对完成本单位的工作任务造成严重影响,或者经用人单位提出,拒不改正的";第(五)款"以欺诈、胁迫的手段或者乘人之危,使对方在违背真实意思的情况下订立或者变更劳动合同的";第(六)款"被依法追究刑事责任的",奖金可以不予发放。同样企业也可以设定享受奖金的工龄标准并和员工的业绩考核挂钩。比如某烘焙企业连锁门店员工工龄3个月以上,在奖金发放日前正常上班,业绩考核为70分以上者可以享受奖金分配,其具体分配方式按照业绩考核结果设置奖金分配系数,按照应分配奖金额与分配系数乘积核算分配奖金额度。

企业还可以将年终奖金与每月度的业绩考核相挂钩,这样能更加精确地核算每个员工的奖金分配总额。同样企业也可以将年终奖金一分为二,一部分在年后的一个月进行发放,一部分与连锁经营企业的员工福利相结合进行个性福利的设计,其具体发放比例,根据企业的实际情况进行确定。

(7) 个性福利设计

很多企业都设有相应的福利项目,比如在中国传统节假日统一发放福利物品、组织员工出去旅游、组织员工外出学习等。福利项目是通过人民币形式兑换的,同样也有成本,并且占企业人工成本的比例还比较大,如果企业不进行很好的规划,以盲目跟风的方式进行福利设计,最终成本产生了,却很难达到企业所要求的效果。

①福利资金来源。任何一家企业的福利都会有人均预算标准,一个财政年度结束,按照年终奖金的核算管理办法企业可以核算出全年的年终奖金,但是企业可仅发放一半,还有一半奖金和新的财政年度应该支付的福利费用合并作为福利包,作为个性福利的资金来源。此福利包像基金一样,只要连锁经营企业正常运营每年就可能有新的资金纳入,同样也有可能在某一个财年因经营不善,需要通过往年结余的福利资金以保持福利政策的连续性,这对于留住员工并提升员工对企业的向心力具有非常重要的作用。

②福利的发放方式。传统的福利设置所有员工基本享受统一的福利标准,除非是因工龄或职位的差异有所不同,其他基本没有差别。这样操作固然有深层原因,简化了福利发放的过程,简单高效、易于操作。但此种方法造成

的结果可能并没有促进优秀员工的工作积极性,反而导致部分员工的不悦。企业有了福利资金的来源,如果还是沿用传统的福利核算及发放方式,还不如将从年终奖金中节流的资金以年终奖的形式发放对员工更有激励效果。企业福利的发放最好和员工的业绩考核挂钩,最低级别的员工只可以享受到传统福利应有的标准,业绩表现不同福利标准会有相应差异。

③福利项目设计。现在的员工越来越追求个性、追求独一无二,传统的一成不变的福利设计模式显然已经不能适应当前员工的个性化需求,个性化一般会增加福利操作的难度,所以企业在增强福利的个性化的同时也应相对固定一部分福利项目。

由于各种原因,员工对于家庭的付出和贡献随着当前工作节奏的提升越来越少,更有甚者出现了遗孤老人和留守儿童的问题,对于此类问题不仅是员工的个人问题,也是社会问题,企业没有能力将此类问题全部解决,但是可以给员工心理上些许的安慰。企业可以在员工家庭的特殊日子植入个性福利,如双亲的生日、结婚纪念日、孩子的生日,这种关键的日子有可能员工因工作的原因遗忘了,作为员工的归属地——企业不能忘,这样对员工的激励性比直接为其增加几百元薪资还大。

> 某烘焙连锁企业在员工父母生日的时候寄去董事长签名的生日贺词同时寄200元的贺礼,以此表示对员工的双亲对子女养育之恩的感谢之情。在员工结婚纪念日的时候以企业的名誉送上鲜花。在员工的小孩子生日的时候同样可以收到有董事长亲笔签名的生日贺卡。

很多企业员工在生病、结婚、本人生日、直系亲属伤亡的时候,企业几乎没有任何表示,如员工生病在床,特别又是因公负伤,企业没有任何领导予以探望。对于此类员工特殊日子设置固定福利项目,如员工不管是否因公生病住院,按照不同级别设置不同慰问金由员工的直属领导代表公司亲自送到医院并探望;员工结婚时由员工的直属领导代表公司送贺礼并予以祝福;员工本人生日时同样收到企业精心挑选的生日蛋糕;员工直系亲属死亡时,在员工请丧假的同时就可以得到董事长的丧亡慰问金,试想一下员工会作何感想呢?

福利项目的设置很容易,但是监管难度较大,比如员工直系亲属死亡的伤亡抚恤金，有可能会出现冒领的问题，对于此类问题人力资源部门一定要有有效的管控方式。还有可能是员工父母已经离世但是在生日的时候仍享受生日贺金的情况，对于此类问题，如果没有专人来处理，以及用有效的人力资源信息系统进行统计、排查、自动提醒的话，管控一定会出问题。

中国传统节假日企业福利设置，最好打破统一发放物品的模式。我们知道很多员工实际上在传统节假日是不希望收到企业为其置办的福利物品的，有的企业为了节约成本，比如说自己是做烟酒生意的，在节日的时候直接发放自己滞销的相关商品或邻近保质期的商品，这样不发福利，员工还没有什么特别的不满，发了反而会引起很大的不满。企业要了解为什么设计福利项目——为了留住员工、增强员工对企业的满意度，如果达不到这样的目的，福利项目还不如彻底取消。我们也知道很多员工在传统节日的时候是希望自己支配福利项目的，那企业如何处理呢？企业与其挖空心思地想设置何种福利项目，还不如将此决策权利交给员工。企业只做一件事情，那就是发现金，但是要和业绩考核挂钩，业绩水平不同现金额有所差异，但是最低享受的福利金额与该员工原应享受的标准要统一。

> 某烘焙企业普通员工凡工作满3个月以上者，中秋节福利标准是指定款式月饼礼盒两盒。为了体现福利的激励性，又体现福利的统一性，该企业中秋节的福利设置标准为：凡端午节至中秋节期间月度业绩考核平均分在70分以下者，仅享受月饼礼盒的福利；业绩考核70~80分、80~90分、90分以上的不同级别员工享受不同的福利标准（此标准额相对固定，不同级别的员工业绩考核结果对应相应的标准）的现金。此额度也可以根据企业效益进行额度范围的弹性调整，如在80%~120%进行调整，这样使福利和激励有效结合起来，打破了原有福利一视同仁的弊端。

很多企业也有员工旅游的福利项目，但是就此福利项目的设计也有值得商榷的地方。如按照员工的工龄或员工级别享受外出旅游的机会，这样给员工的不是业绩导向，而是资历为本，既不利于调动员工的积极性，还有可能导致对新进绩优员工积极性的挫伤。对于此类福利企业应以业绩导向设置，在适用范围上适当增加，以此激励企业全体员工。

委外培训也是企业中非常重要的福利项目。委外培训一定要能达到企业想要的效果，既激励优秀员工，又要为企业未来负责，为此委外培训须与员工业绩考核或综合考核挂钩，凡是考核结果在一定标准以上的员工才有资格进行委外培训的申请或公司才能够安排其外出培训。这样既解决了委外培训的资金压力问题，同时也实现了企业培训人才提升素质的目的。

福利的开支是很大的，如果没有固定的资金来源所有福利内容基本没有实现的可能。企业在设计福利的时候首先就要解决福利资金来源问题。这里介绍的福利资金来源主要是由传统的福利项目预算资金、企业年终奖金节流资金以及企业培训费用资金共同组成的。且福利资金属于专款专用的，有类似基金的性质。随着企业效益的提升，年度福利总额会有所增加。为了保持福利标准的相对统一，即使在企业效益非常好的年度，福利的资金开支按照本年度福利项目资金转入情况会有个限额限制，这样企业效益不好的时候就能够保证基本福利标准不至于下降过多。

福利资金的组成中有员工年终奖金节流部分与企业培训费用资金，这两部分资金的数额都和企业效益有很大的关系，员工为了保障自己的福利开支的稳定，不得不卖力地工作，不得不为企业效益提升献计、献策。

企业效益不好的时候，福利项目的开支顺序也是企业应考虑的范围，首先满足员工个人息息相关的福利项目，其次满足员工的节假日福利，再次满足员工委外培训的，最后满足员工外出旅游度假的项目。当然在企业效益好的时候，在福利项目开支限额内所有福利项目都应该满足。

也有的企业在设置福利开支的时候，是按照员工工作积分的方式进行的，每种福利项目指定相应的积分，员工可以将自己的福利积分分开兑现不同的福利项目，也可以集中起来进行福利项目的兑现。不管是本书建议的福利设计还是应用积分模式进行福利的管理，只要能够留住员工，激发员工工作积极性并能够规避传统福利弊端的设计就是好的福利设计。

（8）薪资普调与个调

很多企业在员工的薪资调整上选择被动模式，即员工不离职、员工不提出加薪申请，企业都选择"过一天是一天"的逃避方式。更有的企业在薪资的处理上因为没有统一的规划，而选择"暗箱操作"的方式，即哪个员工提出加薪申请了，企业就私下进行薪资调整，没有提出薪资申请的员工，企业就自认为这些员工对当前薪资水平还是比较满意的，这样造成的结果是兢兢业业的员工反而没有得到应有的薪资收益，而那些在企业中工作不是很努力的员工却得到与其付出不成对等的额外收益。

员工希望薪资体系应具备内部公平性、外部竞争性，同时还有合理的薪资晋升体系等，对于此处的薪资外部竞争性是一种综合的市场竞争力，它不是单纯的每月员工实际收益，而是包括员工在企业中的有形的福利或无形的员工精神感受。员工在企业中的精神感受比较好的时候，可以适当减少对物质利益的所求，就像很多传销组织一样，他们的员工并没有高额的薪资回报，很多成员却对组织趋之若鹜，我们不是标榜传销组织，但是至少其组织可以通过精神管控实现员工对组织的忠诚，值得许多企业人力资源管理人员关注。

员工在组织中的精神感受一般包括体面的工作、挑战的工作内容、和谐的员工关系、自由的发挥平台、高素质伙伴等，这些精神感受的载体一定要公平与公正，如果企业没有营造公平的内部环境，其精神感受一定会受到质疑和影响。

(9) 老员工分流基金

人在什么时候最需要资金呢？恰恰是老的时候，失去劳动能力的时候，很多企业为了生存却不得不在员工劳动能力减弱的时候选择与员工解除劳动关系，有点良心的企业还有相应的经济补偿，绝大部分企业采取逼迫其主动离开的模式，这样员工不但得不到任何经济补偿金，还有可能因为心情不愉悦损伤身心健康。对企业来说，不管是员工主动离职还是企业要求其离职，企业都应该按照其服务年限，按照国家劳动法律法规的规定，每满一年支付一个月的经济补偿金，以缓解员工因劳动能力减弱而导致的经济拮据问题。本书强烈建议企业应提前做好老员工分流薪资基金建设，以备企业老员工分流不时之需。

①老员工的资格认定。按照劳动合同法规定员工连续工作满10年，企业应与员工签订无固定期限劳动合同，工龄津贴享受的年限上限为10年，为了对员工无缝维护，笔者建议凡是在企业连续工作满10年以上的员工即在老员工的范围内。

②风险控制。为了规避部分老员工工作满10年后为提取老员工分流经济补偿金而提前辞职问题，凡是具备享受分流经济补偿金的老员工，一旦享受

了此补偿金将不再予以再次聘用。

③老员工分流基金提取方式。以年度为单位提取，凡是工作满 1 年的员工，按照员工姓名提取 1 个月的老员工分流基金，并以人为单位进行累计，凡是某员工在 10 年内离职者，此员工累计的基金直接结转到该年度的年终奖金余额中。所以本基金采取滚动管理的模式，不是随着时间越来越长，基金额度越来越多，而是连续工作时间长的员工越多，其基金数额累计得越高。

④老员工分流基金管理。此基金作为企业中专款专用的资金，在企业财务账户上是动态计提，如果一直不使用，最终转为企业所有者权益。

（10）企业薪资的承载能力

任何企业生产与经营必须要有相应的成本作支持，但是按照财务上的本量利分析原则，企业的成本总是有一个最大支付值，不然企业就会处于亏损或半亏损的边缘。作为成本组成的人工成本在连锁经营企业中占比非常大，如果人工成本管理失控的话，很有可能因此成本失控造成企业的亏损。

北京烽雅精英（超市人）企业管理顾问公司研究数据表明购物中心（百货+超市）人工成本占销售的比例（人工成本率）不得高于 3%，大卖场（仓储式）人工成本率不得高于 1.8%~2.1%，标准超市（面积 6000~7000 平方米）的人工成本率不得高于 2.6%，便利店（面积 200~700 平方米）的人工成本率不得高于 3.2%，外资超市（面积 1200 平方米）人工成本率不得高于 3.5%。此数据都是由行业研究机构进行长时间的调研与研究得到的，你所在企业的人工成本占销售额的数据也有行业指导数，虽然此数据不是你所在企业控制成本的最科学比例，但可以作为重要的参考。

企业在进行人工成本数据比例控制的时候，一般要将历史数据作为重要的参考依据，通过企业历年来的人工成本数据与销售额数据进行对比，得出一系列比例值，凡是超出行业指导数据的，按照行业数据为准；凡是低于行业指导数据的，直接采用相关比例数据。这样就会得出你所在企业人工成本率的比例范围。

这里的预算比例不是不变的，因不可抗力或其他不可预估的因素，导致预算数据无法执行的时候，如 2008 年国家为了挽救经济，中央财政推出了 4 万亿元救市计划，导致当年员工薪资水平非理性上涨，如果当年涉及企业不进行预算追加，预算值根本就无法支持企业的发展。同样也有一种方式就是按照往年的人工成本率数据通过加权确定本年度的人工成本率。如2011年人工成本率为5%，2012年人工成本率为4%，2013年人工成本率为6%，那么2014年的人工成本率为多少呢？企业可以设定不同年份的影响权重，一般来说最近年份的实际数据影响最大，假如此企业2013年度的影响权重为50%，2012年影响权重为30%，2011年影响权重设置为20%，那么本年的人工成本率的最终数据设定为：6%×50%+4%×30%+5%×20%=5.2%。

（11）企业薪资普调管控

为了保障企业薪资水平的市场竞争力，兼顾新老员工的引进与保留，企业薪资普调是非常有效的管理工具，可以打破很多企业新入职员工工资总是比老员工工资水平高的弊病，营造并保持新老员工同水平竞争的公平环境与平台。

企业普调薪资管控，是一个技术性要求相对较高的工作，除了要兼顾市场薪资水平、员工薪资个调、员工工龄津贴，还要兼顾员工福利管理等。

①薪资普调时机的把握。调整薪资作为员工来说是很开心的，一般调整会产生成本的增加，为此调整时机就显得尤为重要，调整时间过早会浪费人工成本，调整时间太迟又起不到薪资调整的激励效果。从兼顾人工成本管控与人工成本效率的角度考虑，作为企业人工成本管控的核心部门——人力资源部门必须做好行业市场薪资调研并通过此工作捕捉普调薪资的最佳时机。

图6-1中不同线条代表行业内不同企业，其线条的变化代表相应企业薪资中固定的薪资走势。从上面往下数的第三条线在2013年的5月出现了薪资的调整，这就给企业了一个非常关键调薪信号。一个城市里总的工作人员数量在某个固定时间段是相对固定的，薪资的指挥棒会因不同行业的薪资水平决定总人员数量在不同行业的分布比例，如果某行业中有任何一家出现了薪资的调整一定会打破原有人员分布比例的平衡。作为企业人力资源部门，特别是专门负责员工薪资调整的专业人员，必须有市场薪资的监控力和薪资变化的敏感性，一旦其他行业出现了薪资的调整，有可能导致本行业人才流失，为了保障本企业的人才保留率，同时兼具人才引进吸引性，其他行业薪资调整的次月即为本企业最佳调薪月。

跨行业主要指与本企业可能形成人才竞争的所有行业，如本企业在手机销售连锁经营行业，那么所有雇用年龄在18~35周岁，初中以上文化程度的

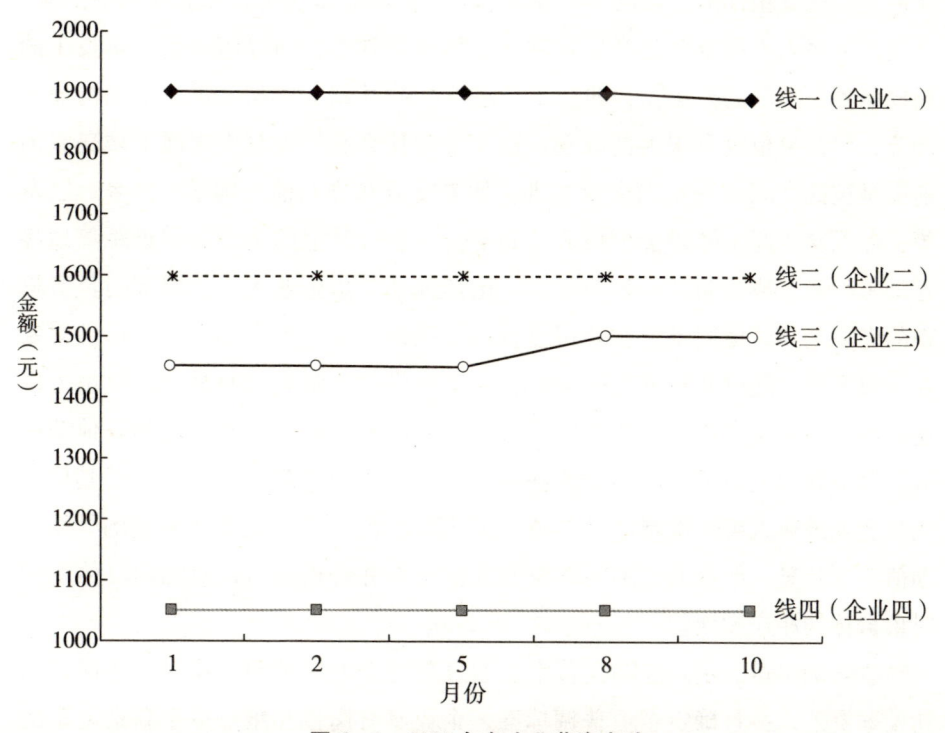

图 6-1 2013 年各企业薪资变动

行业都属于被监测的跨行业范围，但不是跨行业中的所有企业都被监测，这样工作量很大，同时还可能会导致数据的失误，企业一般以跨行业中人才吞吐量最大的企业作为薪资监测的目标，以实现跨行业薪资监测的目的。

跨行薪资调研和我们在前面章节中提到的薪资调研的技术方法是一致的，但是调研的重点有差异，跨行业薪资调研主要涉及员工固定薪资和提成政策的调研。

②企业员工心理预期调研。不同岗位、不同员工对薪资的预期也千差万别，如果企业盲目地进行薪资标准的调整，有可能会出现要么低于员工心理预期太多，而造成成本增加却达不到保留员工的目的；要么根本不需要支付那么多的人工成本，造成人工成本的无谓浪费。为了使企业薪资调整标准更加具有科学性与针对性，企业一定要进行员工心理预期的调研工作。

有的企业喜欢在年底组织员工座谈会，但收效甚微。有的企业人力资源从业人员感觉很郁闷,自己工作做得已经非常细致了,为什么就是没有效果?其实,很多人不愿意在公开场合讲自己的真实观点,通过座谈会了解员工的预期绝不是最佳的方法。有的企业在座谈会的基础上增加了员工个别沟通的环节,但结果也没有很大的改观,这又是为什么呢?人与人之间坦诚交流的前提是彼此之间有一定的交流基础,如果交流双方以前是同学、同乡、朋友等,那么交流起来障碍会少得多。如果企业还有其他的渠道能够近距离地接触员工的话,成为朋友不是不可能。比如说某烘焙企业人力资源部门负责培训的专职老师,他们半天在公司进行培训授课工作,半天和自己的培训对象在一块上班,通过此种方式除了可以使课程设计更加有针对性,同时也可以通过与培训对象交流了解到其群体薪资等方面的预期值和对企业的其他期望等。薪资的预期值可以作为企业薪资调整的重要参考值,对于企业的其他预期是企业进行人事政策制定的方向(详见第七章)。不同的员工薪资的具体预期值有所差异,但是通过不同对象的数据采集并分析就可以总结出具体培训对象群体的相应预期值。

③普调决策制定。连锁经营企业通过新建企业定薪模式确定了各岗位的初始薪资差,一旦确定企业普调标准,企业所有岗位在维护原来薪资差距的基础上统一进行薪资调整。除非根据市场的变化,某类岗位人才因市场极度短缺而通过新建企业定薪模式重新定薪以外。

为了实现对企业人工成本的管控,进行员工薪资普调前企业先应明确可能造成人工成本失控的薪资与福利项目,唯有将所有可能造成人工成本失控的因素控制住并同时实现企业人工成本效率最大化发挥的管控模式,才是企业最终追求的目的与方向。

前面章节中介绍的涉及员工切身的相关福利,如生日贺金、结婚纪念日鲜花等费用列入福利项目(社会保险除外)中,其资金来源主要是上一年度年终奖的节流费用,其节流标准应为年终总奖金的50%。

当月企业员工工资普调上限总额 = 当月销售额 × 企业确定的人工成本率 − 当月个调工资增加总额 − 当月工龄津贴增加额 − 本月为增加个调及工龄津贴的应发工资总额 − 当月企业应承担的社会保险费用总额

通过上面的公式可以得出普调工资总额的上限,但是普调工作是前置的,处理不好就有可能超出核算的普调工资总额上限。为了提高薪资普调的预见性，企业可将计划企业薪资普调月与上一次薪资普调月间各月核算普调上限平均值作为薪资普调总额上限标准，这样有数据的支撑大大提升了普调工作的科学性、有效性。

普调控制上限 = ∑上一次普调次月与本次计划普调之间各月企业员工普调上限总额/涉及月份数

福利与年终奖金也属于人工成本的一部分，如果企业仅仅满足薪资调整需要，就有可能造成年终奖金及与员工切身相关的福利项目没有资金支持。不管用什么方式核算，其年终奖金也应该在企业人工成本支付额度范围内，为此普调控制上限就不能完全用于企业员工薪资普调，企业将控制上限的70%用于企业员工薪资普调、30%用于年终奖金费用计提是比较合理的。

企业员工人均普调薪资控制额 = 普调控制上限×70%/企业参与薪资普调总人数

通过员工心理预期调研了解到员工的薪资上涨预期值，假如企业员工薪资上涨预期是200元/月，企业在主动加薪的情况下即使没有调整到200元，只要与其差距不大，企业员工都会很感激企业。笔者建议按照员工预期值的80%确定薪资上涨标准，这样不但实现了自有员工的保留问题，还有可能通过薪资的计划性调整将竞争对手的员工吸引到本企业来。

员工薪资预期上涨标准和企业员工普调薪资控制额进行对比，如果在控制额范围内可以直接按照预期数的80%作为薪资普调的标准，如果员工薪资预期上涨标准超出了控制额，企业员工普调薪资控制额就是员工薪资普调的设定值。

通过以上方式根据普调薪资时机周而复始的进行员工薪资普调数额决策的制定，这样就能保证既兼顾到人工成本投资的效益问题，又实现了对人工成本有效管控的目的。

企业进行员工薪资普调，每个月当月销售额乘以企业确定的人工成本率与每月当月的人工成本实际支出额之间一定有差额，其差额的总和与企业员工普调薪资控制额的30%及当年老员工分流基金结转额之和就构成了企业年终奖金发放的控制上限额。为了提升企业年终奖金的控制上限额，提升企业销售额与控制企业人员数量是重中之重。

按照企业经营利润的一定比例提取的奖金总额与企业年中奖金发放控制上限进行对比，如果按企业经营利润的一定比例提取的奖金总额在企业年中奖金发放控制上限之内，那么当年年终奖金发放额就是按企业经营利润的一定比例提取的奖金总额；如果按企业经营利润的一定比例提取的奖金总额超出企业年度奖金发放控制上限，那么企业年终奖金发放控制上限就是当年的年度奖金发放额。

薪资系统的开发与设计

连锁经营企业经营单元分散，对人力资源管理信息方面的要求要远远高于其他的企业。作为劳动密集型企业的一种，如果没有很好的薪资管理系统，全部依靠人工来处理大量信息，很有可能出现错误而给企业造成损失。本节主要介绍连锁经营企业薪资管理方面的相关人力资源软件的设计与开发。

1. 福利系统的开发

不同企业其管理的标准及要求有所不同，信息系统的建设一定要支持企业的个性管理需要，连锁经营企业要实现福利的个性设计。比如说父母生日贺金、结婚纪念日礼品等福利，企业有多少员工就有多少以不同员工为单位的大量个人信息的采集和使用。在信息量大的情况下，即使通过人工能够保证得以提供，但处理此类信息的员工数量大家可想而知。企业为了管理需要以成本的增加作为代价，但是投入产出过低的投资也是企业的一种机会成本的损失，信息系统可以低成本、高效率地解决这个问题。

企业福利管理功能实际上只有信息的提醒功能，所以企业可以将福利管理系统与员工入职档案系统进行链接，要求员工在办理入职的时候通过本人身份证识别系统、个人信息收集档案系统建立员工个人考勤号，以方便进行数据信息的编辑工作，并要求员工提供家庭户口本、结婚证书等反映员工个人家庭信息的原件办理入职手续，这样通过入职程序就可以实现相关信息的采集功能，福利管理系统可以通过档案信息系统的相关数据实现自动提醒的功能，大大提高了工作效率。同样为了保证数据录入的准确性，对负责此类信息录入的员工要进行业绩考核工作。

福利管理系统应该是一个动态的管理系统，员工家庭情况不是不变的，有可能员工在办理入职的时候还是单身，但是到公司以后结婚、生子的大有人在。福利管理系统应该通过员工结婚、生子等履行的请假手续实现数据采集，此类假期都属于带薪假，如果员工不履行手续的话就有可能被扣工资。

福利管理系统还应该设置信息自动调整功能。个性福利中，员工父母生日的时候企业有生日贺金福利，父母死亡的时候有企业的丧亡抚恤金福利，如果福利管理系统不具备信息的调整处理功能，很有可能某员工的父亲或母亲在享受过丧亡抚恤金后每年还享受生日贺金的福利。福利管理系统可通过与其收集的考勤系统的丧假信息，直接进行员工父母信息的处理，这样就避免了这种荒唐事情的发生。

福利管理系统应与后面介绍的薪资自动调整系统数据库链接，通过福利项目个人统计及汇总统计功能，实现福利包资金的动态管理，为人工成本的管控提供重要的技术支持。

2. 工龄津贴自动调整系统

员工的工龄津贴按照不同岗位并结合业绩考核可以核算出工龄津贴调整值。如何实现此功能？企业首先将津贴自动核算的公式写到此系统中，其次工龄津贴自动调整系统应支持各岗位级别工龄津贴基数自定义设置，最后此系统应与业绩考核系统挂钩直接结算个人的工龄津贴调整数据。

为了保证人事数据的自动收集功能的实现，此系统应和员工档案系统挂钩，这样指定考勤号码就和相应人员及工龄津贴数据建立了联系，为以后薪资的自动结算及人工成本的分析及控制建立了前提条件。此系统中还要设置上限条件，一旦某位员工不管是工龄还是津贴数达到了系统设置上限要求，系统只结算控制上限锁定的津贴数额。

3. 薪资自动调整系统

为了实现员工个调的自动显示功能，此系统应和员工档案系统、员工培训系统、员工业绩考核系统挂钩，凡是通过岗位晋升或岗位晋级培训的人员，按照不同岗位晋升或晋级标准结合相应的业绩考核就可以通过系统直接实现员工岗位晋升与晋级了。

薪资的调整一直是困扰企业及人力资源管理人员的一大难题，很多企业通过每年年终进行第二年薪资政策的测算来实现，比如在 2014 年年底的时候制作出 2015 年薪资上涨比例等，这样做固然有可取之处，但是 2015 年是一个未知的年份，如果 2015 年经济状况等不可抗力的因素存在，提前进行政策的制定很有可能会出现失误。解决这个问题的最佳方式就是对企业薪资政策进行动态调整。

前面提到了人工成本控制上限，即通过销售总额与企业确定的人工成本率的乘积确定。那么在开发薪资自动调整系统中支持人工成本率自定义设置功能并将其与连锁经营门店的收银 POS 系统数据链接，每个月的销售数据的收集通过此系统就可以自动结算当月人工成本的控制上限。同时此系统还应具备统计功能，每个月的控制上限数据通过此系统可自动合计，这样就为人工成本的控制设置了数据依据。

员工薪资普调系统应该与员工津贴自动调整系统、员工薪资个调自动调整系统、员工薪资自动核算系统、员工社会保险费用扣除系统链接，通过上面介绍的普调控制上线公式就可以直接显示各月薪资普调限制额数据。同时此系统有自动求和、求平均值功能，在系统中设置自定义普调控制上限比例（如70%），系统与员工档案数据收集系统自动进行人均普调控制数额的核算及管控。

此系统支持员工期望数据的录入功能，通过最佳调薪的期望薪资比例设置，实现系统的最佳普调薪资数据的建立。并在同一个界面上显示人均普调控制数额的上限，只要在系统中设置数据处理规则，如果最佳普调薪资数据小于人均普调控制数额控制上限，企业普调建议额以最佳普调薪资数据为准；如果最佳普调薪资数据大于人均普调控制数额控制上限，企业普调建议额以人均普调控制数额控制上限数据为准。这样就可以通过系统自动实现最佳普调建议时间与建议薪资额自动提醒功能。

为了减少数据处理中的中间环节，提升数据采集的有效性，在开发此系统时应在此系统中设置提醒回复功能，即系统中出现了员工普调薪资建议，在建议的回复窗口有同意普调、暂不普调、自定义普调（在普调中就某些工作在普调薪资额内自定义建议数据功能，假如系统建议普调200元，通过薪资的市场调研企业中某岗位只需要增加100元就可以达到市场竞争力的效果，这样就可以在系统中选择自定义普调，通过与其链接的档案系统搜索指定岗位名称并在岗位名称后手工录入100元数据就可以实现自定义普调的目的）。

4. 员工福利自动结转系统

为了保障人工成本的有限管控，企业应将薪资与福利管理相关系统在一个平台上进行开发并保持系统之间数据库的相互可搜索与共享。企业将年终奖金控制上限的公式写在系统中，这样就可以通过此系统实现企业员工福利余额的自动结转功能。

如果有条件的话可以将员工福利自动结转系统与财务管理系统进行连接，通过财务系统数据及系统设置的年终奖金提取比例就可以显示年终奖金发放建议额。

为了直观地对年终奖金发放额进行控制，在系统中将前文解说的条件写到系统中，这样员工福利自动结转系统就可以进行年终奖金发放决策并指导人力资源部门进行操作，这样既提升了工作效率，又大大提升了人工成本管控效果。

员工福利自动结转系统每年会将本年的人工成本节约额在系统中结存，此部分成本结余总额不是简单地作为企业的利润截留于企业，而是作为企业风险基金在财务预提，当企业处于经营萧条的年份作为企业能够保持基本的薪资或福利政策调整作保障。

薪资核算系统的建设

没有一个高效的、操作便捷的薪资核算系统，薪资核算人员数量就很难控制。按照传统的薪资管理模式，每月核算人员除了为门店员工进行薪资核算工作，同时还负责就薪资异议进行解答，这大量地占用薪资核算人员和门店员工的上班工时。解决这些问题的唯一方式就是运用高科技手段实现薪资的自动核算并通过员工手机查询系统进行自我查询。

1. 薪资核算系统开发

当笔者第一次听说上海华硕公司7万人的工厂核算薪资的人员仅有7人的时候，可谓说非常震撼。这样的核算效率是人工根本无法实现的，那他们是怎么实现的？一定有一个高效的薪资核算系统。

薪资核算系统是将考勤系统、奖惩系统、薪资等级系统集成的一个核算系统。

2. 奖惩系统的开发

连锁经营企业中员工奖惩主要有考勤方面的奖惩、业绩提成及考核方面的奖惩、传统奖罚方面的奖惩、物品盘存差异方面的奖惩以及收银人员收银查账方面的奖惩等。如果开发一个系统能够和员工档案系统等相关系统及录入端口进行对接，这样就会自动实现指定考勤号码对应人员的月度奖惩合计，大大提升了薪资核算人员奖惩环节的统计效率。

考勤系统是可以实现指定考勤号码对应员工的月度考勤数据统计的，只要在考勤系统中将考核的奖惩标准内化，如迟到多长时间扣罚多少金额，这样考勤系统就可以直接实现指定考勤号码对应员工的月度考勤奖惩数据。

业绩提成的核算，只需要将连锁门店的POS收银系统数据收集到员工奖惩系统中，通过内化到奖惩系统的销售提成比例，核算出每个连锁门店的月度业绩提成总额。为了规避门店短期效应，员工奖惩系统还要和门店综合考核系统对接，通过门店的综合考核数据对门店提成总额发放进行弹性调整，并自动核算发放金额。

连锁经营企业为了促进VIP（贵宾）卡、新品或滞销品的销售，经常会专门就此类产品推行促销活动，同时为了提升门店员工的促销热情，有时候还会专门就每项单品或业务单独制定提成方案并不与门店综合考核挂钩，对于此类业务的提成是比较容易处理的，只要将POS系统数据直接连接到员工奖惩系统中，由负责促销的部门通过员工奖惩系统的自定义端口录入提成政策，此系统就可以直接显示指定考勤号码对应的员工的提成数据。

员工奖惩管理办法，传统的操作方式是员工违纪开罚款单或重大贡献开奖励单到财务部或人力资源部执行。可以将员工奖惩系统在每个连锁门店系统平台上设置窗口，门店店长可以直接通过门店信息平台实现奖惩数据的录入，这样不但增加了工作效率，同时系统也实现了奖惩信息的记录。

收银现金的盘点，可以根据连锁经营企业经营的门类进行货品实物的盘存。企业可以将盘点或盘存差异的处理公式内化到奖惩系统中，员工奖惩系统是和连锁门店的经销系统链接的，连锁门店店长通过门店信息平台录入实际盘点或盘存数据，此系统就可以直接核算差异并通过内化差异处理公式核算以月为单位指定考勤号码对应的员工的奖惩数据。

上面介绍的各个奖惩模块在员工奖惩系统中共用一个数据库，只要员工奖惩系统具有统计功能，就可以实现各考勤号码对应的人员的月度奖惩数据合计额。员工薪资等级表与月绩效工资挂钩，一旦确定了各岗位各员工的薪资等级表，通过考勤号码的搜索即可实现企业薪资自动核算的功能。

3. 薪资等级系统

如果没有指定员工的薪资标准及薪资表单，仍然无法实现员工的薪资核算功能。薪资等级系统是为了解决员工薪资标准及薪资表单而开发的核算系统，此系统具有岗位薪资标准自定义设定功能。对于个调实现的方式，在系统中按照岗位等级标准设定，如收银员 A 级岗位、收银员 B 级岗位等，通过此系统与员工档案系统、员工在线管理系统、培训管理系统、综合考核系统链接，内化的岗位晋升或晋级规则，可以直接锁定考勤号码对应人员的岗位等级。

薪资等级系统具备薪资等级表的自定义录入功能，将每个岗位等级设置不同薪资标准。通过系统自定义功能录入不同岗位等级岗位的基本工资、技能工资及绩效工资基数额（一般是为了规避相应的劳动风险，将一部分固定的工资在制作工资表时纳入绩效工资的部分），这样凡达到相应岗位等级的员工，其基本工资和岗位工资及绩效工资数额就会被收集到相应岗位等级。

4. 薪资核算系统

为了实现薪资的快速核算功能，将薪资核算系统与员工奖惩系统、工龄津贴自动调整系统、薪资等级系统关联，薪资核算专员通过自己的电脑平台跟进、检查奖惩数据等端口数据录入的时效性与准确性，在薪资核算时将所有的数据导入薪资核算系统，这样就可以实现绩效工资（绩效工资基数额与奖惩额的合计数）、工龄津贴的数据引入，实现应发工资数的自动核算。

传统的薪资异议解答方式大量浪费人工，为了提升异议解答的工作效率，可以按照连锁经营企业在职员工业绩考核的方式定制开发管理软件，员工通过自己的手机登录并输入自己的考勤号码就可以详细地查询自己的薪资情况。此查询系统支持异议解答功能，薪资是由各个薪资项目组合而成的，每一项薪资组成后面都有是否有异议窗口，如果员工对于薪资无任何异议的话，不需要在手机平台操作任何作业；如果员工对自己薪资中某项组成有异议，可以在异议与否窗口中点击"是"，窗口中就会出现异议原因自定义窗口，员工可以通过此窗口进行异议内容的书写，人力资源部门后台薪资管理人员可以通过手机上传的异议事宜核查数据并通过此系统后台直接进行回复。

为了保障薪资核算人员在异议查询中的工作态度和责任意识的提升，凡是被员工投诉或通过异议系统回复后检查出薪资核算人员工作错误者，一律纳入薪资核算人员业绩考核系统进行业绩考核。

人工成本个体平衡管控

利益的分配一直是企业比较头疼的问题，通过上面的内容介绍已经完成员工利益分配问题，但是不是对每个员工薪资福利的投资都是合理的呢？

对于自负盈亏的企业，非常注重投入产出比，传统的企业管理都将注意力集中到企业的盈亏平衡的控制上，很少有人就企业组成部分的员工收益率进行分析。试想一下，如果企业中每个员工都属于投入产出率过低的，那么企业的收益率一定很低，企业不能保证每一个员工的投入产出比都是很高的，但是如果通过有效的管理，逐步提升员工的投入产出比不是没有可能的。

前面章节中已经介绍了企业的福利管理与薪资相关的信息管理系统，所有的信息管理系统都是和员工的档案系统互相链接的，通过系统的数据记录，可以将企业中每个考勤号码对应的员工全年收益统计并汇总合计。

这样通过系统中数据排列的功能就可以将每个岗位全体员工按照年度收益从高向低或从低向高的顺序排列出来，如果此排列顺序是和员工在企业中的实际表现（通过年度业绩考核）一一对应的，那么就证明企业对员工的薪资和福利管理是有效的。如果出现部分员工和实际表现有出入，那么在薪资与福利政策管理上还有需要进行改善与调整的空间，同时也可以通过差异率的变化对企业中薪资与福利管理的专业人员进行考核。通过此管理手段不断地对人力资源薪资与福利管理政策进行摸索与改进，以激励员工改善业绩并最终提升企业绩效。

岗位中收益比较低的员工往往是业绩比较差的，对于此类员工人力资源部门通过收益数据分析，找到导致业绩差的核心因素并通过员工的直属领导与其沟通，鼓励员工积极进取，改善工作业绩，甚至可以为指定员工设置收益上涨目标。

如某员工年度收益较差，受到主要影响的因素是工龄津贴和年终奖金，对于这两部分收益的主要影响因素是员工业绩考核水平，此领导可以与其沟通，工龄津贴是由上一年度业绩考核影响决定的，而年终奖金是由本年业绩决定的，领导可以和指定对象共同设定未来一年年终奖金的目标并在全年中积极鼓励和协助，这样该员工一定会被激励，结合内部培训的支持改善业绩目标。

通过连锁经营企业人工成本个体平衡管控，实现了薪资福利政策的不断改进，在结合日常管理行为的基础上不断提升员工的投入产出率，最终实现企业效益的提升。

人工成本综合管控

人工成本最为核心的管控是各级管理人员都要有人工成本管控的意识，合理进行工作安排，杜绝人工工时浪费。

每个连锁门店实际情况有所不同，门店管理人员能够根据自己门店实际情况在公司允许范围内进行员工班次的适当调剂，如本来员工上班是按照两班倒的作息时间模式，门店店长根据客流情况安排一名员工在一天中最忙的时间段上班，这样就有可能两班倒的两名员工减少一名，从而实现人工成本的管控目的。

连锁经营企业一般属于劳动密集型企业，人工成本在总成本的比例相对来说是很客观的，激发全体员工人工成本管控意识并将成本管控的结果和自己的收益挂钩作为人工成本管控的一项基本原则是企业人力资源管理人员不断探索的课题，随着科技手段越来越先进与越来越发达，相信可能还会有更科学、更有效的手段支持人工成本管控工作，期待新的管控手段的快速产生为企业创造更大的价值。

第七章

连锁经营企业员工流失率管控

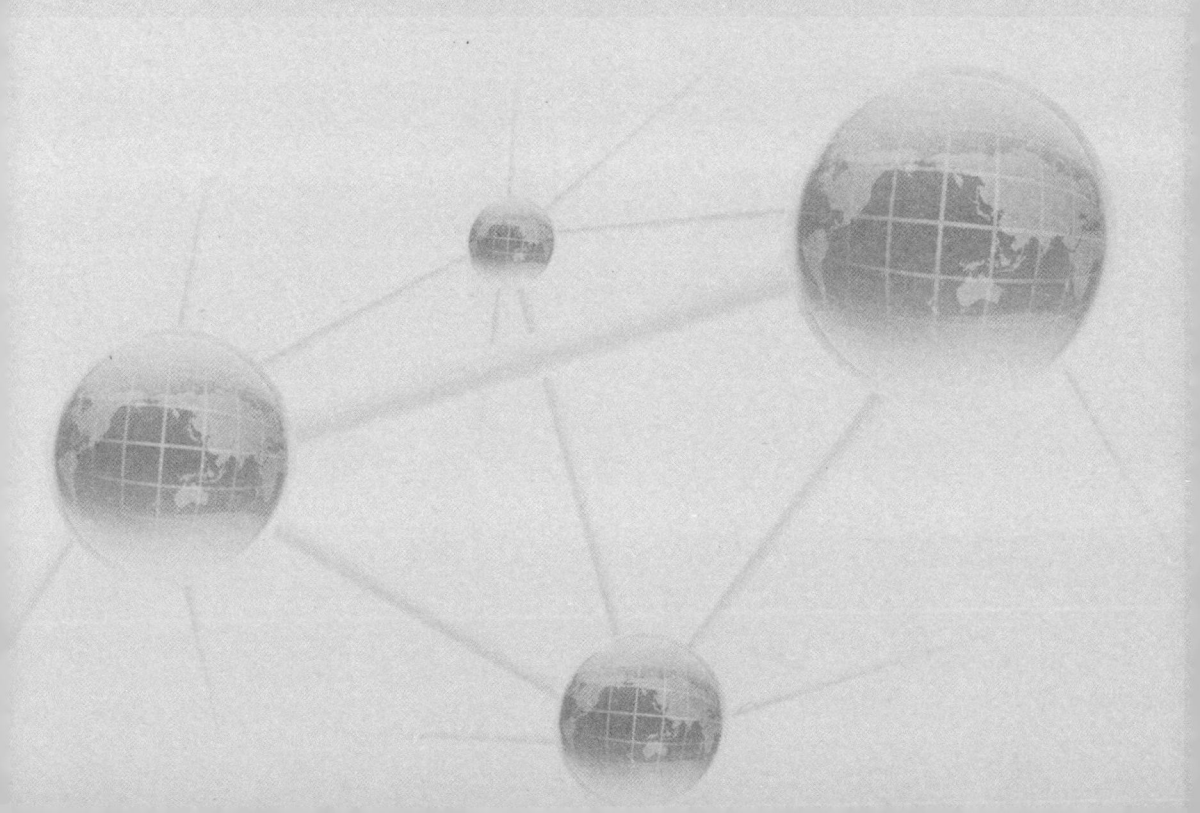

企业员工过于稳定，创新精神可能会受限，但是员工流失率过大，一定会造成企业期间人工成本的大量浪费。员工稳定给企业的益处，很多书籍上都有相应介绍，本书就不再予以阐述。但是企业如何提升员工对企业的满意度，降低企业员工流失率呢？这是本章主要阐述的问题。

企业雇主品牌形象建设

企业雇主品牌形象对在职员工的保留与稳定是有积极作用的，但是对雇主品牌的打造不是一件容易的事情，不似宣传那么简单。我们经常发现不同企业的员工提到自己企业会有完全不同的表现。企业品牌形象很差的，员工都很少介绍自己的企业，感觉在这样的企业上班非常没有面子；企业品牌形象好的员工则经常介绍自己的企业，感觉非常自豪。

雇主品牌建设是一个长期的、循序渐进的过程，主要有企业内部人事政策和社会形象两个主要方面。对于企业人事政策的介绍，在本书的前面章节中介绍了，其核心是提升员工对企业的满意度、忠诚度及员工的向心力与凝聚力。理论的提出很容易，操作是一个漫长而且坎坷的过程，只有通过全体员工自上而下的共同努力，并且不断地根据客观情况的变化精益求精地改善，才能慢慢地改善员工对企业的印象并实现凝聚的目的。

企业是一个全体员工展现自我的平台，很多能人志士更期望能够在企业中体现价值。作为优秀的雇主，无不是将此类工作做到极致，他们很少压抑员工的创造力，更多地给予支持以帮助员工体现个人价值。如某家品牌运营公司，就用开发产品的设计师名字作为其服饰的品牌。试想一下，作为此设计师会感到多么光荣，同样其他企业伙伴看到该企业这么尊重员工会不会被激励呢？答案是不言而喻的！

对于平台价值的发挥，有个想法就是将此工作与管理人员的业绩考核挂钩。企业员工之所以没有感受到平台的价值，很多时候都是由于直接领导的不支持与压制造成的。为什么你的部门员工没有创造力呢？一定是你没有给他们机会，没有给他们平台，没有给他们协助！为什么近年来很多在国企甚至在央企工作的经营管理人才、技术人才在薪资福利远远低于现有企业的情况下，选择跳槽到外资企业或民营企业呢？

很多人可能不能理解，为什么放弃"旱涝保收"的国有企业到收益不能保障的民营企业或外资企业。其实他们之所以这么选择，是因为这些企业能够给他们激情，给他们实现抱负的空间与平台，他们可以按照自己的理想开展工作，而这都是国有企业无法给予的。企业如果崇尚创新、鼓励员工探索并且给予资源或技术等支持，这样企业员工活得会很有激情、很有价值，也很有所得。他们一定会很感激企业平台并发自内心地维护企业形象。为了达到这样的效果，企业部门负责人需要为员工营造支持工作的环境氛围，对此可以通过考核手段实现。即部门年度创新型工作，不管是为了管理改进而推出的管理流程更新，还是为企业效益提升而进行的技术改进，凡是员工提出并实施的，即纳入部门创新型工作结果的数据统计范围，数量或价值最大的部门或个人将会得到特殊奖励，以此激励企业所有员工。

工作环境对于企业形象的影响是很大的。对于企业员工的生存来说，不但对工作氛围要求很高，对企业中软硬件设施营造出来的工作环境要求更高。很多企业为了降低成本，习惯用接近淘汰的电脑等设备，这样对员工的创造力打击是很大的，员工潜能都用在如何进行工具的维修上了。如果所有员工使用的设备都是新的或最先进的，那么被淘汰的设备如何处理？这样造成的管理成本如此高昂企业又怎么能够盈利？很多成功的企业探索出来的处理方式值得借鉴。如国内某企业员工入职的时候就可以领到新的办公电脑，每台电脑设置了使用年限。如果1台电脑价值3000元，每年价值损耗1000元，如果员工在企业工作满3年，自己使用的电脑所有权就归自己所有了；如果一个员工在公司工作1年后离职，可以出2000元将电脑买走，员工不愿意的话，企业可以通过同样的价格转卖给其他员工；如果工作的时间很短就离职，其使用的电脑设备和新的设备基本没有区别，这样即使新员工使用此设备也不会感觉不好，既满足了员工对工作设备的心理需求又兼顾了企业成本的压力。当然，可能有其他一些更好的方法，有待企业管理人员不断探索、不断推陈出新。

硬件环境不仅仅就是使用工具方面，还包括工作环节中通风效果、空调效果、空气质量、卫生环境、照明状况等硬件无不对员工的工作心理造成一定影响，不同企业应根据自己的财力和实际情况尽量营造好的环境。

硬件环境的改造相对比较容易，但是软件环境的升级就不是那么容易了。

没有员工愿意在一个流程冗长的工作环境中浪费自己的职业生命，也没有员工愿意在不敢承担责任的领导下面进行工作。对于管理人员的选择或淘汰在第四章中详细地介绍了，对于流程的梳理和改进也是管理人员当仁不让的职责范围，唯有警钟长鸣，精益求精地不断探索与追求，才能实现工作软环境基因的改变。

企业的社会形象对雇主品牌建设影响非常巨大，对一家对社会负责任的企业来说，品质永远是第一生命线，特别是连锁经营企业作为社会服务窗口更需要严把产品质量关，企业追逐利润最大化固然不错，但是为了利益昧着良心的企业难被世人所接纳。控制产品质量不单是为雇主品牌形象服务，更是企业经营最基本的底线。

作为雇主形象的另一个关键因素就是企业效益。成功的企业是那些不仅生存，而且生产的产品非常好的、业绩优秀的企业。作为人力资源管理工作者，有义务不断地为企业引进优秀的经营管理人才与技术性人才，不断地提升企业员工的职业化素质，不断地协助企业经营层进行企业文化的改造，不断地营造良好的工作环境来提升企业业绩。业绩不断改进、企业规模不断扩大、品牌不断提升本身就是在做雇主品牌建设工作。

对于雇主形象的社区形象、社会责任等，企业实力不同、义务也有所区别，但是不管怎么样，只要企业不断改进自己，一定可以赢得社会的重视和尊重。只有实实在在的硬实力才不至于被社会认为是虚假宣传，这样雇主形象才会随着时间的推移不断地攀升。

雇主品牌建设不是存纯的简单操作，需要企业扎扎实实地不断耕耘。它需要企业在激烈的竞争环境中不断地强大自己，不断地充实自己，时刻保持着高效的敏锐度迎接挑战、克服万难、保持生存与发展，最终通过由内而外的内涵来征服社会、赢得尊重。

门店管理人员流失率考核

本书在第四章中详细介绍了连锁门店流失率考核的相关内容。连锁门店管理人员进行流失率考核，如果门店管理人员不理解，势必造成负面的效果，此项工作的开展应循序渐进地进行。

首先，要使门店管理人员对此有正确的认识。对于此部分着重强调的是思想问题，意识形态没有开发好，其他的管理效果都会大打折扣，甚至适得其反。

其次，引入门店流失率考核。门店流失率考核在前文中有详细介绍，对于考核方式、数据采集、核算公式等相关考核方法都有详细的描述。考核不是目的，企业真正的目的是通过门店流失率的考核，强化门店管理人员进行门店员工的保留工作，同时给其压力去学习、研究留住员工的技能和方法并最终实现门店员工流失率的下降。

最后，研究并传授连锁门店员工流失率下降的方法。使连锁门店员工流失率下降的方法主要包括横向与纵向两大控制方法。

1. 横向门店流失率控制

所谓横向门店流失率控制，即通过门店管理人员的努力实现门店员工流失率的下降。如某烘焙企业按照员工入职8天内、8天~1个月、1~3个月、3~6个月、6个月~1年、1年以上统计不同岗位员工流失数据并跟进分析原因，找到每个岗位不同阶段员工流失的具体原因，并针对性地将控制流失的方法与技巧传授给门店店长，通过其有效的执行实现对门店员工的管控。

该企业通过员工在线系统的数据采集发现，造成员工8天内离开的原因一般是招聘质量、新员工心理辅导、入职程序、新员工关系维护与跟进几个方面出了问题。招聘质量、新员工入职程序、新员工关系维护与跟进，在第三章中已详细介绍。新员工心理辅导一般是在新员工入职培训中专门进行的，主要通过与新员工无障碍沟通，了解新员工的职业需求并进行针对性的引导。经常看到企业在新员工培训的时候一味地强调企业的未来蓝图、发展史之类的。其实，这些内容并不是很重要，与其对企业进行歌功颂德，还不如真正地听听新员工的心声，了解员工的真正需求，根据员工的需要合理地解说企业。员工合理的职业需求企业应给予支持，不合理的职业需求应通过有效沟通方式予以引导，这样效果就会非常明显。

为了保障连锁经营企业的标准化与统一性，本书主张招聘工作以基层员工和高层管理人员与技术人员为主，其他岗位内部晋升或晋级。对于8天~1个月、1~3个月、3~6个月、6个月~1年、1年以上的员工离职率的管控要很精细，针对性地对门店店长等管理人员及相关岗位员工进行员工保留方面的专业培训与技能转化，同时结合人事政策的调整，最终实现不同工龄、不同岗位员工的保留。比如说收银员岗位，某烘焙企业分析得出8天~1个月工龄的收银员离职原因大部分都是由于收银技能不娴熟造成收银短款导致的，这样给收银人员造成很大的心理压力。为了解决这个问题，企业专门组织门店相关管理人员进行专业培训，提升管理人员缓解新上岗收银员工的心理压力的技巧，同时要求管理人员在新上岗收银人员上班时提供心理和技术上的支持，如门店收银高峰期的时候陪在新收银员旁边以增强员工的信心，也为收银人员提供相应的协助工作。

笔者通过实践经验总结，员工流失的原因直属领导占了很大比重，管理人员每个关键点的处理都大幅度地影响流失率。如连锁经营企业员工的薪资模式一般是由固定工资和业绩提成构成，而业绩提成的多少直接影响着员工的实际收益。门店业绩是由各种影响因素综合作用的，有好时也有不尽如人意时，管理人员如果在当月工资高的时候没有及时总结经验，在业绩差的时候就不知道原因，殊不知，这样不但不会增加业绩，还会扩大员工的心理落差，使员工丧失信心，造成的后果是在业绩差的时候流失率直线上涨。为此某些企业培训门店管理人员在业绩好的时候开会时说："这个月我们店的销售达到了多少，这是本人加入企业以来所有年份××月份销售突破历史性的新高（或本年度截止到本月最高的一个月或业绩第几等），这样的业绩是我们共同创造的，大家再接再厉，争取下月销售突破本月，同志们有没有信心？但是还有一点我必须强调，虽说业绩很好，××工作还有差距，大家能不能在下个月做得更好？"通过此类语言激励门店员工提升门店销售业绩。在销售不是很好的当月发工资的时候，应该这样说："同志们，我们这个月销售很不理想的，可以说是本年度最差的一个月了/连续多少年来××月销售最差的纪录，同志们不要灰心，销售不好主要本月我们在××工作上影响很大，我已经做过分析，如果下个月我们能够突破这个障碍，下个月业绩一定会很乐观，为了提升我们自己的收益，同志们努力吧！"通过诸如此类语言不断地提醒员工，促使员工一直处于最佳工作状态。

横向门店流失率控制是由门店管理人员与人力资源部门共同配合进行的。总体来说，门店管理人员管理水平和员工的流失率成反比，管理人员水平越高员工流失率越低。为此通过对门店员工流失率管控考核，提升门店管理人员保留员工的工作意识，再结合一系列管理知识与技能的专业培训，特别是针对性较强的处理方法，一定会达到员工综合流失率下降的目的。

2. 纵向门店流失率管控

所谓纵向门店流失率控制，即通过人力资源部对员工流失影响因素的研究，针对性地设计与开发人力资源政策，实现连锁经营企业员工综合流失率下降的方法。

专职培训老师是专门就某一类岗位进行培训的项目负责人员，他们在公司授课半天，另半天和培训对象一块进行工作，可以通过与其交流和沟通了解培训岗位员工薪资预期上涨额，有利于进行综合人事政策的制定。专职培训老师通过培训工作可以"制造"很多合格的员工，不过，如果对合格员工不能够很好地保留，也是枉然。企业应要求专职老师在和员工沟通时除了了解需求信息外，还应对他们的抱怨点进行收集。人们经常通过抱怨以宣泄对现实的不满，很多企业对待员工抱怨的方式不是解决问题而是打压。有的企业有一项杜绝员工抱怨的管理制度，凡是出现抱怨一经查处立即予以处罚，其结果使工作环境更为压抑，没有人愿意继续在此环境中工作。其实员工有抱怨是在给企业机会，员工抱怨是因为他们对企业还抱有希望，如果员工对企业已经不抱任何希望，他们会选择直接离职。如果企业能够收集员工的抱怨，就可以通过抱怨出现的频率进行员工不满意点的排名，排名越靠前也就是当前最急迫需要解决的主要矛盾，如果企业可以予以针对性地解决，就会降低员工的流失率。

为了提升人力资源管理对员工抱怨点的敏感性，企业可在培训管理系统中定制开发受训员工跟进调研模块，此模块支持自定义功能，专职培训老师在连锁门店和受训对象沟通中一旦出现员工抱怨，就立即通过此自定义功能将抱怨内容编辑到员工跟进模块中，随着时间的推移，员工抱怨内容也会逐步增加，通过此跟进系统就可以清晰地了解所在企业各岗位员工具体的不满意内容。

新的抱怨内容系统通过自定义功能进行编辑，由专职培训老师将抱怨内容转化到系统中。此系统支持抱怨内容查询功能，找到抱怨条目并在后面窗口中选择具体抱怨，通过系统记忆功能具体了解抱怨点。系统还具有统计功能，有权限的人员可以直接查询一定周期内抱怨频率的排序，抱怨频率最高的内容就是当前的主要矛盾,需要人力资源管理人员围绕着此抱怨内容有针对性地进行解决。

此系统还具有信息检索功能,一定时期内主要矛盾是否有所解决,可以通过此抱怨次数很清晰地看到,如果人力资源管理人员没有根据问题,进行针对性地解决或解决没有达到效果,某一抱怨出现频率会保持高位运行,这就为人力资源管理人员进行员工满意度提升考核提供了数据采集的直接渠道。

员工离职面谈也是了解员工的重要管理行为,很多企业也非常重视此项工作,但通常并不知道如何进行员工离职面谈工作。员工为了减少事端、顺利地办理离职交接工作压根儿不愿意在离职的时候真实反映离职原因,如果直接与刚离职员工沟通基本得不到什么有价值的信息,基本都是"个人原因",此类离职面谈没有任何的实际意义。

企业在员工档案系统中一般都会保存员工的联系方式,企业可以通过QQ、MSN、微博、朋友网等沟通工具,由劳动关系人员保持与其交流与沟通,这样离职一段时间的员工就会打消很多心理顾虑,通过此种方式收集到的员工离职原因才具有科学性与真实性。

为了有效利用员工离职原因为人力资源政策制定作参考,企业可以在员工档案离职原因模块设置自定义编辑窗口,凡出现员工离职,负责离职面谈的员工可通过此自定义窗口将离职原因编制到离职系统中。此系统也具有跟进等相关功能,通过统计可以直接显示出各岗位员工的离职原因排名,人力资源部门通过数据收集并结合系统中员工不满意数据信息,可以进行人力资源制度与政策的开发与实施,最终实现提升员工满意度和降低员工流失率的目的。

人力资源管理初始层面,是进行事务性工作的处理,随着管理职能的提升,员工心理层面的疏导工作会成为很多优秀企业考虑的重点。现在90后员工增多,加之有人的精神文明建设与物质文明建设的脱轨,致使其对工作和生活的认识是偏激的。富士康案例就很值得人力资源工作者思考,为什么会有那么多的员工跳楼?员工的心理问题应特别关注,长时间没有渠道疏导,也没有排泄的合理方式,导致这样的结果也是不足为奇的。

连锁经营企业门店分散,如果不注意员工心理问题的疏导,不止员工的保留工作会出现问题,员工的安全问题也会出现隐患。有的连锁企业特别重视此项工作,如某烘焙企业特别重视员工劳动关系的管理,并在人力资源部门专门设置一特殊岗位,此岗位员工公布自己的所有的联系方式,如 QQ、MSN、微博、微信、朋友网、手机号码等,其他员工如果有什么事情想不开或有什么其他心理问题,都可以直接与其交流和沟通。通过此方式为员工设置了一个心理调节和疏通的渠道,也为深度捕捉员工需求创造了条件。

组织活动如何降低流失率

通过详尽的背景调查,发现很多员工离职根本没有原因,实际上就是想换一个工作环境而已。工作需要高度的严谨性,为了保障服务或生产的质量,工作过程中很难实现多样性的工作环境,但企业可以通过导入人文管理或政策的改进,来改善工作环境。

员工业余文化活动类别是很多的,组织篮球比赛、羽毛球比赛等体育活动,组织看电影或其他类别的活动都可以。不管是什么活动,首先是员工有时间参加,很多企业中体育文化设施应有尽有,可根本就没有员工去光顾,为什么呢?因为员工全部在加班,根本没有时间参加。每天高强度的工作,员工也没有精力与心情参与相关的体育文化活动,所以首先要保证员工的休息时间,而工时管理是保障员工参加组织活动的前提。

员工工时管理就是员工上班时间的管理,国家相关法律法规都有员工工时管理的相关规定,如每天工作不得超出 8 小时,每周工作时间不得超出 40 小时,每月工作时间不得超出 174 小时;一周至少保证员工一天休息;员工加班每月不得超出 36 小时等。企业经常会出现两难的局面,即安排员工休息势必增加人工数量,导致人工成本的增加;不增加员工数量,导致员工满意度降低,员工流失率增加,不但不利于员工身心健康,还有可能因员工疲劳作业造成工伤,产品质量难以保证。企业如何协调好这种矛盾呢?

很多连锁经营企业因销售预测不利,导致商品频繁出现进货、退货、调拨货品等行为,无形之中增加了员工的无效工时;有的企业对连锁门店的劳保物品管理实行以旧换新的政策,固然有可取之处,但因更换也造成了很多工时的浪费。企业可以根据商品售卖与物品使用的规律对门店进行定额配送,不仅可以实现商品物质管控的目的,也提升了工作效率。此类的管理行为增加，间接实现了员工工时的有效管理，无形中给员工创造了价值。

某烘焙人力资源部门中有一个数据分析的专门组织，其主要工作就是对人力资源管理实施效果进行分析与监控。通过正常工时顾客投诉与加班工时顾客投诉，不安排员工加班以及安排员工加班流失率的不同数据分析，给决策者建议是安排加班还是增加人员，这样既实现了成本的管控，又满足了管理效果的提升。

1. 文化活动

现在的年轻人有个性、有才气，他们热情奔放，充满着无限的创意，他们渴望自己的才能能够得以展示。企业员工文化活动应以采用"取之于民，用之于民"的原则组织，每次文化活动的组织都要做大量的活动主题及项目的调研，同时邀请活动参与者——员工作为活动的组织者。人力资源部门主要承担平台搭建及资源支持的角色，主角全部由员工自己充当。这样的活动不但能够达到激励员工的目的，而且减少了人力资源部门组织的难度。

课时如果不加限制可能会出现天马行空的情况，很多涉及经费的控制问题，为此每次活动应给员工一定的前提条件，组织部门可以就每次活动通过调研的形式组织评选工作。现在的年轻群体都是不甘示弱的，会充满激情地投入活动中，甚至还有可能因资源的限制而自行开发自有资源，如要求亲朋好友友情客串等，这样大大提升了活动的多样性和趣味性。

有些企业在组织活动的时候极富官僚意识，这是一些企业组织员工活动的通病。试想一下，在压抑的环境下员工会玩得尽兴吗？答案不言而喻。调动员工的参与意识与积极性，永远是组织文化活动的原则与方向。通过活动的组织降低员工心里的厌倦感，才能减少员工流失率。

2. 竞技活动

企业中技术的探索是很枯燥的，特别是研发性技术工作更是如此，再加上国家对技术工种认知度不高，中国企业很难实现真正的自主创新。

一般性岗位因替代性比较强，即使流失对企业影响也不是很大，但是作为技术性工种的流失问题就比较严重了。虽说很多企业重视技术性人才的保留工作，但技术人员还仅仅处于幕后的角色，基本很少公开抛头露面，除非是真正的大师。技术人员也需要一定的精神激励，为此开展公开竞技，调动他们的积极性，是不错的选择。

竞技活动的组织和员工活动的组织有本质的不同，技能竞技一般要严格按照技术规范进行评比，应设置评委团并按照统一的技术标准进行技术评定活动。对于技术精湛的选手给予特殊的称号进行精神激励，如操作能手、技能标兵等，这样员工就会受到相应激励，大大提升竞技活动边际效应。

文化活动和员工竞技活动也可以与促销活动结合起来组织，如某烘焙企业就在连锁门店广场组织裱花蛋糕技能比赛，在大庭广众之下进行技术竞技，不仅激励了参选员工，通过活动也提升了顾客的关注度，实现了连锁门店的销售业绩增长。

3. 探索活动

企业提供资源与平台并予以一定的引导，要求员工献计献策。某烘焙企业经常组织专题研讨会议，通过此种形式，所有参与研讨的人员，针对管理课题、销售课题等提出自己的解决方案。该企业组织了"如何进行连锁门店业绩提升""如何科学的进行连锁门店业绩数据统计与分析""如何提升门店顾客进店率""如何有效地进行员工的绩效考核"等专题研究，参与人员通过发挥自己的聪明才智，不断探索并提出具有真知灼见的方法与观点，大家欢聚一堂。通过此种方式不但提升了管理水平，也实现了知识员工参政议政的权利。

对于此种方式企业有必要进行宣传。全世界很多发明是来自一线的。

一家汽车加工企业，为了提升工作效率，倡议全体员工就如何提升工作效率问题献计献策，很多员工都提出了自己的议案，不过议案中最有价值的竟然不是来自研发室的专家们，而是一位深处一线的走螺栓的普通员工，其建议是"降低走螺栓的圈数就减少工作时间提升工作效率"。通过此提案的实施，企业实现了功效的提升，也实现了人工成本的管控的目的。

探索活动组织者切忌给员工设置范围，任由员工自由地探索，给予员工检验的空间与平台，这样员工会倾其全力投入到有创造性的工作中来，不但可以增强企业的创新精神，也放大了企业员工的存在价值。

4. 社团活动

企业人力资源部门中劳动关系人员应该主动承担起员工交流的"桥梁"

工作，可以通过员工调研发起员工比较感兴趣的社团活动，凡是参加社团的成员以共同爱好为基本前提，社团组织者由人力资源部成员承担，除了进行社团活动组织、社团成员活动信息分享等，还承担着社团成员思想的引导和成员需求调研工作，这样既实现了员工兴趣的延展，又为人力资源政策制定的科学性提升提供了帮助。

连锁经营企业经营分散的特点决定了其成员交流的局限性，为了保障交流的顺畅性及连续性，社团组织人员可以通过现代交流工具如 QQ、MSN、微博、微信等进行社团活动的组织与探讨，这样既可以实现群体性的交流，也可以通过此类信息交流平台实现社团成果的共享。

社团活动可能会涉及一些设施、设备、工具、器械等的添置与管理，企业尽量引导社团成员通过社会资源来满足活动需要，比如健身的社团活动，可以收集具备公共健身器材的向社会免费开放的公共资源，这样既满足了社团成员健身的需要，又实现了资源添置的经费控制。

通过一系列的活动，企业和员工就像一张张网一样被编制在一起，在各自的网中，除了发挥了员工的个性，展示了员工才能，也实现了员工需求与企业利益之间的有效结合，实现了员工满意程度的提升，提高了员工的保留率。

职业规划与岗位管理

员工流失管控问题，如果不"标本兼治"可能很难实现长期效果。哪些管理手段可以"治本"呢？员工职业生涯规划与岗位管理是不错的选择。这项管理操作起来很难，需要企业有务实的精神、专业的技能作为保障。

企业可以通过人力资源软件开发实现系统固化，但是很多企业因为种种原因导致压根儿不知道或不能真正理解岗位规划的内涵，为了提升岗位规划与岗位管理对员工的长效激励，建议企业在以下方面加以重视。

1. 员工引进环节

可以将企业岗位规划与岗位管理的内容作为企业引进人才的诉求，强化传播，增强企业引进人才的吸引力。

2. 员工入职培训环节

新员工入职环节将企业岗位规划与岗位管理的内容作为新入职员工培训内容的一部分，使新入职员工明确自己现在的位置以及以后的方向。

3. 员工管理环节

只要有员工岗位晋升或岗位晋级，人力资源部门就通过企业内部的信息平台播报晋升或晋级信息，以强化企业内部岗位规划和岗位管理的内容。

在企业内部宣传窗口，岗位规划与岗位管理的政策永远是不变的主题，人力资源部门可以通过传播形式的创新，强化企业员工对此政策的认识与理解，并依此达到对员工的激励目的。

职业生涯管理是由企业岗位规划和员工职业规划两部分组成的，单纯的岗位规划与岗位管理是很难实现职业生涯管理目的的，而对于很多员工来说，他们压根儿就不知道自己适合干什么，也很少有人思考自己职业的未来。

4. 员工职业观的引导

企业人力资源部门应该借助企业内部的培训平台、公共信息平台以及电视节目平台，不断地对员工进行职业教育，使其明确工作的意义及价值，这样不仅能够实现对员工职业观念的引导，还能够通过员工职业观念的改变提升其责任意识与敬业精神。

在员工职业观念引导工作方面，国内企业比较落后，还停留在员工是资本而不是资源的层面上，较少关注员工思想问题，除了工作以外基本上没有其他的交流，员工在压抑的环境中周而复始地执行着工作标准与要求，可谓茫茫千里，没有尽头！

员工是人，是有血有肉、有灵魂的"精灵"，企业应该强化教育，培养各级管理人员，增强其职业管理意识，通过自己的言传身教给员工做好职业榜样，引导员工认识职业、认识工作，提升员工的职业觉悟。只要员工搞明白了工作的目的，就自然会提升自我管理意识，激发职业乐趣，也无形中转移了工作压力，最终实现了留住员工的目的。

职业追求的引导也是应该加以重视的，为什么很多年轻员工坠入传销组织不能自拔，不合理的职业观念以及职业诉求是比较重要的影响因素。有良知的社会企业，有义务、有责任强化员工职业追求的引导工作。

传销组织一般是通过培训和会议结合的模式实现对"员工"的职业误导，

企业也可以如此效仿，只要企业各级管理人员不断强化正确的职业诉求及理念，就能够将员工引导到企业想要的职业观念中来。

5. 员工职业生涯诊断与建议

很多员工想发展，但不知道自己究竟向哪个方向发展，这也是人力资源管理的失职，作为人力资源部门应将员工的未来发展规划作为人力资源管理中的重中之重。不过，苦于人员短缺及专业性的限制，很多企业一直就没有做起来。人力资源部门中劳动关系模块应设置专门的职业管理方面的专家，其核心工作就是解答员工职业上的疑问，为员工提供发展建议。也可以根据实际情况，将此职能与其他劳动关系管理职能合并起来。如某烘焙企业，在劳动关系模块中有个"薇薇姐"角色，此岗位除了负责本岗位职能以外，还负责员工职业生涯诊断并提供职业建议的工作，既实现了人工资源的整合，又达到了为员工职业解惑的目的。

负责职业生涯诊断与建议工作的人员，最好是经验比较丰富，有稳定家庭的知性女性，因为她们有丰富的工作与生活经验，加上感性的性格特点，很容易和员工打成一片，很容易拉近企业与员工之间的距离。

做好职业诊断的另一个核心要素是从业人员的专业度，要求对企业的岗位设置情况非常了解，此岗位上的员工应从内部产生，如前面说的"薇薇姐"就是从连锁门店店长岗位上调到人力资源部门的。为了提升其专业的职业诊断技能，该企业要求其学习"九型人格""员工心理学""组织行为学"等与职业相关的专业知识与技能，并送其外出学习人才测评、职业规划等相关专业课程，通过外出学习与自我学习相结合的方式，不断提升操作人员的专业技能。

只要企业足够重视员工职业生涯规划问题，所有障碍都是"浮云"，通过此项目的开展，企业员工会明确自己适合哪个领域，通过职业建议向特定岗位方向发展，不但明确了科学的、合理的职业诉求，也为自己努力工作奠定了精神基础。

6. 员工职业发展的辅导

企业提供了岗位规划与岗位管理标准，同时也需要向员工提供职业规划的咨询与服务。如果明确了员工岗位晋升与岗位晋级的专业知识，还有配套的管控软件的话，企业就非常明确每个指定人员在岗位晋升与岗位晋级中出现的具体差距，有的差距是很容易逾越的，而有的差距很有可能造成员工严重的心理创伤，以至于丧失工作的信心。

企业固然对经营应加以重视，但是如果员工没有很好的工作技能，没有很强的职业意识与职业道德，那么产品品质与服务质量是很难保障的。成功的企业越来越重视企业人才的"生产"工作，企业职业规划及岗位晋升、晋级管控，就是为人才的"生产"设置了"产品"研发参数，按照相关参数进行"生产品质品控管理"。

岗位晋升、晋级条件就是企业的研发参数，不同的企业对于此标准的设置是不一样的。通过企业的管理软件，很容易检索到不同员工与目标岗位之间晋升、晋级的差距，通过查询为员工成长与发展指明了方向与差距弥补标准，并且给予了一定的指导建议，可以实现员工的提升。

专职培训老师，除了负责职能工作以外，还参与岗位晋升与晋级资料处理、接受员工咨询以及根据系统信息进行主动辅导。专职培训老师一般都是来自培训对象的上一级岗位的专业员工，对受训对象岗位晋升与晋级的环节非常熟悉，能够理解岗位晋升与岗位晋级人员的思想状况，由其对受训对象进行建议与辅导，针对性较强，具有很强的说服力，减少受训对象在提升中的自我探索环节，可以有效达到人才快速复制的目的。同样通过系统数据分析可以直接反映员工在岗位晋升、晋级中受挫最关键的因素，通过专职培训老师的研究与调研，进行针对性的处理可以提升人才培训的数量与质量。

某烘焙企业中 A 级、B 级店长总是出现由于门店管理服务规范无法达标而晋级受限的问题，通过培训管理系统检索出问题后，负责店长的专职培训老师与营运经理、企业品质经理共同沟通，并通过调研了解到主要原因是对受训对象如何提升门店服务的培训方法有问题。此类教学方式对员工提升专业知识是有效的，但对于提升技能方面基本没有什么实际效果。为此专职老师与主要负责此门课程的老师进行教学模式的调整，将教学形式演变成启发式与操练形式相结合的模式，大大提升了岗位晋级的效率与效果，降低了人才培养的周期。通过"人才生产与人才品质管理"的方式配合薪资等激励手段，该企业实现了中层、中层以下管理员工或技术员工全部内部培养的目的，为连锁经营企业服务的标准与统一奠定了人才基础。

企业员工每实现一个自己的职业目标就会有一样强烈的成就感，同时不断地审视自己的不足与差距并在企业资源的支持下不断地弥补与完善，这样不但实现了企业人才提升的目的，也通过人才成长激励了企业全体员工——机会平等、人人公平、努力向上，员工在此正能量的环境下生存与发展心情自然舒畅并充满激情。

老员工规划与管控

曾仕强先生在其《中国式管理》中提出管理就是安人的观点，人心不稳、人人自危怎么可能会有创造力，又怎么能够实现员工的凝聚力提升呢？老员工为什么不能适应企业未来发展？有历史贡献的老骨干在不能适应企业发展需要的时候，很多员工不是不知道自己的不足，但也不是一无是处，他们还是有发挥余热的能力的，他们是需要企业对其有最起码的尊重。

1. 老员工福利

现在越来越多的企业开始关注老员工心理健康了，但可叹的是，民族企业较少，外资企业较多。此类企业会根据老员工的工龄，给予工龄津贴和一些特殊的福利。如"肯德基"就规定，凡是在企业服务10年以上的员工，企业将与其签署无固定期限劳动合同，同时还可能得到象征老员工的特殊材质的勋章一枚，以作为企业的一种感谢；同样也有企业在组织员工出境旅游的时候就和在企业贡献的年限挂钩，没有达到规定服务年限的员工即使工作业绩出色，也不能享受此福利。通过此类特殊身份福利模式以表达对企业服务的感谢与尊重。

连锁经营企业，是劳动密集型企业，也是流动性较大的行业，企业如何稳定员工队伍，除了前文介绍的相关内容以外，老员工福利也是不得不考虑的因素，也需要进行周密的设计。设计的特殊福利最好还要有个性、有特色同时还能够与老员工达成共鸣，这样才能通过此模式实现在职员工"安心"，才能使其最大限度地贡献自己的知识与技能。

中国的企业管理方式一定要很"中国"，比如说我们国家领导人每年新春的时候都会组织老同志聚会、看望老同志等活动，此类方式就非常好。连锁企业可以按照工龄段不同设置附加的福利项目，如工龄达到10年的老员工企业主在新春聚会的时候专门设置老同志就餐区，由企业家的家人作陪；工龄达到15年的老员工，企业主家人代表企业主到员工家庭进行新春慰问；在企业工龄达到20年的老员工或在公司工作连续满15年并且在企业办理退休的老同志，企业主每年定期邀请其参加老同志座谈会，由企业主向其介绍企业的发展状况及不足，并请老同志们就企业问题献计献策。这样不但满足了老同志受尊重的心理需求，而且也增加了一些企业发展的建议和政策。同时凡是工作满10年的老员工，他们子女结婚和丧偶等关系员工的切身事件，企业能够将其按照自己员工福利标准进行操作的话，老员工会感觉非常有面子。

老员工心安了，抱怨自然也就少了，那么企业中不安定的因素也会大幅度减少，切记，人心稳定是企业的根本！

2. 老员工管理

老员工也是员工，企业绝对不允许老员工"倚老卖老"，所以企业的所有管理制度老员工也必须遵照执行，甚至比对新员工的要求力度还要大，企业的文化不是简单的老板文化，而是老员工的行为习惯文化。如果老员工思想没有管理好，对企业的影响还是很大的。

公司的制度执行是由执行部门进行的，执行部门的员工很多可能都是新员工，由新员工按照公司制度对老员工进行处罚，老员工会感觉很不受尊重，甚至有的老员工还有"我在公司的时候，还不知道你在哪里呢"之类的想法，给制度的执行造成很大的障碍。这种思想问题是很多企业都没有在意的，老员工制度执行人的选择其实是很重要的。在老员工管理过程中，执法部门中最好由在老员工心目中比较有威望的老干部做制度执行人员，这样老员工就不会有失落感。某企业有个总裁办公室，对于部分老员工的处罚问题由监督部门报到该部门执行，因总裁办公室最高负责人是企业主，所以制度执行起来就比较容易。

老员工的思想教育工作对于企业来说也是一个非常关键的环节，建议由执行的人员或部门进行老员工的教育工作，通过企业提供的各种机会与老员工沟通与交流，不断给老员工灌输言行规范要求，不断地阐述老员工如果不严于律己，新员工就会模仿，就会有过之而无不及，那么老员工们辛辛苦苦建立的企业就有可能土崩瓦解。老员工对企业还是比较有感情的，只要教育得合适、合理，一般老员工都会理解并欣然接受企业制度要求及规范自己的行为。

参与企业环境营造工作是企业的一大幸事，老员工能够自觉维护企业规则，如何从心理层面提升老员工的意识，是成功企业不得不考虑的问题。

3. 老员工技能提升

作为一家企业，为了企业的发展不得不关注企业效益问题，但同时也应关注老员工的技能提升，不然可能会出现老员工不胜任工作的情形。如员工技能过于单一，又不能短时间内在社会企业中寻找到合适的归属地，就会间接断送员工的职业前程。

企业需要不断引进行业优秀的职业经理人、专业技术人员等高端人才，可以安排老员工作为新加盟人才的助手，通过协助经营管理的过程提升其专业技能。对于此种方式，老员工的心态调整是最为关键的环节，很多老员工不理解企业的苦衷，总是认为新来的高端人才占据了他们的位置，企业应加强老员工的思想教育工作，实现新、老人才的融合并实现老员工技能提升的目的。

企业也可以定期按照老员工工龄和职位利用各种资源安排其到同行先进企业进行观摩和调研，使其明确与先进企业之间的差距，打破老员工坐井观天及小富则安的狭隘思想，激发老员工的工作激情与斗志，并结合老员工走出去与优秀老师走进来相结合的模式，不断提升老员工的工作技能。

4. 老员工余热开发

老员工不希望被遗忘，希望在企业中体现自己的价值。不过，不管是精力还是专业都不一定适应企业发展阶段的需要，如果硬撑着既伤害了企业及其他员工，同时也不利于自身身心健康。

俗话说"家有一老，胜有一宝"，老员工对企业环境熟悉，对企业有特殊的感情，虽然不适应现有岗位的工作要求，但如果能够通过内部机构调整担当新员工培养和企业管理规范的监督工作，不但解决了老员工心理需求，同时也兼顾了老员工价值的发挥。

不断地提升老员工的专业技能，既包括其深度当然也包括广度，对于愿意分享且善于学习、性格开朗的老员工，企业可以组织其承担企业新员工的培养工作。作为培训的老师是很在意学员对其评价的，为了满足自己的存在感，他们一般会很精心地准备培训讲义并认真对待培训工作，这样不但实现了老员工经验转化，还有可能激发老员工的工作热情，找到职场的"第二春"。

企业管理最终依靠的是制度，但是制度也是要人去执行，可谁去监督呢？很多企业成立了诸如督察部、审计督察部等相关部门，不管部门名称如何，能否发挥价值关键还是人的问题。那为什么不选择启用老员工作为监督人员呢？老员工一般对企业是非常有感情的，他们不希望自己奋斗而来的企业被一些心怀叵测的员工所破坏，一般来说都会非常的敬业。不过需要注意的是，一些老员工可能因新员工的到来导致既得利益受损失，他们在督查的过程中可能会有故意找茬的情况发生，为此对于督查员工的职权应当适当限制，一般仅有检查权而不具备处罚权。

人力资源劳动关系可设置不同的社团，如果请老员工做社团的负责人员的话，活动的组织工作会比单纯用小青年效果好得多。不同的企业情况不同，只要你想将老员工余热开发作为你工作的课题并不断结合企业实际进行研究和摸索，一定会有一些新的操作方式与方法产生。

5. 老员工分流工作

不管企业怎么努力，总会出现老员工无法胜任工作的情形，有一部分老员工出于各种原因主动离开企业，企业应该妥善地处理好老员工分流工作。

不胜任的老员工，企业应在其他老员工在场的情况下明确地与其沟通，本着能改造就绝不放弃的原则，给其机会进行改造，如果还是不能胜任新的角色要求，企业在与老员工沟通后可以与其解除劳动关系，并按照劳动法律法规给予相应的补助，这样既实现了不胜任老员工的分流，又解决了安定其他老员工的目的。

老员工主动选择离职的，按照劳动法律法规，企业是不需要给予相应的经济补偿的，但是他们在企业中付出了一生中最宝贵的时间，对企业是有贡献的。企业应保留一定的人情因素，按照员工在企业服务时间给予一定的经济补偿，应约定享受此待遇的服务期限，既兼顾了老员工的分流工作，又兼顾了企业成本的管控。对于此期限，建议10年以上的老员工都应当享受此待遇，在企业办理正规退休手续，享受国家退休金的员工也应包含在内。

对老员工的分流还有一些很好的方式、方法，比如蒙牛集团的牛根生对于核心老员工分流方面的操作方式就值得推广。蒙牛集团出资成立新公司，免费给老员工成立企业股份，企业经营不善者，亏损的算蒙牛集团的，老员工还可以回到蒙牛企业。这样相当一部分老员工通过此模式就被吸引到了新成立的企业中，这样既实现了老员工的分流工作，因新成立的企业与蒙牛所处的行业相关，又解决了企业在采购等环节的支持。

老员工分流工作企业要慎之又慎，处理不好，有可能导致企业在职员工不满。不合适的老员工管理工作挫伤的不仅是员工本人，同样也埋藏着对整个企业的伤害的隐性炸弹，不管是何种企业形态、何种体制，老员工的管理问题是不得不面对也不得不重视的关键问题。

第八章

连锁经营企业用工风险管控

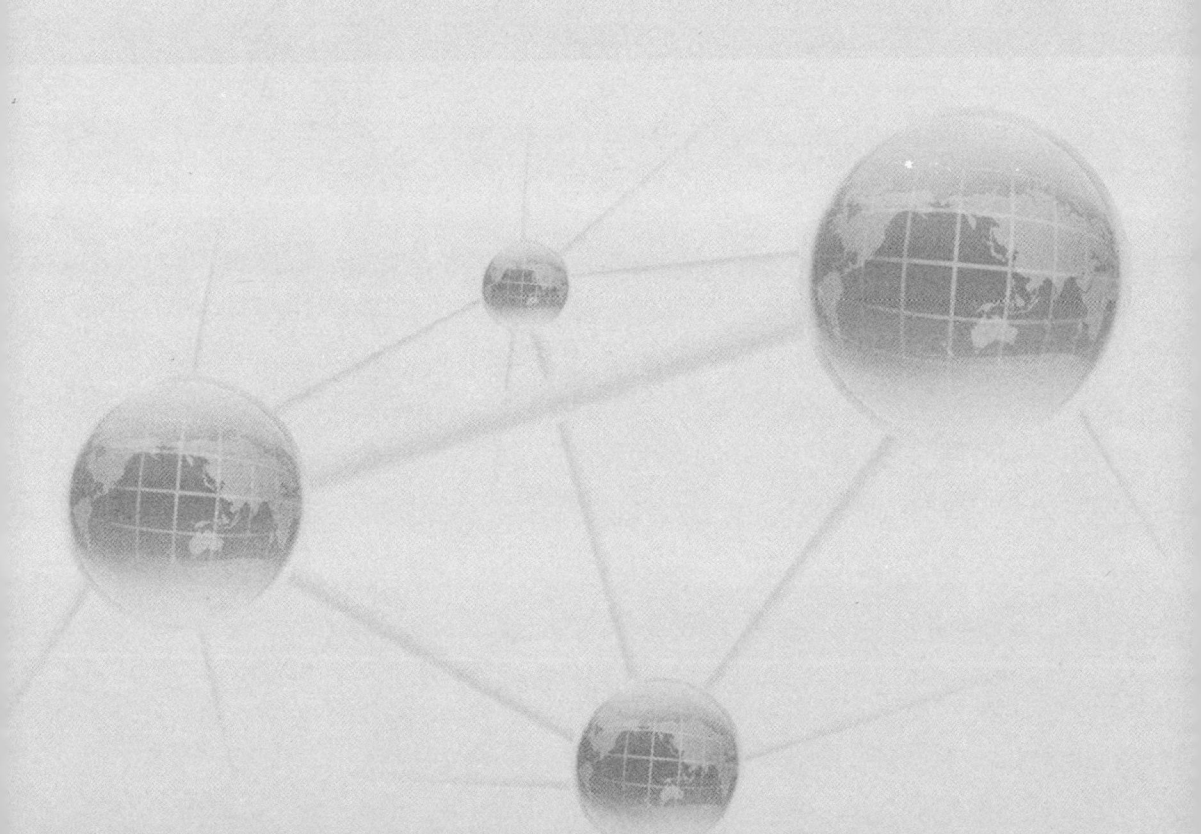

连锁经营企业的特点就是经营单元比较分散，企业既希望各分散经营单元发挥主观能动性，又不得不考虑如何对每一个经营单元进行管控，一旦各连锁门店管理失控导致的结果不仅仅是单个门店的经营业绩问题，很有可能导致整个经营企业品牌受损。比如烘焙行业，一旦某一家门店出现产品问题，如果没有及时启动应急系统的话，很有可能形成食品安全危机。连锁企业应非常重视各连锁门店的风险管控工作，要做好这一工作就要做好对人力资源的管理工作。

新入职员工管控

新入职员工风险管控中最为关键的环节是雇用童工的问题。我国的《劳动法》规定，不管是企业主观故意还是被未成年员工蒙蔽，都应当承担相应的法律责任。连锁经营企业各门店如果没有新员工引进的权限，风险的控制关键点就是具备面试资格的总部人力资源部门，只要抓住了负责人才引进的人力资源部门，这个问题就基本解决了。这里有一个矛盾，总部管控不利于各门店在人才引进方面的积极性，如果各门店都有人才引进的权限，则人才引进的童工风险就是必须解决的问题。

员工劳动合同的管理

一旦企业和员工之间出现矛盾的时候，往往处于被动局面的不是员工，而是企业，更有甚者，很多企业为了避免被动局面出现，选择隐忍，导致的结果是员工的变本加厉。企业除了为社会需求提供产品和服务，还应该随着企业的运营为社会源源不断地"生产"人才。作为企业应承担起为社会制造人才的重任，不管是为了自己企业当前利益考虑，还是为人民造福，都应该严格管控用工风险，并尽量地将管控环节前置。

1. 入职材料索取

《劳动法》第九十九条规定："用人单位招用尚未解除劳动合同的劳动者，对原用人单位造成经济损失，该用人单位应当依法承担连带赔偿责任。"原劳动部发布的《违反〈劳动法〉有关劳动合同规定的赔偿办法》第六条规定："用人单位招用尚未解除劳动合同的劳动者，对原用人单位造成经济损失的，除该劳动者承担直接赔偿责任外，该用人单位应当承担连带赔偿责任。其连带赔偿的份额应不低于对原用人单位造成经济损失总额的70%，向原用人单位赔偿下列损失：①对生产、经济和工作造成的直接经济损失；②因获取商业秘密给原用人单位造成的经济损失。"如果企业在入职程序办理前没有索取能够证明员工已经与上一个单位解除劳动关系的证明文件，很有可能因雇佣员工而导致责任承担，为此在办理员工入职程序时需员工提供或能够证明即将办理入职的员工和原单位已经解除劳动关系的材料。

不是每一个员工都能够提供与原单位解除劳动关系的证明材料的，如果企业人力资源部门为了规避自己的风险要求入职员工全部提供离职证明材料，很有可能人为设置了人才引进的障碍。企业如何兼顾风险控制和人才引进效率呢？企业人力资源部门应该有一定的灵活性，员工能够提供离职证明材料者，可以立即办理入职程序，只要材料是真实的，就不存在风险问题。对于不能够提供证明材料者，人力资源部门有义务进行调查此员工是否与原来用人单位解除劳动关系，不然有可能因为入职程序而导致合格员工不能及时到岗的情况发生。

人力资源部门因业务需要经常会与劳动部门打交道，可以通过劳动部门了解员工是否已经与原用人单位解除劳动关系。如劳动关系还在维持，当然不予录用。还有可能出现拟入职员工欺骗用人单位的情况，该员工压根儿就和其提供单位不存在劳动关系，对于存在诚信危机的员工，企业通过与劳动部门核实等于做了更加详尽的背景调查工作。

能够证明员工是否与原单位解除劳动关系的方式不只有劳动部门，企业也可以通过原单位人力资源部门采访获得，同样还有一些其他的行之有效的方式。当员工不能提供离职证明的时候，作为企业人才引进部门有义务也有责任承担起调查的职能，而不是照搬没有离职证明就不能够办理入职条款。

不是每个岗位都一定要证明是否与原单位解除劳动关系的，按照法律条文规定，对原用人单位造成经济损失，该用人单位应当依法承担连带赔偿责任。一般给企业造成损失的是原企业核心技术人才、经营管理人才，所以对于不是很关键的岗位，即使员工不能提供离职证明或企业通过自己的方式也不能证明该员工是否与原单位解除了劳动关系，因一般岗位非掌握企业核心资源，其突然离职给原用人单位造成大额损失的可能性也不是很大，企业又是在用人之际可以直接办理入职。而对于在原单位处于核心岗位的员工，企业一定要谨慎。

有的企业在员工入职前提供证明健康的体检证明，对于此完全没有必要。我们知道员工在面试的时候，一般都要求填写"员工信息登记表"，不要忽视此表单，《劳动合同法》第二十六条第一款规定，以欺诈、胁迫的手段或者乘人之危，使对方在违背真实意思的情况下订立或者变更劳动合同的，劳动合同无效。企业可以在此表单中显要位置编辑"本人保证此信息表单中填写的个人信息完全属实，如有隐瞒，本人无条件接受企业任何处罚"的声明，员工办理入职时必须在声明人处签字，员工办理入职时要求员工填完信息表单中所有要求填的栏目。如是否健康栏目，员工填写为健康者，凡是由员工隐瞒病情和企业建立劳动关系者，企业就可以通过声明内容单方面地与员工解除劳动关系并且不需要承担任何责任（当然特殊行业如食品业，要求员工提供健康证明者另当别论），同样此信息表单中任何项目有欺骗行为者，企业都可以行使此权利。

2. 劳动合同内容约定

很多企业在劳动合同的内容约定上非常随意，基本按照当地劳动部门提供的劳动合同文本内容作为企业劳动合同的文本，这种做法有很大的风险。如果出现员工亵渎工作职责的行为而《劳动法》又没有相应处罚规定，企业没有事前的控制手段，只能采取隐忍或事后补救。

《劳动合同法》第三十九条规定劳动者有下列情形之一的，用人单位可以解除劳动合同：（一）在试用期间被证明不符合录用条件的；（二）严重违反用人单位的规章制度的；（三）严重失职，营私舞弊，给用人单位造成重大损害的；（四）劳动者同时与其他用人单位建立劳动关系，对完成本单位的工作任务造成严重影响，或者经用人单位提出，拒不改正的；（五）因本法第二十六条第一款第一项规定的情形致使劳动合同无效的；（六）被依法追究刑事责任的。此法规规定是劳动合同法中保护企业最为关键的条款，如果企业能够将条款内容结合企业及岗位实际情况开发出合同附件，并在签署劳动合同的时候一并签订，就可以实现员工入职前的管控效果了。

这些原则性规定的内容，也没有明确规定标准，如严重违反用人单位的规章制度的，对于严重的标准是什么，法规中是没有明确规定的，为此企业可以依据管理需要，将管理制度中部分内容标为严重范围，员工办理入职的时候签署"公司制度本人已经学习到位，本人声明严格遵守此制度要求"。这样一旦员工有违纪的行为，企业就可以按照合同附件内容处分违纪员工。同样在严重失职，营私舞弊，给用人单位造成重大损害的规定中，严重失职是什么标准，法规上也没有明确规定内容，企业就应该根据各岗位工作内容，设置严重失职的标准，如保安就可以将只要出现公司财产被盗，不管金额多少都视为严重失职，企业可以根据实际情况决定是否与员工解除劳动关系，这样管理的主动权就到了企业方，这样为管理标准的提升建立了坚实的基础。

《劳动合同法》第三十九条、第四十条是保护企业的关键条款。《劳动合同法》第四十条规定有下列情形之一的，用人单位提前三十日以书面形式通知劳动者本人或者额外支付劳动者一个月工资后，可以解除劳动合同：（一）劳动者患病或者非因工负伤，在规定的医疗期满后不能从事原工作，也不能从事由用人单位另行安排的工作的；（二）劳动者不能胜任工作，经过培训或者调整工作岗位，仍不能胜任工作的；（三）劳动合同订立时所依据的客观情况发生重大变化，致使劳动合同无法履行，经用人单位与劳动者协商，未能就变更劳动合同内容达成协议的。

作为企业应好好研究《劳动合同法》第四十条规定，为了业绩需要，有的企业推行了末位淘汰制的管理标准，但一旦发生劳资纠纷，劳动部门基本不支持企业末位淘汰的制度标准，为什么呢？难道我们国家的劳动法规就是保护懒汉的吗？不是，还是企业在推行此管理标准的时候没有做好事前管控。企业可以在合同约定条款中明确约定"所在岗位工作业绩出于倒数 N% 的员工即默认为不胜任该岗位工作"，本书在第四章中详细介绍了员工业绩考核方面的内容，只要员工入职时签署了合同约定条款并在业绩考核的时候认可自己的业绩数据，企业就可以依据此约定条款判定员工是否胜任现有的工作，如果员工不胜任，企业可以安排培训或调整至其适合的工作岗位，这样既满足管理工作需要，又规避了劳资纠纷的可能。

同样企业也可以在劳动合同的约定条款中约定保密协定、竞业禁止等相关内容，不管具体内容如何，约定内容都应结合企业、岗位实际情况，针对性地设定，保障劳动合同的前置管控的时效性。前置管控越到位，对于员工与企业之间劳动关系存续期间的管理行为支持作用越大，以保障对于员工的刚性管理。

3. 劳动合同签署

劳动合同签署是很多企业容易疏忽的问题，很多人力资源工作者经常接到因企业没有及时与员工签署劳动合同而导致的劳资纠纷的咨询电话，这些企业因用工风险控制意识的缺乏，不乏会出现企业承担不该承担的责任。《劳动合同法》第十条规定建立劳动关系，应当订立书面劳动合同。已建立劳动关系，未同时订立书面劳动合同的，应当自用工之日起一个月内订立书面劳动合同。同样《劳动合同法》也规定，凡是企业与员工建立劳动关系之日起1个月以上不足1年的，企业没有与员工签署劳动关系者，企业从第2个月起支付两倍工资，如果1年以上仍没有与员工签订劳动合同者，企业与员工之间将视为已订立无固定期限的劳动合同。企业凡是与员工建立劳动关系的，自员工办理入职时立即与员工签署劳动合同，这样至少支付两倍工资的风险就控制了，但是连锁经营企业因经营单元分散，虽然企业有此规定，却会因某个连锁门店工作疏忽造成未及时与员工签订劳动关系的可能，对此连锁经营企业应加以重视，要么所有员工全部到总部人力资源部门办理入职手续，要么企业应设计周全的管控程序。

规模较小的企业到总部签署劳动关系操作起来是比较适合的，但是连锁经营企业经营单元过于分散，跨省或跨国经营的企业，所有员工全部到总部人力资源部办理入职程序的操作模式就非常不现实，那如何解决远程管控的问题呢？

连锁经营企业一定要有适合的员工档案管理软件，不然很难实现管控目的，为了实现新员工素质管控与在职员工素质提升管控链接，此系统应支持身份证识别系统，通过身份证件的识别可以将面试系统和培训系统中符合企业要求的员工信息收集到员工档案系统中，此系统还支持考勤系统，通过在员工档案系统中搜索的身份证号作为员工档案系统中唯一识别考勤号码，这样员工不办理入职手续就不能实现员工上班考勤作业。

员工档案管理方面也使用软件系统进行管控，每个员工档案都有独立的档案袋管理，通过比较现代的条形码技术或二维码技术在档案管理信息系统内，为每个员工的档案袋或档案盒设置一份纸质档案，通过手持终端扫条形码或二维码设备进行档案盘存管理。

员工档案系统设置在职员工档案模块、离职未办理离职手续档案模块、离职员工档案模块（此模块又分为辞职、开除、自动消失离职三个小模块），本书第一章介绍了员工在线管理系统，各门店根据自己员工的异动状况，通过系统上报员工在职状况，系统每天结存在职员工档案数据、离职未办理离职手续档案数据、离职员工档案数据，负责连锁门店员工档案管理的员工，应根据此系统数据提示进行员工纸质档案的"移库"工作，将相应的纸质档案转移到对应档案柜中保存，同时要求连锁门店档案管理人员每天下班前通过手持终端扫描条形码或二维码上传"盘点"数据。此档案系统还有一个特殊功能——通过考勤系统，一旦负责员工档案管理员工当天没有进行档案"盘存"或"盘存"出现差异，此员工考勤卡将暂停考勤功能以期提醒进行员工档案的管理工作，以推动监控新入职员工入职程序的办理和劳动合同的签署工作。

从技术上实现了对新入职员工的合同签署工作的监控，但如果新入职员工没有签署劳动合同，负责入职统计的员工只是保存了一个空的劳动合同或由别人代签怎么办？对此，管理行为也是必不可少的，所有负责员工入职合同签署或进行档案管理的员工，他们的合同约定条款中都有重大失职的约定，没有和新入职员工签署劳动合同，存在代员工签劳动合同或员工合同丢失的情况即为重大过失，企业有单方面无条件解除劳动关系的权利。连锁经营企业人力资源部门可以与企业的督察部门合作，请督察部门协助对连锁门店员工合同进行督察，凡出现合同违规者，负责管理档案者立即开除，同时及时让新入职员工补签劳动合同，以规避不及时签署劳动合同所带来的风险。

4. 劳动合同版本

劳动合同分为标准工时制劳动合同、不定时制劳动合同、综合计算工时制劳动合同，不同形式的劳动合同，劳动法律法规的规定是不一样的，对于企业承担的成本与风险也会有些差异，如标准工时工作制的规定"每天工作不超出 8 小时、每周工作不超出 40 小时的工时制度"，执行此规定的员工平时加班按照在正常工作日的 8 小时时间外，延长时间的，加班工资不得低于 150%；在法定休息日加班的，工资不得低于 200%；在法定节假日加班的，工资不得低于 300% 的标准执行。这样就会出现员工在双休日加班并且没有另行安排休息的情况下，支付 200% 的加班工资的问题，但是如果是综合计算工时制的劳动合同者，在双休日加班的加班工资就减少了很多，因为国家劳动法律法规规定综合计算工时制的，员工上班时间是有总时间限制的，即每月工作时间在174小时内不管是不是双休日上班，都不需要支付加班工资，如果超出174小时者，除在法定节假日加班外，一律按照150%的标准执行加班工资，这样大大提升了企业用工的灵活度。

同样对于一些特殊的岗位，员工是否加班很难定义，比如说销售人员，如何统计加班时间？这个问题是很难操作的，因为业务人员很少参与公司的考勤规定，企业一般都是按照其业务达成的状况核定受益的，对于此部分员工如果还执行标准工时或综合计算工时制的劳动合同显然是不合适的，对此我国的《劳动法》规定了不定时工作制的劳动合同形式。不定时工作制是指每一工作日没有固定的上下班时间限制的工作时间制度。它是针对因生产特点、工作特殊需要或职责范围的关系，无法按标准工作时间衡量或需要机动作业的职工所采用的一种工时制度。经批准实行不定时工作制的职工，不受《劳动法》第四十一条规定的日延长工作时间标准和月延长工作时间标准的限制，但用人单位应采用弹性工作时间等适当的工作和休息方式，确保职工的休息、休假权利和生产、工作任务的完成。实行不定时工作制人员不执行加班工资的规定。

如果企业在签署劳动合同时，能够争取到综合计算工时制或不定时工作制的劳动合同形式，对企业在用工上还是有很大帮助的，但是执行以上两种工时制必须向当地劳动部门申请才能够生效，同时也不是所有岗位都能够申请执行以上两种劳动制的。如果国家法律规定能够享受以上两种用工形式而没有申请、执行，即为"公共权力"的浪费。

原劳动部《关于企业实行不定时工作制和综合计算工时工作制的审批办法》（劳部发〔1994〕503号）第四条规定："企业对符合下列条件之一的职工，可以实行不定时工作制。（一）企业中的高级管理人员、外勤人员、推销人员、部分值班人员和其他因工作无法按标准工作时间衡量的职工；（二）企业中的长途运输人员、出租汽车司机和铁路、港口、仓库的部分装卸人员以及因工作性质特殊，需机动作业的职工；（三）其他因生产特点、工作特殊需要或职责范围的关系，适合实行不定时工作制的职工。"

第五条规定："企业对符合下列条件之一的职工，可实行综合计算工时工作制，即分别以周、月、季、年等为周期，综合计算工作时间，但其平均日工作时间和平均周工作时间应与法定标准工作时间基本相同。（一）交通、铁路、邮电、水运、航空、渔业等行业中因工作性质特殊，需连续作业的职工；（二）地质及资源勘探、建筑、制盐、制糖、旅游等受季节和自然条件限制的行业的部分职工；（三）其他适合实行综合计算工时工作制的职工。"

作为连锁经营企业的人力资源部门应根据岗位工作性质结合国家法律规定进行不同岗位合同文本的设计并督促连锁门店执行，这样就大大地增加了企业用工风险的保护力度，提升企业人工成本投入产出率。

标准工时制、综合计算工时制岗位会涉及加班工资问题，对于加班工资核算的基数标准和劳动合同中月薪资标准有直接关系，但很多企业和员工理解加班工资核算基数是以总工资为标准，连锁经营企业人力资源部门应统一规定各岗位合同签署工资标准，一般工资标准应以不低于当地的最低工作标准为前提。

不管是何种工时制，都会涉及合同期限，按照《劳动合同法》第十九条规定"劳动合同期限三个月以上不满一年的，试用期不得超过一个月；劳动合同期限一年以上不满三年的，试用期不得超过二个月；三年以上固定期限和无固定期限的劳动合同，试用期不得超过六个月"。《劳动合同法》第十四条第三款规定"连续订立二次固定期限劳动合同，且劳动者没有本法第三十九条和第四十条第一项、第二项规定的情形，续订劳动合同的"，应当签订无固定期限劳动合同。如何规避企业的用工风险呢？很短时间内判定员工是否符合岗位要求不太合适，为了更好地观察员工，保持企业的用工主动权，同时又规避因合同期限过短而导致无固定期限劳动合同的产生，建议企业签署劳动合同的时候一般以不少于3年为前提，这样就可以保留6个月的试用期的权利。有的读者读到这里可能会有这样的疑问，单纯维护企业利益，员工能够接受吗？如果试用期期间工资与福利和转正工资有很大差距的话当然不能，那如果把试用期分段，试用期前段按照试用期限标准执行薪资与福利标准，后段按照转正以后的标准执行，企业保留试用期观察权，很多员工还是愿意接受的。

人力资源部门根据企业及岗位情况定制合同文本，关键是连锁门店是否按照总部人力资源部门版本进行相应岗位的劳动合同签署工作，按照劳动合同管理的模式对其进行督查，凡是未按照标准执行者即为重大过失，企业保留对负责此工作人员的单方面无条件解除劳动关系的权利，保障合理规避企业用工风险。

5. 劳动合同续签

员工合同到期就会涉及劳动合同继续签订的问题,但是很多企业容易出现问题造成合同无法续签,只要实际劳动关系存续都是按照未签署劳动合同办理的,就要承担相关法律责任。

(1) 系统提醒

一般的档案管理系统都有合同管理的功能模块,通过此模块人力资源从业人员可以将员工的入职日期、合同期限、岗位名称等信息输入到档案系统中。只要系统有合同到期前30天内提醒功能,工作人员就可以按照信息提醒进行合同的续签工作,除非工作人员失误或故意,一般都能够保证此项工作的顺利进行。但是连锁经营企业有其特殊性,如何监控分散的门店同步进行此项工作就不是一件容易的事情了。

连锁经营企业可以将档案系统与考勤系统结合,档案系统中某员工合同期限即是此员工考勤号码有效使用时间。自我开发的档案系统具备上面介绍的合同到期提醒功能,负责员工劳动合同续签的员工即可按照提醒内容,书面邀约员工办理合同续签手续或合同到期终止劳动关系的手续。有的员工因个人原因或主观故意,不配合进行合同续签工作,负责合同续签工作的员工应立即告知员工的部门负责人,如果员工仍然不配合签署劳动合同者,合同到期当天,该员工即不能继续进行考勤作业(合同续签后负责续签工作的工作人员可以通过档案系统重新编辑合同期限),也就意味着如果员工不能继续考勤,也将无法结算工资。

(2) 续签管控

在员工合同续签工作中有一个很难的控制点——员工合同续签是否是员工本人。

某烘焙企业就出现过类似的问题,一名员工投诉公司没有与其签署劳动合同,要求企业按照未签署合同的时间的双倍支付工资。按照劳资纠纷处理程序,企业承担举证责任,当时该企业人力资源部找到了该员工的所有资料并向当地劳动仲裁部门出具证明了由其"本人"签署劳动合同的证明材料,庭审过程中,该员工对企业提出的劳动合同的合法性表示质疑并要求进行笔迹鉴定，鉴定的结果让该企业大跌眼镜，竟然真的不是员工本人签的名。

连锁经营企业员工如果在本门店进行劳动合同的签订或续签工作，此类风险是很难控制的。面试系统通过摄像头及比对软件规避作弊行为，同样连锁经营合同续签的时候，可以要求员工到面试间签署劳动合同。企业的面试系统与档案系统、考勤系统数据是要可以互相搜索的，员工进入面试间首先通过考勤作业，将自己在档案系统中的照片数据检索到面试软件桌面，拟续签劳动合同的员工通过摄像头及系统中固化的比对软件进行人员真假识别，凡是非本人进行续签工作的，此系统即记忆员工信息并上传后台，同时启动报警功能，连锁门店负责续签工作的工作人员应立即终止合同续签工作，同时告知员工直接负责人。

不管是何种管控手段，都离不开人去操作，也就存在人工操作造成的风险，连锁经营企业人力资源部应定期对劳动合同进行督察，同时配合以相应的管理制度进行管理，这样才能有效地对劳动合同管理方面的用工风险进行管控。

后勤管控

为了满足企业主的需求，管理层不得不将更多的精力投放到销售、生产等直接影响业绩的环节，而忽视了后勤管理的重要性。

连锁经营企业门店分散，如果单体连锁门店员工较多，那么以门店为单位进行后勤管理相对还是比较简单一些的，但是如果各连锁门店人员较少，出于成本考虑必须多家门店集中管理，难度就增加了。一旦企业开展后勤管理工作，由此衍生的一系列问题，应有一套行之有效的方式进行针对性解决，不然会给员工增加一些不必要的负担，背离了开展此项工作的初衷。

连锁经营企业后勤问题主要是住宿和工作餐两个问题。对于工作餐，企业比较习惯于自建食堂或定点配送的模式，这对工厂或单体连锁门店人员较多的连锁企业（如汽车4S店）来说是一种比较有效的方法，但是对单体店面人数较少的连锁经营企业（如烘焙店）就很不合适，那么对于员工工作餐方面应如何管理呢？

1. 员工工作餐管理

如果餐补能够解决的就用餐补解决，餐补不能解决的企业要配置相关设备并结合餐补解决，仍然解决不了的考虑配送解决，一般不选择自建食堂。重口难调，再好吃的食品长时间吃也会生厌的，与其花钱还不得员工欢心，还不如直接给钱，有员工自己按照自己的需求通过市场来解决工作餐。但是此方法有个前提条件，那就是连锁门店周围有提供工作餐的市场。

好多公司是以餐补的形式解决员工工作餐的，但是按月为单位，每月一定的标准额或直接在工资中体现或以福利的形式报销，此操作不应主张。工作餐顾名思义，工作的时候解决员工吃饭的一项福利，如果员工没有上班，理论上就不能够享受当天此项福利，如果不分是否上班都提供此福利，是人工成本的一大浪费。也违背了本书在连锁经营企业人工成本管控章节中阐述的人工成本管控的目的与意义。对于工作餐的管控，连锁经营企业可以通过考勤系统的改造实现，凡员工上班考勤，系统就通过其统计功能，直接合计出当月的出勤天数。

本书前面详细介绍了连锁经营企业考勤系统的功能，通过唯一的考勤号码，考勤系统可以统计出企业与员工的工时状况，如因员工延长工时导致当月工时超出标准工时者，企业可以在淡季安排员工带薪休息以还企业所欠工时，员工在休息的时候自然就不可能进行考勤作业，员工在休息期间虽享受带薪待遇，但工作餐补贴不应予以享受。

考勤系统统计了实际出勤天数，可以在考勤系统上延展工作餐补贴系统，通过考勤系统统计功能统计出员工实际出勤天数，只要在工作餐补贴系统中设置"补贴金额＝实际出勤天数×出勤补贴餐数×每餐补贴金额（支持自定义功能）"的公式，就可以直接通过此系统核算出每个考勤号码指定人员的工作餐补贴金额，只要每餐补贴金额符合市场条件，就达到了设计工作餐补贴的效果，又实现了人工成本的有效管控。

部分员工出于卫生及费用考虑，会选择自带工作餐，企业应在门店中提供加热设备，同时按照上面介绍的工作餐餐补模式享受工作餐餐补。

对于定点配送及自建食堂提供工作餐的企业，有的企业是按月定额为员工充餐卡的模式进行管控，同样也不赞成此管控方式，因为仍然存在人工成本浪费的问题。企业可以将考勤系统与食堂餐卡系统合二为一，员工到食堂吃饭需在取餐处刷卡，这样食堂不但能够通过刷卡数统计每天就餐人员数，为食堂管理提供了坚实的数据基础，同时通过考勤系统，企业也可以实现每个员工一定周期内享受到公司提供工作餐的次数，在已知工作餐标准的基础上企业就很容易核算工作餐方面支付给指定人员的相关费用，这样就为员工个体受益平衡管控提供直接数据支持，为建立内部公平的工作环境奠定了坚实的基础。

2. 员工宿舍管理

员工宿舍管理较之于工作餐管控要复杂得多，特别是连锁经营企业，因经营单元分散，配套经营的员工宿舍也是非常分散的，特别是单店人员较少的连锁经营企业，员工宿舍管理就更加复杂，它不仅涉及员工住宿的舒适与企业成本管控的平衡问题，企业还有可能承担员工在宿舍中一切意外的连带责任承担问题。

为此，企业一定要重视员工宿舍管控工作，既达到员工安心住宿的目的，还要兼顾宿舍管理的成本管控及员工个性住宿需求目的。对于员工宿舍管理，企业应采取在成本可控范围内以经济补偿、集中解决住宿及企业提供便利相结合的组合管控模式。

集体宿舍可以解决员工上班期间的生活问题，因宿舍的提供会衍生一系列的管理难题，如员工在集体宿舍中财物丢失的问题，员工不爱惜公共财物造成的设施设备维修问题，非宿舍人员夜宿宿舍问题，员工因工作或其他原因在宿舍寻短见问题，在宿舍不小心导致的伤害（卫生间洗澡摔跤等）问题等，有的读者可能会说这些问题都不是问题，主要还是在管理做得不到位造成的，所以企业员工住宿的解决之道不以提供宿舍为主，但不代表不能提供，而是可以作为解决员工住宿问题的重要的周转及辅助方式。

连锁经营企业很多员工宿舍都采用租赁形式提供给员工住宿，企业与其承担那么多的租费还不如将相应费用以现金形式发放给员工，由员工自己解决住宿问题，但是这样操作有两个矛盾点，第一个就是补贴的费用不一定能够支付员工自行租赁的房屋租金；第二个是员工还需要花精力解决寻找宿舍的问题。如果这两个问题解决了，上面介绍的员工宿舍提供造成的一系列问题就全部解决了。

很多员工都是非当地员工,刚到一个新的城市或刚换一份工作难免会出现陌生感,企业应提供一个固定的宿舍解决员工临时性住宿问题直到他自己能解决住宿问题为止,同样员工也可以选择就住在公司提供的集体宿舍里。员工有租住宿舍的想法可以通过前文介绍的连锁经营企业员工在线管理系统通过门店信息平台上传总部人力资源部门(如果连锁经营企业以区域为单位都会有一个人力资源部门)寻求帮助,同样员工也可以自己通过自己的资源与渠道寻找宿舍,一旦宿舍资源找到,员工办理相关手续后就可搬住到自己找的宿舍中。

为了更加有效地对员工住宿问题进行管理,以解决员工宿舍费用分担及企业人工成本管理的问题,连锁经营企业可以在员工在线管理系统的基础上研发员工宿舍管理系统,前文详细介绍了员工在线管理系统,此系统是与员工档案系统、员工考勤系统可互相搜索的。员工住宿管理系统,记忆员工住所具体所在地地址及房型结构、已住人数、是否接受与其他员工合租信息,按照员工在线管理系统操作方式通过门店信息平台进行信息上报,员工必须提供以上信息作为兑现住宿补贴的条件。通过此系统一旦有员工通过员工在线管理系统上报住房需求,人力资源部门负责员工宿舍管理的员工就可以按照区域与相应有合租需求的员工联系,这样不但解决了员工需找宿舍的难题,同样也分担了租赁房间的租赁费用,同时也实现了员工住宿问题的管理并解决了以上提到的提供宿舍的难题。

为了规范管理,企业提供的公共宿舍能够取消则取消,实在不能取消的,员工入住时应提前签署入住公约,明确约定入住宿舍期间应承担的义务以及出现意外时的责任,同时还应接受企业宿舍管理制度要求及督察部门的检查、考核。

附：

员工宿舍入住协议书

甲方（公司方）：_____ 宿舍地址：_____

乙方（入住方）：_____ 身份证编号：_____

甲方为给员工提供一个良好的生活环境，需加强公司员工宿舍的管理。经甲乙双方平等协商一致，明确双方的权利义务关系，就员工入住相关事项共同签订本协议。

1. 乙方必须遵守甲方的各项规章制度及员工宿舍管理规定。

2. 乙方在入住时由甲方统一安排宿舍，未经甲方允许，乙方不得私自调换宿舍。

3. 不得破坏宿舍房屋建造结构（如拆墙、打孔），不得损坏房屋装修结构及公物（如墙壁钉钉子、私自更改电源插座、墙壁乱涂、乱张贴）。若乙方造成宿舍房屋结构破坏或损坏公共设备，乙方须按实际维修费用支付给甲方及直接照价赔偿，或甲方按规章制度进行处罚。

4. 服从宿舍舍长管理，切实做好宿舍安全及卫生等日常工作，乙方必须做宿舍清洁卫生工作，宿舍内要做到无垃圾、无杂物、干净整洁。若乙方未能按甲方规定做好宿舍安全及卫生，甲方有权不让乙方入住员工宿舍。

5. 乙方个人物品自行妥善保管，贵重物品自行携带或安置妥当，如有丢失、被盗情况出现，甲方除协助调查、完善宿舍管理工作外，不负责丢失、被盗物品的赔偿与补偿。

6. 乙方不得将违禁品、危害物品带入宿舍、不得在宿舍内从事非法活动、不得有偷盗行为。乙方有类似行为，情节严重的送公安机关处理。

7. 甲方严格禁止外来人员入住、严格禁止男女互串宿舍。乙方若有违规，甲方按规章制度处罚。

8. 乙方迁出退住时，必须做好财产、固定设施、宿舍钥匙的移交，并由宿舍长检查无问题方可办理退住。若乙方造成甲方财产损失，乙方须照价赔偿。

9. 乙方入住期间，该宿舍发生的水、电、气、物管等费用由入住员工根据实际费用进行均摊，且乙方同意每月以现金的形式交予宿舍舍长。

10. 入住宿舍时统一以现金形式预存100元水、电、气、物管费用，对于入住宿舍不满一个月搬出人员，或自动离职未办理迁出手续费用未结清的，按5元/天的标准支付水电物业管理费。离职或搬迁人员，必须办理宿舍迁出手续，手续齐全并且无欠费现象的100元预存费用如数返还。

11. 员工宿舍由甲方统一管理，入住员工需承担10元/月的管理费用，当月住宿不满一个月的按一个月费用标准收取。

12. 本协议一式两份，甲、乙双方各执一份（复印无效），协议未尽事项，甲乙双方可另行议定。本协议自签订日起生效。

甲方（公章）：　　　　　　　乙方（手印）：
　年　　月　　日　　　　　　　年　　月　　日

附：员工宿舍人住协议书

6.乙方不得携带违禁品、危害物品带入宿舍，不得在宿舍内从事非法活动，不得有偷盗行为。乙方有类似行为，情节严重的送公安机关处理。

7.甲方严格禁止外来人员入住，严格禁止男女互串宿舍。乙方若有违规，甲方按规章制度处罚。

8.乙方过出迟进时，必须爱护财产、固定设施，如有损坏的按价赔交，并申请舍长检查无问题方可办理进住。若乙方造成甲方财产损失，乙方视情形赔偿。

9.乙方入住期间，宿舍舍发生的水、电、气、物管等费用由入住员工根据实际费用进行均摊。且经乙方同意该项以现金的形式交于宿舍舍长。

10.入住宿舍时缴一以现金形式的随存100元水、电、气、物管费用。对于入住宿舍不满一个月搬出入员，或自动离散而未办理迁出手续费用未清的，按5元/天的标准支付水电物业管理费。离散或搬迁入员，必须办理离宿迁出手续，手续齐全并且无欠费现象的100元预存费用如数退还。

11.员工宿舍由甲方统一管理。入住员工需准租10元/月的管理费用；当月住宿不满一个月的按一个月费用标准收取。

12.本协议一式两份，甲、乙双方各执一份（复印无效），如双方未尽事项，甲乙双方可另行约定。本协议自签订日起生效。

甲方（公章）：   乙方（手印）：
年 月 日   年 月 日